国家社会科学基金项目：基于水平适度标准的社会医疗保险基金收支平衡性研究（13CGL101）

收支平衡VS水平适度：
社会医疗保险基金研究

管理
MANAGEMENT

沈世勇 著

Balance of Payments Vs Appropriate Level:
Research on Social Medical Insurance Fund

上海交通大学出版社
SHANGHAI JIAO TONG UNIVERSITY PRESS

内容提要

　　本书构建了社会医疗保险基金收支质量平衡分析框架,并结合事实论证、对比论证和逻辑演绎的方法,阐释了社会医疗保险基金运行的内在机理;运用帕累托最优标准,探讨了适度水平标准;运用系统耦合等方法,对社会保险基金收支质量平衡进行测量;结合上海家庭医生制度实施案例,分析了社会医疗保险基金收支平衡的影响因素;进而,提出促进社会医疗保险基金收支质量平衡的制度改革方案。

　　本书可作为普通高校劳动与社会保障、卫生事业管理、公共事业管理等相关专业师生的参考书,也可作为公共管理类专业教师、研究人员、行政机关管理人员的参考书。

图书在版编目(CIP)数据

　收支平衡 VS 水平适度:社会医疗保险基金研究 / 沈世勇著. — 上海:上海交通大学出版社,2021.11
　　ISBN 978-7-313-25886-1

　　Ⅰ.①收… Ⅱ.①沈… Ⅲ.①医疗保险-基金管理-研究-中国 Ⅳ.①F842.613

　　中国版本图书馆 CIP 数据核字(2021) 第 227693 号

收支平衡 VS 水平适度:社会医疗保险基金研究
SHOUZHI PINGHENG VS SHUIPING SHIDU: SHEHUI YILIAO BAOXIAN JIJIN YANJIU

著　　者:沈世勇
出版发行:上海交通大学出版社　　　　　　　地　　址:上海市番禺路 951 号
邮政编码:200030　　　　　　　　　　　　　电　　话:021-64071208
印　　刷:上海天地海设计印刷有限公司　　　经　　销:全国新华书店
开　　本:710mm×1000mm　1/16　　　　　　印　　张:14.75
字　　数:289 千字
版　　次:2021 年 11 月第 1 版　　　　　　　印　　次:2021 年 11 月第 1 次印刷
书　　号:ISBN 978-7-313-25886-1
定　　价:69.00 元

前　言

　　本书构建了一个新的社会医疗保险基金收支平衡的分析框架,提出了与"健康中国"目标相适应的社会医疗保险基金收支的适度水平标准。社会医疗保险基金收支平衡之所以需要新的框架,是因为社会医疗保险改革专家们所运用的分析工具,已无法更好地解决社会医疗保险基金收支平衡的问题。深化医改和深入实施健康中国战略,要求推动以治病为中心向以人民健康为中心转变,现有社会医疗保险基金收支数量平衡制度框架,固然免于或者延缓了社会医疗保险基金的支付危机,但在实践中陷入了费用控制和需求满足的悖论;与此同时,《健康中国2030规划纲要》提出"全方位、全周期维护和保障人民健康,大幅提高健康水平"的指导思想,但如何在实践中,最大限度利用资源,保障人民的疾病风险规避需求,提升人民的健康水平,还需建立起社会医疗保险基金收支的适度水平标准。

　　本书将社会医疗保险基金收支数量平衡和质量平衡结合展开分析,并依据产权理论、博弈理论与帕累托原理,确定社会医疗保险基金收支的适度水平标准。本书将主要内容划分为八大部分:第一部分旨在提出问题,梳理国内外重要文献,分析现有文献中解释框架的局限性。第二部分进行质与量的辨析,从数量平衡原则制度渊源、遇到问题和存续原因方面,对社会医疗保险基金收支数量平衡问题进行反思;界定质量平衡的概念、指明质量平衡的必要性,分析质量平衡与数量平衡之间的关系;分别提出疾病风险化解、平等权利和承诺兑现方面的价值理念。第三部分,研究社会医疗保险基金收支的质的平衡性,对质的平衡性的三重维度进行分析,即参保人需求满足的质的平衡性、制度平等权利的质的平衡性和保险人目标达成的质的平衡性。第四部分,探讨社会医疗保险基金收支平衡的影响因素,从筹资水平、支付水平和结余水平方面,分析参保人个体的需求因素；从参与主体的权利与关系、筹资结构和支付结构等方面，分析平等权利的实现因素；从目标达成、目标偏移和目标回归方面，分析保险人目标实现的影响因素。第五部分，确定社会医疗保险基金的适度水平标准，界定适度水平标准概念，并提出适度水平标准设计依据；从有限需求满足、筹资承受能力、经济发展水平和保障机会平等方面，确立适度水平标准的原则；给出规模标准、达成度标准、补偿标准和综合适度水平标准内容；运用帕累托最优原理，从参保需求、交易公平和保险人承诺三个方面，分析标准形成的微观机理。第六部分，对社会医疗保险基金收支进行测量与评价，这部分运用宏观统计数据，对基金筹资、支付和结余水平等社会医疗保险基金收支数量指标进行了描述性分析；运用多元回归等方法对公平指标、承诺兑现指标和个体需求指标等质量指标进行测量和评价；并运用系统耦合协调模型，对指标间的协调耦合状况进行测量和评估。第七部分，开展制度变革案例分析，运用制度分析框架，从信息技术发展、政策路径变化和价值理念变迁方面，对适度水平变化的动力机制进行分析；借助上海市家庭医生制度实施效应的调查，分析制度冲击对适度水平的影响；根据制度变革的新趋势，提出医药卫生领域供给侧结构性改革的策略。第八部分，制度改革方案研究，提出以健康权利为起点，权利平等为重点，"健康中国"战略为切入点的改革内容；分析了以医生为核心的动力机制、医疗卫生服务为内容的投入机制、公益性质为类型的分层均衡机制以及互联网信息平台的信息甄别机制等；并提出了医疗卫生领域供给侧结构性改革的对策。

目 录

第1章 绪 论

在医疗保障系统中,社会基本医疗保险无疑是最核心的项目。实施"健康中国"战略目标,解决"看病难""看病贵"问题,就要发挥基础性制度的支撑作用。社会基本医疗保险制度有着悠久的历史,在人类社会疾病风险分散中发挥着基础性作用。这不仅是因为社会基本医疗保险所保障的人群是创造社会财富的劳动者,而且更为重要的是社会基本医疗保险基金有着维护人类健康和捍卫生命安全的重要使命。

1.1 研究背景与问题提出

1.1.1 研究背景

在社会主义市场经济体制改革的背景下,参保人对医疗保障的有效需求、用人单位对社会医疗保险缴费的承载能力、社会经济的发展水平等共同作用推动了社会医疗保险体系的建设。[①]

在高度集中的计划经济体制下,我国初步形成了以机关事业单位为主体的公费医疗,以国有、集体企业为主体的劳保医疗和以社队为主体的农村合作医疗制度。由于城乡分割、部门分割明显,导致各项制度相互独立、封闭运行。随着社会主义市场经济体制的建立,原有的"企业保障"让国有、集体企业背负着沉重

---

① 沈世勇,张健明,曾瑞明.论医保基金收支平衡中的价值取向——基于制度可持续的视角[J].医学与哲学(A),2017,38(05):38-42.

的包袱，步履维艰。[①] 1992 年，党的十四大报告作出了深化收入分配制度与社会保障制度改革的决定，指明了建立待业、养老和医疗等社会保障项目，确立了社会保障制度发展的目标[②]，这标志着我国真正意义上的社会医疗保险制度开始酝酿推出。1993 年，党的十四届三中全会通过《中共中央关于建立社会主义市场经济体制若干问题的决定》（以下简称《决定》）提出城镇职工基本医疗保险基金由单位和个人共同负担，实行社会统筹和个人账户相结合，第一次明确提出了中国社会医疗保险制度的主要发展模式。[③] 1997 年，党的十五大报告提出了效率优先、兼顾公平的分配制度原则，并指出了提升医疗保健水平的方向。[④] 1998 年，国务院出台了《国务院关于建立城镇职工基本医疗保险制度的决定》，该决定提出了"以收定支、收支平衡、略有结余"的社会医疗保险基金收支管理原则。[⑤] 这期间逐步形成了以效率为主的价值理念，旨在划清企业保障与社会保障的界限，减轻公有制经济负担，医疗保险制度设计中更是强化了个人的缴费责任，确定了"统账结合"的社会医疗保险制度模式，形成了自运行的社会医疗保险基金收支体系。

伴随着城镇职工社会医疗保险制度模式的形成，"看病难""看病贵"的问题开始出现，引发了人们对于医疗卫生公平性的思考。2000 年，世界卫生组织对其成员国的卫生筹资与分配公平性评估进行排序，我国位居第 188 位，在 191 个成员国中排倒数第四位。[⑥] 从而使得中国医疗卫生的问题引起了广泛的关注。为了改变这种局面，2003 年，党的十六届三中全会通过《中共中央关于完善社会主义市场经济体制若干问题的决定》，指明了"扩大基本社会医疗保险的覆盖面，建立多层次社会医疗保险体系"的方向，并建立政府补贴与个人缴费相结合的新

---

① 沈世勇,李全伦.医保基金收支平衡制度的演化机理分析——从数量平衡到质量提升[J].财政研究,2016(04):60-70.

② 江泽民.加快改革开放和现代化建设步伐,夺取有中国特色社会主义事业的更大胜利[R/OL].1992-10-12[2014-12-10].http://cpc.people.com.cn/GB/64162/64168/64567/65446/4441682.html.

③ 中共中央关于建立社会主义市场经济体制若干问题的决定[EB/OL]. 1993-11-14[2014-10-13].http://www.china.com.cn/chinese/archive/131747.htm.

④ 江泽民.高举邓小平理论伟大旗帜,把建设有中国特色社会主义事业全面推向二十一世纪[R/OL].1997-9-12[2015-12-3].http://cpc.people.com.cn/GB/64162/64168/106155/106156/6430009.html.

⑤ 全国人大法规库[EB/OL]. 1998-12-14[2014-12-10].http://www.gov.cn/banshi/2005-08/04/content_20256.htm

⑥ 国务院研究机构.中国医疗改革违背了卫生事业发展基本规律——访国务院发展研究中心社会发展研究部副部长葛延风[N/OL].人民网,2005-6-6[2013-12-15]. http://www.people.com.cn/GB/news/37454/37462/3445267.html.

型农村合作医疗制度。① 这一时期,如何保障居民合理的医疗需求,成了政策制定者的决策重点和目标。2007 年,党的十七大报告中把建立基本医疗卫生制度,提高全民健康水平,②作为处理好公平与效率问题的重要战略目标,同年将基本医疗保险的覆盖面扩大到城镇居民。2009 年《中共中央国务院关于深化医药卫生体制改革的意见》明确指出当前我国医药卫生事业发展水平与人民群众健康需求不适应的矛盾还比较突出,政府卫生投入不足,医药费用上涨过快,个人负担过重等问题同时存在。③ 这一时期,医疗卫生公平价值理念开始受到广泛关注,旨在通过扩大社会医疗保险基金的保障范围,提高全民健康水平,在新农合和城镇居保中实行政府补贴,体现政府社会医疗保险基金收支中的责任,进一步满足人民群众的健康需求。

扩大社会医疗保险制度的覆盖面改善了医疗卫生的公平性,政府资金的补贴也直接提高了社会医疗保险基金的保障水平。2012 年,党的十八大报告确立了到 2020 年人人享有基本医疗卫生服务的目标,④国务院关于《"十二五"期间深化医药卫生体制改革规划暨实施方案》指出要加强基本医疗保险基金收支管理,城镇职工基本医疗保险基金结余过多的地区要把结余降到合理水平。⑤ 为配合国发[2012]11 号文,人力资源和社会保障部、财政部、卫生部联合发布的《关于开展基本医疗保险付费总额控制的意见》,明确提出"保障基本、总额控制、提升质量、增进效率"。⑥ 这就把提升质量与保障基本水平同时看成社会医疗保险基金收支管理的目标。

"健康中国"战略提出了以人民为中心的施政理念,指明了医疗体制改革的方向。2017 年,党的十九大报告提出了"实施健康中国战略",并将人民健康看作是民族昌盛和国家富强的重要标志,要通过完善国民健康政策,为人民群众提

---

① 中共中央关于完善社会主义市场经济体制若干问题的决定[N/OL].中国共产党新闻网,2003-10-14 [2014-12-6].http://www.people.com.cn/GB/shizheng/1024/2145119.html.

② 胡锦涛.高举中国特色社会主义伟大旗帜 为夺取全面建设小康社会新胜利而奋斗——在中国共产党第十七次全国代表大会上的报告.[R/OL].2007-10-15[2015-12-4].http://cpc.people.com.cn/GB/64162/64168/106155/106156/6430009.html.

③ 新华社数据库[R/DB].2009-4-6[2015-1-12].http://www.gov.cn/jrzg/2009-04/06/content_1278721.htm.

④ 胡锦涛.坚定不移沿着中国特色社会主义道路前进 为全面建成小康社会而奋斗[R/OL].2012-11-8 [2015-2-1].http://cpc.people.com.cn/GB/64162/64168/351850/index.html.

⑤ 国务院办公厅.关于印发"十二五"期间深化医药卫生体制改革规划暨实施方案的通知[EB/OL]. 2012-3-21[2015-3-10].http://www.gov.cn/zwgk/2012-03/21/content_2096671.htm.

⑥ 财政部.关于开展基本医疗保险付费总额控制的意见[EB/OL].2012-12-05[2013-10-9].http://www.mof.gov.cn/zhengwuxinxi/zhengcefabu/201212/t20121205_709672.htm.

供全方位全周期的健康服务。[①] 而在 2016 年国务院公布的《"健康中国 2030"规划纲要》中就分别提出了 2020 年、2030 年、2050 年我国"健康中国"战略建成的步骤与目标。这就为社会医疗保险基金收支适度平衡问题，找到了新方向，即要从制度层面上，考察人民群众的健康需求实现，为在社会医疗保险基金收支平衡中嵌入质量因素，找到实施路径。2018 年全国两会之后，国务院新组建了社会医疗保险局，整合了人保部、卫计委、民政部相关部门的医疗卫生功能。同时，2018 年的《国税地税征管体制改革方案》提出从 2019 年 1 月开始社保费将改由税务部门统一征收。[②] 这一系列管理方式和征管手段的变化对社会医疗保险基金收支平衡产生了重要影响。

1.1.2 问题提出

伴随人口老龄化进程加快、医疗技术进步以及经济增长速度放慢等因素影响，我国部分地区社会医疗保险基金将面临"收不抵支"的压力。与此同时，我国社会医疗保险基金整体结余还在不断增加。根据财政部公布的《关于 2017 年全国社会保险基金决算的情况》，到 2016 年，城镇职工社会医疗保险基金年末滚存结余 14964.3 亿元；2016 年年度结余率达到 17.71%，累计结余率达到 114.37%。这种结余有一部分是在历史原因下形成的结果，有很大一部分是个人账户的结余，但不可否认的是作为短期项目的社会医疗保险基金，过多的结余意味着合理的医疗需求没有得到充分满足。可以看出，费用控制与提升质量双重制度目标之间存在两难境地：费用控制的出发点是遏制社会医疗保险费用不合理上涨，进而维护社会医疗保险基金收支数量平衡，可社会医疗保险基金收支的结构性矛盾不解决，单纯的费用控制不但不能实现社会医疗保险制度设计初衷，医疗领域"看病难、看病贵"现象更是痼疾难除，社会医疗保险基金收支质量平衡困境明显，势必会影响到社会医疗保险制度更加公平、可持续的战略目标，影响"健康中国"战略的顺利实施。

这里至少包含了三个重要的问题：

第一，在社会医疗保险基金筹资中，如何减轻各类企业的缴费压力？研究显示我国社会保险缴费比例相当于工资水平的 40% 以上，上海等地区甚至接近

---

① 习近平. 决胜全面建成小康社会 夺取新时代中国特色社会主义伟大胜利[R/OL]. 2017-10-17[2019-12-10]. http://cpc.people.com.cn/GB/64162/64168/415039/index.html.

② 国务院.国税地税征管体制改革方案[EB/OL]. 2018-7-20[2020-4-3]. http://www.gov.cn/zhengce/2018-07/20/content_5308075.htm.

50%。我国社保缴费率排名世界第一,对比其他国家,我国缴费率是东亚邻国的 4.6 倍、北欧五国的 3 倍、七国集团的 2.8 倍,甚至还是金砖其他三国平均水平的 2 倍。[①] 这种高额的缴费比率,给参保单位造成了巨大的劳动力负担,增加了单位劳动力成本。

第二,在社会医疗保险基金支付中,如何满足参保主体的基本医疗费用报销需要? 一方面,我国的预防性储蓄规模较大,说明我国包括医疗保障在内的社会安全体系尽管已经初步建立,但是还没有完全满足社会规避养老、医疗、教育等支付风险的需求;另一方面,包括总额预付在内的社会医疗保险基金支付制度,让社会医疗保险基金维持了名义上的收支平衡,扭曲了社会医疗保险基金的支付结构,压制了社会医疗保险基金的合理需求,背离了社会医疗保险制度设计的初衷。

第三,在保证社会医疗保险基金收支平衡中,如何做到公平与效率并重? 让社会主体都能够参加医疗保险项目,固然有利于改善医疗卫生资源享受的公平性,但是随着社会医疗保险制度覆盖率逐渐超过 95%,扩大基本社会医疗保险的覆盖面带来的整体公平感和获得感将降低,人们把更多的目光投向社会医疗保险结构内部,这就要求思考不同主体之间医疗资源数量和质量配置的重新划分,参保人与保险人之间权利义务关系等也需要进一步确立,而参与主体之间的一系列权利义务关系准则更需要界定和确认。

总之,如何在提升医疗服务质量,保证社会医疗保险基金收支平衡的同时,更好地分散参保人的疾病风险,维护社会医疗保险基金收支的公平性,实现党的十八届三中全会提出的更加公平与可持续的制度目标,实施党的十九大提出的"健康中国战略",不仅是医保政策制定者深化改革的重点,更是各界医疗卫生理论工作者探索中国特色的医疗保障理论必须面临的难点。

1.1.3　研究意义

这种制度安排不同于医疗救助制度与公共疾病预防制度,它不仅强调社会层面的公正性,而且强调经济层面的平等性;它不仅强调政府制度建构对政治正义的维护,更需强调社会财富分配对责任主体的对等;它不仅需要探讨社会价值实现的必要性,更需要探索适度医疗保障水平实现的可能性。这种医疗保险制

---

① 白重恩,李宏彬,吴斌珍.医疗保险与消费:来自新型农村合作医疗的证据[J].经济研究,2012,47(02):41-53.

度的建立至少起着疾病风险的化解、收入分配的公平、政治正义的实现三个重要功能。而本书对社会医疗保险基金收支平衡的研究对于保障制度公平持续的运行具有至关重要的理论和实际意义。

第一，构建了社会医疗保险基金收支平衡研究的新框架，提出了社会医疗保险基金收支的质的平衡性概念。对社会医疗保险基金收支的质的平衡性与量的平衡性问题进行了辨析。通过导入社会医疗保险基金收支平衡的价值理念，有利于充实社会医疗保险基金收支平衡的理论基础。以保险人目标实现为基点，研究政府在社会医疗保险基金收支承诺中的兑现，有利于充实政府政治正义的实现范围；以平等权利为基点，研究社会医疗保险基金收支的公平性，有利于充实人类健康权益的实现内容；以参保人需求为基点，研究参与主体的医疗卫生需求和健康需求的满足程度，有利于从市场的角度搭建参与主体交换基本医疗保险项目的实现路径。

第二，基于帕累托最优的交换理论，探讨了社会医疗保险基金收支平衡的适度水平标准。通过对适度水平标准进行设计，确立了标准设立的原则和内容，并对适度水平标准进行了微观机理分析。分析了社会医疗保险基金参保人之间，参保人与保险人之间的交易均衡，有利于建立社会医疗保险基金收支平衡的标准，找到社会医疗保险基金筹集与支付的最优水平，这不仅是对帕累托最优的应用拓展，更可以作为更高层次医疗保险基金收支水平的指引，厘清保险人（政府）[①]实现社会医疗保险基金水平收支的目标与手段。

第三，对社会医疗保险基金收支质量平衡进行了测量和评价，运用描述性统计，展示了我国社会医疗保险基金筹资水平、支付水平、结余水平，并嵌入了社会医疗保险基金收支的质的平衡性，测量并评价了公平指标、承诺兑现指标、个体需求指标。以此研究为基础，运用系统耦合方法，分析了各指标簇的耦合度和耦合协调度，这种系统分析有助于动态把握社会医疗保险基金的适度水平演变规律，将社会医疗保险基金收支的量的平衡性与质的平衡性同时协同分析。

总之，本书从价值融入、平衡界定、水平确定、适度标准、均衡实现、演化路径等方面入手，试图构建一个收支平衡的标准，在学术界已有研究成果的基础上，在保障水平适度和结构合理的前提下，围绕期初承诺的兑现，分析社会医疗保险基金的收支平衡，考察社会医疗保险基金筹集与支付面临的困境和问题，为保障

---

① 除特殊说明，本书中的"保险人"与"政府"往往是同一个主体。保险人的称谓旨在与参保人相对应；政府的称谓旨在与社会、国家等相对应。

基金收支平衡、完善新医改方案,推进医疗卫生领域供给侧结构性改革,乃至整个"健康中国"战略的实现提供新的视野。

理论上,本书提出了基金收支平衡的目标模式,深化了新医改方案的理论基础;实践上,本书引导地方政府和经办机构,重构目标基金安全体系,选择医疗保障水平的适度标准,满足居民的医疗费用开支需求。

1.2 国内外学术史梳理

1.2.1 国外研究

国际上,从现代社会保险制度的起源来看,社会基本医疗保险制度主要源自德国 1883 年颁布的《疾病保险法》。由于疾病风险发生的不确定性和各主体身体特征的差异性,使得社会医疗保险相关主体之间存在着严重的信息不对称。而在西方的研究中习惯把人类假定为具有一定机会主义倾向特征的主体。无论是事前的机会主义所导致的逆向选择,还是事后的机会主义所导致的道德风险,都无疑给政府强制性的医疗保险体系提供了很好的注解。

表 1-1 国外研究发展的脉络与主要观点

年份	代表人物	观点与思路
1963	Kenneth J. Arrow	由于道德风险,所以需要政府供给
1968	Pauly,Mark V	用共付机制解决道德风险
1972	M. Grossman	以人力资本投资的视角解释卫生与健康需求
1973	Feldstein,Martin S	共付保险造成福利损失
1988	Joseph P. Newhouse	诱导需求对医疗费用上涨影响有限
1990	Doherty,N. and H. Schlesinger	把费用控制看作是一种保险人违约行为
1991	R Feldman,B Dowd	利用兰德公司健康保险实验数据,更新了 Feldstein 的估计
1992 1993	Joseph P. Newhouse	导致医疗费用上涨的主要原因是技术进步
1996	VR Fuchs	技术进步导致了医疗费用上涨

（续表）

年份	代表人物	观点与思路
1999	Reinhard Busse，and Chris Howorth，	德国的研究提出了财政补贴的必要性
2000	BC Spillman，J Lubitz	寿命延长导致护理费增加，不影响个人急性治疗费
2000	GF Anderson，J Hurst，PS Hussey，M Jee-Hughes	基于美国的研究主张对低收入者补贴
2001	Thomas G. McGuire	提出了政府援助
2001	Thomas G. McGuire etc.	医疗机构会诱导患者消费
2003	Jack Wennberg	医生诊疗行为存在小区域差异
2004	X Scheil-Adlung，F Bonnet	解释了费用控制的政治意愿
2006	P Krugman，R Wells	美国 1996—2004 年医疗支出上涨的主要原因是技术进步
2008	Word Health Organization （WTO）	强化政府筹资责任，提出从政府退出，到政府再介入
2008	Cagatay Koc	无法克服道德风险
2009	X You，Y Kobayashi	医疗保险促进了次均医疗服务利用
2010	A Chandra，J Gruber，R Mcknight	提出了社会医疗保险支付方式
2011	J Abaluck，J Gruber	由于社会医疗保险的复杂性，居民很难做出保费和自付比例的权衡决策
2011	A Aizcorbe，N Nestoriak	由于疾病谱和卫生服务的复杂性，导致研究缓慢
2010	David，Dranove，Ginger，Zhe，Jin	保险支付的压力影响了服务质量
2014	SL Taubman，HL Allen，BJ Wright，K Baicker，AN Finkelstein	提高社会医疗保险覆盖范围可以增加医院就诊量
2015	BD Sommers，MZ Gunja，K Finegold，T Musco	奥巴马医改法案提升了保险覆盖率，改善了成年低收入者的健康状况
2016	TC Buchmueller，ZM Levinson，HG Levy，BL Wolfe	同上

（续表）

年份	代表人物	观点与思路
2016	SR Cohodes，DS Grossman，SA Kleiner，MF Lovenheim	对低收入家庭在校学生提供社会医疗保险，能够提高高中和大学的完成率

早在 1963 年，美国经济学家肯尼斯·阿罗（Kenneth J. Arrow）就提出，政府提供的医疗保险制度会由于存在信息不对称性而导致道德风险，所以，需要从政府层面提供最优医疗保险制度。[①] 长期以来，信息不对称问题成为医疗保险理论研究的热点。为了控制医疗保险领域的道德风险，医疗政策应该改为由政府和病人共同付费的机制，这也被看作医疗费用补偿原则的理论基础。[②] 而费用负担原理也引起了学者们的质疑，有专家指出任何共付保险将降低超额保险的成本，造成福利损失，并分析了提高共付保险比率所产生的道德福利收益，研究发现共付保险率增加的同时，与收益损失相比成本下降得更快。[③] 随着医疗费用的快速上涨，医疗保险需求成了西方学术界研究的热点。在医疗保险费用支出方面，格罗斯曼（M. Grossman）从人力资本生产的视角，解释了卫生和健康的需求，描述了年龄、工资、教育和不确定性对健康消费的影响。[④] 后来有学者利用兰德健康保险实验（The Rand Health Insurance Experiment，HIE）的参数，更新了费尔德斯坦的估计。[⑤] 西方学者更是及时跟进了医疗保险基金和医疗费用负担影响方面的研究，对于信息不对称导致的诱导需求问题，纽豪斯（Joseph P. Newhouse）却指出诱导需求等因素对医疗费用上涨的影响有限。[⑥]

20 世纪 90 年代后，围绕费用上涨的因素以及政府如何采取成本控制等方面成为研究热点。新的医疗技术被归结为医疗费用上涨最为重要的因素。不仅

① ARROW. Essays in the theory of risk-bearing [M]. Amsterdam：North Holland，1970：140-143.
② PAULY. V. The economics of moral hazard：comment [J]. American economics review，1968(58)：531-536.
③ FELDSTEIN，MARTIN S. The welfare loss of excess health insurance [J]. Journal of political economy，1973：251-280.
④ GROSSMAN，Michael. On the concept of health capital and the demand for health [J]. Journal of political economy，1972，80(1)：223—235.
⑤ FELDMAN，ROGER，BRYAN DOWD. Is there a competitive market for hospital services? [J]. Journal of health economics，1986 (5)：277-292.
⑥ NEWHOUSE，JOSEPH P，GEOFFREY ANDERSON，et al. ROOS，Hospital spending in the United States and Canada：a comparison [J]. Health affairs，1988(7)：6-16.

技术进步可以解释人口老龄化、收入增加等变量留下的残差[①],而且在 1995 年之前的 30 年中,导致医疗支出占 GDP 份额上升的最重要因素就是医疗技术的进步。[②] 在一项用美国数据检验"寿命的延长"对医疗费用造成的影响的文章中,个人短期急性治疗费基本不受寿命延长的影响,它一般只在生命垂危的时刻出现快速上涨,寿命的延长主要会导致护理医疗费的增加。[③] 从 1960—2004年,美国医疗支出占 GDP 的比重上升到 16%,其中最重要的原因就是"新的医疗技术"的产生。[④]

　　与医疗费用上涨相关的研究也显示,社会医疗保险基金收支的财务可持续性也是一个值得思考的问题。而政府作为社会医疗保险基金的提供者和社会医疗保险合同的制定者,也存在自身的利益关系。为了维持社会医疗保险制度的稳定,政府至少存在着控制医疗费用上涨的动力。有学者研究了保险人的违约对于社会医疗保险基金的收支平衡产生的影响。早在 20 世纪 90 年代初,多尔蒂(N. Doherty)和施莱辛格(H. Schlesinger)研究了保险人存在违约可能性下的保险需求。[⑤] 面对医疗费用快速上涨给医疗保险制度可持续性带来的影响,各国政府竞相运用政治杠杆加以控制。德国非常重视成本控制,并且取得了较好的成绩,1996 年德国医疗卫生支出占 GDP 的比例为 11.5%。尽管如此,德国社会医疗保险基金不仅很少有结余,而且政府还提供一定的财政补贴。而美国一直把控制医疗卫生开支视为医疗改革的顽疾,1998 年美国医疗卫生开支占 GDP的比例为 14%,比 OECD 国家的平均值高 6 个百分点。[⑥] 其中,完全由政府出资的医疗援助计划(Medicaid)主要针对低收入者,也是导致美国政府支出增加的主要原因。成本压力促使各国必须达到与社会期望值平衡的支付能力,并且从

①　NEWHOUSE, JOSEPH P. Free for all? Lessons from the rand health insurance experiment [M]. Cambridge MA: Harvard University Press, 1993.

②　FUCHS VR. Who shall live? Health, economics, and social choice [M]. Singapore: World Scientific, 2011.

③　SPILLMAN B C, LUBITZ J. The effect of longevity on spending for acute and long-term care [J]. New England journal of medicine, 2000, 342(19):1409-1415.

④　KRUGMAN P, WELLS R. The health care crisis and what to do about it [J]. The New York review of books, 2006, 53(5).

⑤　DOHERTY, N. H. SCHLESINGER. Rational insurance purchasing: consideration of contract nonperformance [J]. Quarterly journal of economics, 1990(1).

⑥　ANDERSON, GERARD F, JEREMY HURST, et al. Health spending and outcomes: treads in OECD countries [J]. Health affairs, 2000, 19(3):150-157.

政治上去维持这种平衡。[1][2] 这从政治上解释了维持基金收支平衡的重要性,而且这种平衡不是一种简单的数量上的平衡,也包含了社会对于医疗保障水平的期望。

在医疗服务利用中产生了医疗机构形式、医生行为、医疗保险作用、医疗服务水平提升等方面的影响。以何种服务机构提供医疗服务,谢尔阿德隆和波奈特(Scheil-Adlung, X. and F. Bonnet)认为,无论营利性的公有体制或者非营利性的私有体制都是可以与非营利性的公共医疗服务体制共同存在的。[3] 关键是这些方式会在多大程度上去正面影响公共医疗保健的提供效率和效果。麦克吉尔(T.McGure)指出,医疗机构会利用自身的信息优势诱导患者消费[4],杰克·温伯格(Wennberg J)指出,最终你所接受的治疗可能会既取决于你的住所、医生,还会取决于你的医疗条件[5],并提出了"温伯格小区域差异"。研究显示,医疗保险也能对医疗服务利用有积极影响,平均的次均医疗费用在新农合实施后也有所增加。[6] 如何保障医疗服务水平,卢森堡引进了长期护理保险方案,主要原则包括:致力于使人们在家庭而不是在专门的机构接受护理、对提供在家护理的家庭成员提供足够的社会保障。

近十年来的研究就较为集中在医疗费用上涨、医疗服务质量、医疗费用控制等方面。在医疗费用上涨的研究中,社会医疗保险制度无法克服道德风险造成了社会医疗保险费用急剧上涨[7],研究显示是医生的自卫性医疗(defensive medicine)提高了医疗卫生服务量,从而引发了社会医疗保险费用与自付医疗费用的上涨。在研究不同医疗机构管理差异方面,佩德罗(L.W.Petro)指出,目前尚未有明显的证据显示营利性医疗机构和非营利性医疗机构之间的质量和效率

① SSCHEIL-ADLUNG X, BONNET F. Beyond legal coverage: assessing the performance of social health protection [J]. International social security review, 2011(3).
② 沈世勇,李全伦.我国医保基金收支中的公平性分析:基于制度可持续的视角[J].求实,2014(10):58-64.
③ SSCHEIL-ADLUNG X, BONNET F. Beyond legal coverage: assessing the performance of social health protection [J]. International social security review, 2011(3).
④ MCGURE T. Physician response to fee changes with multiple payers [J].Journal of health economics, 2001(10): 385-410.
⑤ WENNBERG J. Wrestling with variation: an interview with jack wennberg [interviewed by fitzhugh mullan] [J]. Health affairs, 2004:73-80.
⑥ YOU X Y. KOBAYASHI,The new cooperative medical scheme in china[J]. Health policy, 2009, 91: 1-9.
⑦ CAGATAY.K. The effects of uncertainty on the demand for health insurance [J]. The journal of risk and insurance, 2008, 71(1):543-600.

的差别,对医疗服务提供者的激励,被认为是决定医疗服务质量的一个重要因子[1],护士的工资管理会影响到医疗服务质量,增加死亡率。[2] 在医疗保险基金支付的结构上,受到支付方式的影响,药品、门诊、住院之间具有替代关系。[3] 而医院在保险支付带来的压力和自身成本的双重推动下,也会对其所提供的医疗服务质量产生影响。由于医疗保险的复杂性,居民很难在保费、自付比例的权衡上做出明智的选择。[4] 而对于医疗服务质量的观察方法也很难有所突破,目前的绩效评估方式对提高医疗服务质量的效果并不明显。[5] 疾病谱和卫生服务的复杂性使得近年来的研究无论是在理论上还是在方法上都没有明显的突破。[6] 世界卫生组织也提出了国家需要强化公共卫生筹资中的责任,从国家退出(withdrawal of the state)转变为国家的再介入(re-engagement of the state)。[7] 陶布曼(S. L. Taubman 等)运用美国俄勒冈州的数据分析显示,将低收入成年人口纳入社会医疗保险覆盖范围,明显提高了医院门急诊部门的就诊量。[8] 索门尔斯(B. D. Sommers)考察了美国奥巴马总统时期的医疗体制改革(简称"奥巴马医改"),结论显示"奥巴马医改"法案实施提高了保险覆盖率,改善了成年人的医疗负担和健康状况[9],其他一些研究也支持了这种观点。[10][11] 库胡德思(S. R. Cohodes)对在校儿

[1] CENDROWSKI H, PETRO L W, MARTIN J P, et al. Private equity: history, governance, and operations[M]. New Jersey: John Wiley & Sons, 2012.

[2] Baird K. Adoption of activity management practices in public sector organizations [J]. Accounting & finance, 2007, 47(4): 551-569.

[3] CHANDRA, A, J GRUBER AND R, MCKNIGHT. Patent cost-sharing and hospitalization offsets in the elderly [J]. American economic review 2010, 100(1): 193-213.

[4] ABALUCK J, GRUBER J. Heterogeneity in choice inconsistencies among the elderly: evidence from prescription drug plan choice [J]. American economic review, 2011, 101(3): 377-81.

[5] CHRISTIANSON J S, LEATHERMAN, K SUTHERLAND, Lessons from evaluations of purchaser pay-for-performance programs [J]. Medical care research and review, 2008, 65(6S): 5S-35S.

[6] AIZCORBE A, NESTORIAK N. Changing mix of medical care services: stylized facts and implications for price indexes [J]. Journal of health economics, 2011, 30(3): 568-574.

[7] BARRETT M P, BOYKIN D W, BRUN R, et al. Human african trypanosomiasis: pharmacological re‐engagement with a neglected disease[J]. British journal of pharmacology, 2007, 152(8): 1155-1171.

[8] TAUBMAN S L, ALLEN H L, WRIGHT B J et al. Medicaid increases Emergency-department use: evidence from Oregon's health insurance experiment [J]. Science, 2014, 343(6168): 263-268.

[9] SOMMERS B D, GUNJA M Z, FINEGOLD K, et al. Changes in self-reported insurance coverage, access to care, and health under the affordable care act[J]. Jama, 2015, 314(4): 366-374.

[10] BUCHMUELLER T C, LEVINSON Z M, LEVY H G, et al. Effect of the affordable care act on racial and ethnic disparities in health insurance coverage [J]. American journal of public health, 2016, 106(8): 1416-1421.

[11] CAWLEY, JOHN, SIMON, et al I. Health insurance coverage and the affordable care act [J]. Journal of policy analysis and management, 2005.

童医疗保险进行了评估,结论显示医疗保险对于低收入家庭儿童的覆盖,能够增加其高中和大学的完成率。[①] 由此可知,医疗保险支出满足了青少年群体的医疗需求,促进了教育发展。

国外研究主要从社会医疗保险基金筹集、支出单方面分析的较多。对于医疗费用上涨的分析可以分为制度环境和主体特征两个方面,在制度环境中主要包含了人口结构变化、医疗技术进步等因素;而在主体特征方面,主要是医疗市场的参与主体对于医疗费用的影响。在制度环境分析中形成了一定的普遍认识,即社会医疗保险的供给有利于促进医疗服务的利用,但同时又难以克服医疗服务中的道德风险,进而推动了医疗费用的快速上涨。在医疗市场、医疗保险市场中,大都形成了不同的利益主体,如参保人、医务工作者(包括护理人员)、保险人(政府),这些利益主体在医疗保险基金收支的形成、医疗服务质量的提高中起着重要作用。"奥巴马医改"推出后,研究显示增加低收入成年人和儿童的社会医疗保险覆盖,能够促进该群体的医疗消费、改善其医疗需求,增进其教育水平。但随着美国总统特朗普上台后推翻了"奥巴马医改",将美国社会医疗保险推向了公平与效率的争论旋涡。

国外研究在基本风险化解、道德风险问题、公平与效率等方面,都有大量的成果,推动了全球社会医疗保险制度的发展,但也可以看出,在国外研究中从质和量两个方面同时考察基金收支平衡的研究文献较少,尤其是各利益主体对于基金筹集"期初承诺"支付水平的认识不深。

1.2.2　国内研究

纵观我国医疗保险制度的研究历史,学者们大都从我国医疗卫生改革的现实需要出发。

1) 社会医疗保险制度设计

早在"两江"模式之前,我国学者就已经注意到了传统的公费医疗和劳保医疗所带来的个人自付比例偏低,医疗费用上涨。[②] 1993 年,党的十四届三中全会正式确定了我国医疗保险制度改革的方向,提出了"统账结合"的原则,同年 10 月劳动部发布了《关于职工医疗保险制度改革试点意见的通知》,12 月劳动部办

---

① COHODES S R, GROSSMAN D S, KLEINER S A, et al. The effect of child health insurance access on schooling: evidence from public insurance expansions [J]. The journal of human resources, 2016, 51(3): 727-759.

② 赵曼.我国医疗保险制度的困境及其改革[J].中南财经大学学报,1991(06):36-40.

公厅发布了补充通知,1994 年国务院正式批准了江苏镇江、江西九江为"统账结合"试点,由此标志着社会医疗保险"两江模式"的诞生。

社会医疗保险费用快速上涨的压力催生了医疗保险制度的改革和统账结合模式的形成。2002 年 10 月,《中共中央、国务院关于进一步加强农村卫生工作的决定》提出了建立新型农村合作医疗的方案。2000 年,世界卫生组织在其 191个成员国医疗卫生费用负担的公平性排名中,我国位居倒数第四位。2004 年,卫生部部长高强宣布,我国 20 多年来的医疗体制改革是不成功的,一石激起千层浪。学者们纷纷从医疗保险制度设计上展开探索,此后,我国开始酝酿并推行了新一轮医药卫生体制改革,国内学者们纷纷从制度建构方面提出了很多建设性的方案和建议,如表 1-2 所示。

表 1-2　国内医疗保险制度研究发展的脉络与主要观点

年份	代表人物	主要观点和贡献
1993	赵曼	传统医疗保险个人自付比重偏低
1994	两江试点	统账结合模式,个人缴费
2000	WHO	卫生负担公平性,成员国中倒数第四
2004	高强	中国医改不成功
2004	邓大松	统筹基金数额影响老年医疗需求
2004	丁继红 朱铭来	阐明了医疗保险制度的作用
2005	顾昕	市场化过程中政府职能缺位
2006	胡务	农民工社会医疗保险和新农合之间的衔接
2007	梁鸿、赵德余	重塑社区医疗服务体系
2008	申曙光	新农合存在公平缺失
2009	赵曼	提出了三改联动,管办分离
2009	朱俊生	提出了制度的自然演进和人为设计相结合
2010	顾海 李佳佳	城居保释放了医疗需求
2012	胡宏伟	城居保影响卫生服务的利用和国民健康
2014	顾海	统筹城乡医疗保障制度的模式分类以及实施路径
2015	孙淑云	整合城乡社会医疗保险的地方实验面临"再碎片化"

（续表）

年份	代表人物	主要观点和贡献
2016	熊伟、张荣芳	明确界定政府补助社会保险的标准和程序
2016	袁涛、仇雨临	居民社会医疗保险城乡统筹,迫切需要加强顶层设计

　　一项对现实问题的实证研究显示,少数发达城市社会医疗保险统筹基金丰富,老年人医疗消费释放[①];而大部分经济较弱城市,统筹基金数额有限,城市老年人医疗需求受到抑制。该研究提出了调整个人账户支付、提供巨额疾病保障的建议。有学者研究了医疗费用增长的因素,阐明了医疗保险制度的作用。[②]顾昕把改革不成功的原因归结为市场化过程中的政府职能缺位。[③] 有专家研究了我国基本医疗保险制度存在理论基础脆弱和补偿机制扭曲以及三方目标冲突等问题,提出了重塑社区医疗服务体系的建议。[④] 赵曼回顾了我国社会医疗保险制度的发展历程,提出了三改联动、管办分离的制度理念。[⑤] 2006 年前后围绕农村合作医疗制度及其健康公平性的文献开始涌现。在新农合方面,胡务提出了农民工城镇医疗保险与新农合之间的衔接。[⑥] 一些个案研究如新乡市两个县的新农合状况,则补充了这些分析结论。[⑦] 申曙光指出了新农合在公平、约束、机制等方面存在的缺失。[⑧] 2007 年,国务院发布了《国务院关于开展城镇居民基本医疗保险试点的指导意见》。对于城镇居民基本医疗保险而言,有专家比较研究了浙江、湖北、陕西 3 省 9 市的城镇居民基本医疗保险制度,提出应该将制度的自然演进和人为设计结合起来的观点,城镇居民基本医疗保险也需要坚持适度缴费率。[⑨] 城镇居民基本医疗保险制度释放了低收入人群的医疗需求。[⑩] 胡

---

① 邓大松,杨红燕.基本医疗保险对退休老人保障效果分析[J].当代财经,2004(02):28-31.
② 丁继红,朱铭来.试论我国医疗保险制度改革与医疗费用增长的有效控制[J].南开经济研究,2004(04):96-99.
③ 顾昕.全球性医疗体制改革的大趋势[J].中国社会科学,2005(06):121-128.
④ 梁鸿,赵德余.中国基本医疗保险制度改革解析[J].复旦学报(社会科学版),2007(01):123-131.
⑤ 赵曼.中国医疗保险制度改革回顾与展望[J].湖北社会科学,2009(07):60-63.
⑥ 胡务.农民工城镇医疗保险与新型农村合作医疗的衔接[J].财经科学,2006(05):93-99.
⑦ 邓大松,张国斌.关于新型农村合作医疗制度探索中的思考——基于河南省新乡市获嘉和封丘两县的调查[J].学习与实践,2007(02):116-122.
⑧ 申曙光,周坚.新型农村合作医疗的制度性缺陷与改进[J].中山大学学报(社会科学版),2008(03):198-203+210.
⑨ 贾洪波.城镇居民基本医疗保险适度缴费率分析[J].财经科学,2009(11):92-101.
⑩ 顾海,李佳佳.城镇居民医疗保险的二次补偿机制研究——以江苏省为例[J].南京社会科学,2010(09):43-48.

宏伟等更是研究了城镇居民基本医疗保险对卫生服务的利用和国民健康的影响。[1][2] 除此之外,还有一些研究关注了地区医疗保险的特有制度,旨在对医疗保险制度供给进行拾遗补缺。2009年4月,新医改方案公布,标志着我国医疗体制的改革取得了阶段性的理论成果。党的十八大之后,我国社会医疗保险制度有了新的发展,围绕统筹城乡社会医疗保险制度的整合,整合城乡社会医疗保险的地方实验面临"再碎片化",面对城乡社会医疗保险中的政府补贴[3],应该明确界定政府补助社会保险的标准和程序[4],以及统筹城乡社会医疗保险可能出现的制度难题,居民社会医疗保险城乡统筹也迫切需要加强顶层设计,确保制度实质公平。[5]

社会基本医疗保险基金收支平衡作为我国社会医疗保险制度运行的核心问题一直吸引着学术界的关注,学者们在社会医疗保险基金的筹集、支付和收支平衡等方面都作出了有益的探索。

2)社会医疗保险基金的筹集

社会医疗保险制度的可持续性,要求所筹集到的基金能够保值增值,在未来发生风险或承诺支付期到来时能够按时足额支付,账面资金不会出现赤字。国内研究如表1-3所示。

表1-3 国内医疗保险基金筹资研究脉络与主要观点

年份	人物	观点和贡献
2000	郑晓瑛	公费医疗、劳保医疗筹资来源困难
2001	林毓铭	制度内总额的特点,社会医疗保险基金筹资较少
2003	孙作明、官波	研究镇江,征收手段弱化,基金欠缴严重
2004	朱文华	建立预警系统,维持基金财务的可持续性

---

① 胡宏伟.城镇居民医疗保险对卫生服务利用的影响——政策效应与稳健性检验[J].中南财经政法大学学报,2012(05):21-28+60.

② 胡宏伟,栾文敬,杨睿,等.挤入还是挤出:社会保障对子女经济供养老人的影响——关于医疗保障与家庭经济供养行为[J].人口研究,2012,36(02):82-96.

③ 孙淑云.顶层设计城乡医保制度:自上而下有效实施整合[J].中国农村观察,2015(03):16-23.

④ 熊伟,张荣芳.财政补助社会保险的法学透析:以二元分立为视角[J].法学研究,2016,38(01):110-126.

⑤ 袁涛,仇雨临.从形式公平到实质公平:居民医保城乡统筹驱动路径反思[J].社会保障研究,2016(01):55-60.

（续表）

年份	人物	观点和贡献
2005	王绍光	改变政策导向，体现政府责任
2007	李珍	劳动收入与核定缴费工资之间差距较大
2010	顾昕	政府回归卫生筹资责任
2010	宋世斌	医疗保险体系存在隐性债务
2011	申曙光	提出了退休人员缴费，明确政府筹资责任
2014	郑功成	稳定政府责任、提升个人责任
2016	赵正堂、吴江平	以精算平衡原则重构医疗保险制度体系
2017	宋晓悟	整合现行费率制度，合理降低费率
2018	王延中、宁亚芳	税务部门征缴社会医疗保险费可以减少转制成本

公费医疗和劳保医疗带来了筹资来源困难、医疗费用浪费严重[①]，基金筹集以制度内工资为基数，参保单位少报瞒报工资总额，减少缴费总收入，制度内工资总额的特点是制度收支不平衡的主要内容[②]，一项对镇江社会医疗保险基金的研究显示，征收手段的弱化与医疗保险制度的重要性不相称导致基金欠缴严重，缴费基数普遍不实，社会医疗保险基金难以足额到位。[③] 应该建立社会医疗保险基金预警系统和监管机制来维持社会医疗保险基金财务的可持续性。[④] 这期间医疗保险基金主要强调企业与个人责任，随着新农合的推进和城镇居民基本医疗保险的开展，越来越多的学者开始关注基金筹资中政府的责任。对于卫生筹资存在的不公平性，政府应该改变政策导向，承担政府责任。[⑤] 中国劳动者实际收入与社会保险核定缴费工资总额之间有一个相当大的差距[⑥]，关键是政府应该承担卫生筹资的责任。[⑦] 针对我国社会医疗保险体系存在的隐形债务问

[①] 郑晓瑛.医疗体制改革与社会医疗保险基金合理利用原则的研究[J].人口与经济,2000(01):11-17+26.

[②] 林毓铭.医疗保险的核心机制：医疗保险基金收支平衡分析[J].中央财经大学学报,2001(12):10-14.

[③] 官波,孙作明.完善医疗保险基金收支平衡之我见[J].中国卫生经济,2003(06):30-31.

[④] 朱文华.医保基金预测预警和监控机制的思考[J].中国社会保障,2004(04):42-43.

[⑤] 王绍光,何焕荣,乐园.政策导向、汲取能力与卫生公平[J].中国社会科学,2005(06):101-120+207-208.

[⑥] 李珍.论建立基本养老保险个人账户基金市场化运营管理制度[J].中国软科学,2007(05):13-21.

[⑦] 顾昕.公共财政转型与政府卫生筹资责任的回归[J].中国社会科学,2010(02):103-120+222.

题,专家指出可以通过延迟退休来降低社会医疗保险基金赤字的规模。[①] 另一些专家却认为退休人员不缴费政策和"隐形债务"历史遗留问题给社会医疗保险基金支付造成了压力,并提出要区分债务责任,改变退休人员不缴费的状况,明确政府在筹资中的责任。[②] 郑功成指出需要稳定政府责任,提升个人责任,取消个人账户。[③] 另有学者指出,要从精算平衡的角度重构社会医疗保险基金筹资,整合现行费率制度,合理降低费率。[④] 针对 2018 年,中共中央印发的《深化党和国家机构改革方案》,专家指出税务部门征缴社会医疗保险费可以减少转制成本。这在一定程度上,体现了当前社会医疗保险基金筹资偏高的事实,也反映了社会医疗保险基金征缴环节需要更加专业和强制性的手段,提高征缴率的同时,降低缴费率。

3)社会医疗保险基金的给付

面对医疗保险基金支出的上涨,我国学者开始思考费用控制的问题,学者们针对社会医疗保险基金给付的研究脉络,如表 1-4 所示。

表 1-4　国内医疗保险基金支付研究脉络与主要观点

年代	代表人物	主要观点和贡献
2005	徐丽	人口老龄化带来了社会医疗保险支付压力增大
2005	仇雨临	人口老龄化带来疾病率增加,导致医疗保险费上升
2005	姜向群	提高离退休人员医疗费用社会统筹
2005	马军生	社会医疗保险基金存在不合理支付
2005	郑大喜	中国卫生政策的核心是控制医疗费用
2007	顾昕	城镇居民社会医疗保险筹资和支付两手都要抓
2007	赵曼、吕国营	医生是患者医疗费用不合理巨幅攀升的根源
2007	黎民、崔璐	医疗保险领域存在道德风险
2007	朱恒鹏	医患之间利益不一致,医生存在道德风险实施空间

① 宋世斌.我国社会医疗保险体系的隐性债务和基金运行状况的精算评估[J].管理世界,2010(08):169-170.
② 李亚青,申曙光.退休人员不缴费政策与医保基金支付风险——来自广东省的证据[J].人口与经济,2011(03):70-77.
③ 郑功成.让医保制度在深化改革中走向成熟、定型[J].中国医疗保险,2014(07):9-11.
④ 赵正堂,吴江平.以精算平衡原则推进财政支持下的医疗保险制度改革[J].财政研究,2016(10):58-62.

（续表）

年代	代表人物	主要观点和贡献
2009	刘国恩	个人账户有利于控制需方支出
2010	何文炯	提出了社会医疗保险基金纵向平衡
2011	郭有德	对供方进行激励有利于实现医疗费用控制的最优化
2012	黄枫、甘梨	费用共担机制控制了道德风险，遏制了过度医疗消费
2014	宋占军、朱铭来	大病保险制度的推广影响了城居社会医疗保险基金的可持续性
2015	刘军强、刘凯、曾益	保险第三方购买面临的扭曲和低效
2017	杜创	社会医疗保险机构对医院的最优支付方式及其决定因素
2018	朱恒鹏、彭晓博	支付机制是引导资源配置和诊疗行为的关键

　　早在 20 世纪末，专家们就从不同层面分析医疗费用快速上涨的原因。专家指出参保人员老龄化对社会医疗保险基金存在的压力[1]，人口老龄化加剧了医疗费用的上涨，给社会医疗保险基金收支平衡带来了压力。[2] 人口老龄化带来了疾病患病率的增加，从而导致医疗保险费用上升[3]，需要提高离退休人员医疗费用社会统筹制度[4]，与此同时，医疗保险基金存在不合理支付[5]，所以，城镇居民社会医疗保险筹资和支付两手都要抓。[6] 有专家指出认为控制医疗费用已成为我国卫生政策的核心。[7] 除了社会统筹基金的不合理使用，通过个人账户影响参保者的医疗需求，有利于控制需方医疗费用的支出。[8] 也有专家提出了社会医疗保险纵向平衡费率[9]，给供方提供激励机制会更有利于实现医疗费用控

---

[1]　林枫.医疗保险立法之管见[J].中国卫生经济,2005(06):10.

[2]　徐丽.老龄化趋势给医保基金带来的挑战及对策分析——以上海为例[J].经济问题探索,2005(12):56-60.

[3]　仇雨临.基本医疗保险应正视人口老龄化[J].中国社会保障,2005(01):27-28.

[4]　姜向群,万红霞.老年人口的医疗需求和医疗保险制度改革[J].中国人口科学,2004(S1):137-142+179.

[5]　马军生,李若山,李永伟.完善我国医疗保险基金监管体系的思考[J].中国卫生经济,2005(10):50-52.

[6]　顾昕.居民医保:筹资水平知多少[J].中国社会保障,2007(08):46-47.

[7]　郑大喜.医疗服务价格调整与医疗费用控制的关系研究[J].医学与哲学,2005(09):18-21.

[8]　刘国恩,唐婷婷,雷震.医疗保险个人账户对医疗费用的影响:基于镇江医疗保险数据的面板分析[J].中国卫生经济,2009,28(02):9-12.

[9]　何文炯,杨一心,刘晓婷,等.社会医疗保险纵向平衡费率及其计算方法[J].中国人口科学,2010(03):88-94+112.

制的最优化。① 黄枫和甘犁论证了我国劳保医疗中的道德风险，并且指出职工社会医疗保险的费用共担机制控制了道德风险的发生，遏制了过度的医疗消费。② 应该优化城镇居民基本医疗保险和大病保险的保障水平。③ 有专家研究医疗费用支付，提出了第三方支付带来的扭曲和低效④，还有专家提出构建重复博弈模型，探讨社会医疗保险基金支付方式的几个标准化问题。⑤ 朱恒鹏等认为社会医疗保险支付机制是引导医疗资源配置和医患双方诊疗行为的关键。⑥最新的研究并没有绕开医生、保险机构、患者多方主体之间的关系和行为，而支付方式的效果问题也引发了更多的关注。

4）社会医疗保险基金的收支平衡

保持社会医疗保险基金收支的平衡，一直以来被视为社会医疗保险制度存在的基础，但是随着社会医疗保险基金的积累，对这种数量平衡的控制，成为压缩医疗需求的基础。医疗需求往往随着经济增长和居民收入的提升而发生变化。居民购买力增强促进了医疗卫生需求，带来了医疗费用增长。但是为了控制医疗费用不合理增长，维持基金收支平衡，实现财务可持续性的目标⑦，应该建立社会医疗保险基金预警和监督机制。⑧ 在医疗需求未能满足的前提下，由于地方政府控费政策执行不到位，一味强调医疗费用控制，忽视了医疗需求的满足，造成了社会医疗保险基金大量的结余，大量的基金沉淀也意味着极大的浪费。⑨ 要规范城镇职工基本医疗保险基金的管理，建立相应的基金结余率的调整机制。⑩ 建立社会医疗保险基金结余的动态平衡和预警机制。⑪ 对于城镇居民基本医疗保险基金的结余，专家们提出了旨在满足社会医疗保险基金需求的

① 郭有德.医疗保险中道德风险的经济学分析[J].复旦学报(社会科学版),2011(01):116-123.
② 黄枫,甘犁.医疗保险中的道德风险研究——基于微观数据的分析[J].金融研究,2012(05):193-206.
③ 宋占军,朱铭来.大病保险制度推广对各地城居医保基金可持续性的影响[J].保险研究,2014(01):98-107.
④ 刘军强,刘凯,曾益.医疗费用持续增长机制——基于历史数据和田野资料的分析[J].中国社会科学,2015(08):104-125＋206-207.
⑤ 杜创.动态激励与最优医保支付方式[J].经济研究,2017,52(11):88-103.
⑥ 朱恒鹏,彭晓博.医疗价格形成机制和医疗保险支付方式的历史演变——国际比较及对中国的启示[J].国际经济评论,2018(01):24-38＋4.
⑦ 王璐.我国健康保险有效需求的实证分析[J].技术经济与管理研究,2009(01):100-102.
⑧ 朱文华.医保基金预测预警和监控机制的思考[J].中国社会保障,2004(04):42-43.
⑨ 顾昕.公共财政转型与政府卫生筹资责任的回归[J].中国社会科学,2010(02):103-120＋222.
⑩ 卢驰文,王钦池.城镇职工基本医疗保险基金结余规模控制研究[J].经济纵横,2010(01):47-50.
⑪ 李常印,郝春彭,李静湖,等.基本医疗保险基金结余及动态平衡[J].中国医疗保险,2012(06):35-38.

二次补偿机制[①]，但是也有专家却从道德风险防范的制度约束方面，对二次补偿问题提出了质疑。[②] 而社会医疗保险基金结余水平应该如何确定，学者指出我国需要建立基本医疗保险和社会发展的动态协调机制。[③] 这在一定程度上指明了医疗保障水平的动态平衡方向。一方面是医疗保险基金的结余，另一方面医疗保险基金需求未能完全满足主体的需要。不同主体之间存在医疗负担的不公平性，这种不公平性根源在于我国城市与农村居民医疗支出严重失衡，城市居民的平均医疗支出几乎是农村的 6 倍。社会保障制度的基本目标就是追求社会公平、实现社会公平。[④] 这在一定程度上，为健康权利作为分析视角，嵌入社会医疗保险基金收支平衡研究奠定了一定的基础。有学者运用马克思的分配正义理论，从分配应得、需求满足和公平效率三个方面研究了城镇职工基本医疗保险的公平问题。[⑤] 健康不仅对个人生存发展具有重要作用，而且是经济发展的重要推动力。[⑥] 这在一定程度上解释了医疗保险制度对于维护健康及其与经济发展之间的互动关系。有专家揭示了社会医疗保险基金收支平衡的内在机理，提出了质的平衡性理念。[⑦] 社会医疗保险基金收支平衡还受到其他政策变化的影响，如生育政策调整，将会增加城乡居民医疗保险的财政负担。[⑧]

由此可知，为了维持社会医疗保险基金的收支平衡，一方面应该保证社会医疗保险基金长久的支付需要，保证将财务可持续性作为重要的衡量标准；一方面更为重要的是医疗保险基金要满足参保人的医疗保险需求，实现人类健康权利，维护不同主体之间的公平性，因为后者才是社会医疗保险基金制度建立的应有之义。

1.2.3 研究评述

从国外的研究可以看出，医疗保险参保主体的需求是医疗保险制度设计的

① 顾海,李佳佳.城镇居民医疗保险的二次补偿机制研究——以江苏省为例[J].南京社会科学,2010(09):43-48.
② 吕国营.二次报销破坏了降低道德风险的机制[J].中国医疗保险,2014(02):23.
③ 肖宏伟.我国社会发展对基本医疗保险的影响研究[J].保险研究,2012(12):101-115.
④ 申曙光,谢林.构建和谐社会与发展社会保障事业[J].社会保障研究(北京),2005(01):7-16.
⑤ 刘平,李跃平,张晓萍,等.用正义分配理论分析我国城镇职工基本医疗保险的公平性[J].中国全科医学,2007(13):1086-1088.
⑥ 刘国恩.全民医疗保障与保民生促增长[J].理论前沿,2009(16):5-8＋23.
⑦ 沈世勇,李全伦.医保基金收支平衡制度的演化机理分析——从数量平衡到质量提升[J].财政研究,2016(04):60-70.
⑧ 张心洁,周绿林,曾益.生育政策调整对提高新农合基金可持续运行能力的影响[J].经济管理,2016,38(04):168-180.

立足点,但是医疗领域的信息不对称带来了一系列的问题,如诱导需求和道德风险严重,催生了政府提供最优保险制度,但是政府也有其自身的利益原则,在政府设计的共付保险下,往往形成了保险人利用自身信息优势挤占参保人权利的行为,这就为医疗保险制度形成中的政府作用提供了合理的解释。另外研究在社会医疗保险基金支出的增长中,人口老龄化、医疗技术进步成了西方学界讨论的热点,其争论的核心是医疗技术进步对于医疗费用上涨的贡献,以及人口老龄化对于社会医疗保险基金支出的影响。很多专家认同医疗技术进步的作用,但医疗费用的上涨也引来了人们对于社会医疗保险基金收支财务可持续性的担忧。德国、美国等国尽管制度不同,但也分别采用适当形式对参保人进行补贴,不过补贴的对象却不尽相同,有些以低收入者为主如美国,有的却惠及更广泛的国民如瑞典等。总之,在社会医疗保险基金支付中,政府的责任与社会的期望交织,政府自身利益和社会对政府的要求相互制约,使得政府的讨论成为必须。国外近十年来的研究,非常重视医疗费用上涨、医疗服务质量的提高,并且针对医疗保险费用的不合理使用,讨论了医生的动机和行为,较多的文献显示医生具有自卫性医疗行为,护士的工资激励也会影响医疗服务的质量和医疗费用的使用。有学者指出了这种复杂的医疗保险信息量,使得参保人很难作出参保决策,还有学者认为正是这种原因使得近年来对于社会医疗保险基金的研究发展缓慢。由此可知,国外在社会医疗保险制度中已经形成了关于参保人、政府、社会等方面的大量文献,为进一步研究奠定了良好的基础。

在国内研究中,医疗保险制度设计是研究的起点。中华人民共和国成立后为了满足机关事业单位劳动者的疾病风险化解需要,我国先后建立起了劳保医疗和公费医疗。而随着计划经济的解体与市场经济的建立,原有的医疗保障体系无法适应国有企业改制的要求,医疗费用上涨和医疗资源配置不合理等问题,成为争议较为突出的研究议题。从而围绕风险分散和国企减负、体现个人责任的城镇职工基本医疗保险得以建立,而研究的重点也主要在于"统账结合"的社会医疗保险基金筹集原则。制度运行产生了服务利用不平等,扩大制度覆盖面解决制度公平性,就成了建立新农合、城镇居民医疗保险制度的起点。统筹城乡居民社会医疗保险并没有解决区域之间、不同收入群体之间的公平问题。在社会医疗保险基金的筹资研究中,学者们关注了原有社会医疗保险基金筹资来源困难的问题,实际部门的研究人员也对征收手段、基金欠缴等进行了有益探究,提出了基金财务可持续性的要求,在社会医疗保险基金的筹资研究中,更是逐步提出了个人责任、政府责任等重要命题。而在社会医疗保险基金的支付研究中,学者们围绕总额预付制度等支付方式,研究对社会医疗保险费用的上涨进行控制,同时认为,医疗保险基金存在不合理支付,有学者把这种不合理支付归咎于医生的行为,需要从筹资和支付方面加以控制,甚至有学者将费用控制看作卫生政策的核心。还有学者把费用控制的对象指向了需方,在支付研究中,较少地关注社会医疗保险基金支付水平和医疗保险参保之间的关系,较少地关注医院行为与保险人费用控制之间的关系,较少地关注政府卫生投入对于医疗机构行为产生的影响。

尽管有学者提出了政府在社会医疗保险基金收支中的责任,但是并没有对于承担何种责任做出具体的方案设计,尤其是有些学者所提到的延长退休年龄解决政府的隐形债务、维持社会医疗保险基金收支平衡的做法,更是明确参保人为保险人的违约行为买单,这种观点掩盖了保险人供给的目标,结论值得商榷。

到目前为止,国内外的医疗保险基金平衡研究至少还存在两方面的提升空间:从微观层面,社会主体对于医疗保障水平的期望还没有真正体现在社会医疗保险基金的收支平衡中;从宏观层面,国内的学者在理论和实践层面处于不同方向的两个系统,而结合保障水平的适度性、保障待遇符合期初的承诺条件,运用系统宏观数据进行数理分析的研究相对较少。

根据以上研究结论,本书的研究内容方包括如下几点:一是质的平衡性与量的平衡性辨析;二是基于水平适度标准的研究;三是当前我国社会医疗保险基金适度水平标准的测量与评价。在前三部分的基础上,提出促进适度社会医疗保险基金收支水平的制度改革方案。

1.3　研究方法与思路

1.3.1　研究方法

本书以文献研究、制度分析为主,并配合以专家咨询、政策分析方法。主要方法如下:

1)文献分析法

本书的文献主要来源于国内外有影响力的数据库资源。国内期刊采集来源于:中国知网 CNKI 数据库、万方数字资源、维普期刊资源数据库;国内书籍资源来源于超星数字库、书生之家数据库、学校图书馆纸质数据库,以及公开的政府网站和学术资源网站等。国外期刊数据采集主要来源于:Willy、Springer Link、

Science Direct、优阅外文电子图书、PQDT 博硕论文、Google 学术以及各类公开国际组织网站（WHO、ILO、OECD 网站等）。本书采取分类检索，收集各类书籍、期刊论文、博士论文、调查报告、会议论文、政策报告、政府政策文件等，并对所收集的文献进行系统深入阅读，了解我国医疗保险政策的实施状况、社会医疗保险基金收支状况和社会医疗保险政策的演变趋势，并归纳总结社会医疗保险基金收支平衡的研究成果。对于文献的分析本书除了总体把握社会医疗保险基金收支平衡的文献，还对所提出的质量平衡框架中每一部分的文献进行了详细的整理和归纳，试图对这种框架的合理性进行论证。

2）专家咨询法

本书的选题经过了一个长期的累积过程，第一阶段早在十余年前笔者为了研究社会医疗保险基金收支数量平衡问题，就走访了学术界长期研究社会保障问题的专家，并在此基数上走访了黄石、鄂州、荆州等劳动与社会保障部门的负责人，经过对访谈记录的梳理，确立了社会基本医疗保险基金收支中存在的问题；第二阶段，对于社会医疗保险基金收支数量平衡之外的因素，在各类型国际学术会议、国内学术研讨会上和专家们进行交流，确认了质性变量嵌入的可能性；第三阶段即课题立项阶段，经过了理念凝练、开题答辩、走访学校专家并取得了选题方向的肯定性信息，得到了国家哲社办从全国组织的专家评审的肯定。不仅如此，本书在思路凝练阶段基于质量平衡框架的表述和内容定位，通过学术活动多次拜访学术界专家形成整体思路与框架，最后，在方案设计阶段，包括质量统一标准的分析、家庭医生制度改革调研问卷的设计等部分获得了多位专家的指导和帮助。

3）政策分析法

本书的政策来源主要包括两部分内容：一是城镇职工基本社会医疗保险制度、新农合、城镇居民基本医疗保险制度的相关政策；二是这些政策出台前后，党的十三大、十四大、十五大、十六大、十七大、十八大、十九大历年的报告以及《社会保险法》、社会保险各项政策性规定。在相关政策中使用对比分析的思路，比较不同时期我国对于公平和效率问题的不同表述，从历史维度梳理政策重点和实施目标，将我国基本医疗保险所涉及的政策内容，融入问题分析的各个部分，使得全书的逻辑结构更加完整和通畅。

4）演化分析法

本书以现有的医疗保险制度作为研究的逻辑基础，根据制度经济学演化的思路，讨论了社会医疗保险基金收支数量平衡原理存在的原因，以及因技术的变迁、主体权利意识的增加、社会成本的变化导致的诱致性变迁因素的出现。在制度环境发生变化后,主体间不断地讨价还价中,新的制度结构开始出现,从而论证了质量平衡嵌入的必要性和重要性内容。

5)均衡分析法

本书适度性标准的分析中采取了帕累托最优法则。意大利的经济学家帕累托在 1906 年的《政治经济学教程》中,提出了帕累托最优。该法则认为,如果一些变化使得某些人的状况变好,而没有让其他人的状况变坏,则可以把这种变化称为"帕累托改进";如果没有一种变化使得某些人的状况变好,而不让其他人的状况变坏,则可以把这种社会状态称为"帕累托最优"。后来的学者把帕累托最优的充分条件概况为:交换的帕累托状态、生产的帕累托状态、交换和生产同时达到的帕累托状态,而必要条件是边际替代率递减与边际技术替代率递增。帕累托最优是一种广泛为人们所接收的价值判断,对于帕累托最优的批判一直不断,"如果穷者状态不变,旨在改进富人的政策使得富人更富,必定会提高整个社会的福利水平"[1]。黄有光却认为以上观点不过是把假设的价值部分和现实部分混淆了。[2] 这只不过是一种最优状态,却不一定说这种最优就一定比一般均衡的状态更好,[3]这里只是将帕累托最优用来分析参保人之间,以及参保人与政府之间的关系,这种关系主要由医疗保险筹资与支付所带来,本书试图在最优化的社会医疗保险基金安排中进行一些有益的探索。

除了以上分析方法之外,本书还根据研究的实际情况,综合运用了相关分析方法、多元回归分析技术、突变模型应用、耦合协调模型等综合分析方法和评价技术对社会医疗保险基金质量平衡的指标契合状况、适度水平动态标准等进行了测量和评估。

1.3.2 研究思路

本书主要围绕社会医疗保险基金收支平衡原则展开分析,通过文献分析、专家咨询、政策分析探讨现有政策的缺陷;在事实论证、对比论证、逻辑演绎论证的基础上,形成了社会医疗保险基金收支质量平衡框架;围绕影响质量平衡的三个层次分别运用因子分析、理论框架构建等手段展开论证;在帕累托最优的基础上

---

① NASH C L, MOE J H. A study of vertebral rotation[J]. J bone joint surg am, 1969, 51(2): 223-229.
② 黄有光.福利经济学[M].周建明,译.北京:中国友谊出版社,1991:39.
③ 李绍荣.帕累托最优与一般均衡最优之差异[J].经济科学,2002(02):75-80.

构建了质量统一的适度水平标准的理论模型；最后，对模型的演化规律进行了案例研究。研究框架如图 1－1 所示。

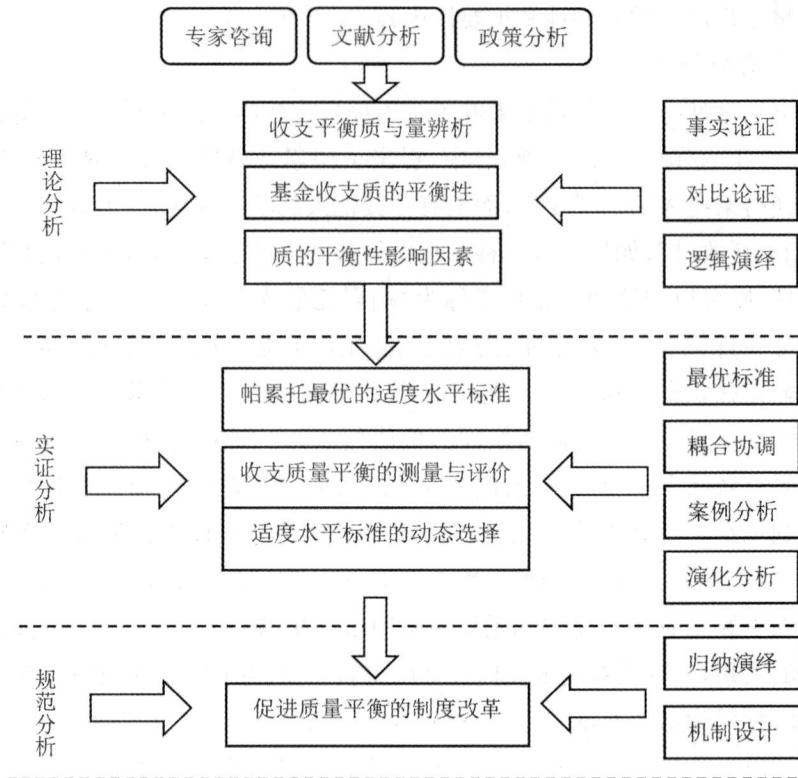

图 1－1　技术路线图

1.4　创新与不足

1.4.1　本书创新之处

1）提出了一个社会医疗保险基金收支质量平衡的框架

传统的社会医疗保险基金收支平衡性主要是一种数量关系。我国社会医疗保险基金"以收定支、收支平衡、略有结余"原则的形成有其历史原因，但也遇到了基金结余过多、保障能力不足等问题，有必要考察数量之外的因素，即社会医疗保险基金收支的质的平衡性。本书提出新的社会医疗保险基金收支平衡分析框架，将政策因素、社会因素、个体因素与收支数量一道加以考察，有利于社会医疗保险基金收支平衡目标从财务可持续向制度可持续转变。

2）运用帕累托最优分析了适度水平标准的形成机理

在深入分析影响社会医疗保险基金收支平衡变量的基础上，围绕政府、社会、个体三个层面的参与主体，并且根据各个主体的利益特征，确定了社会医疗保险基金收支的适度水平标准，并运用帕累托最优分析了适度水平标准的形成机理，并在制度分析中，分别把帕累托交换理念用于分析参保人之间的交换决策行为、参保人与保险人之间的参保决策行为，加入健康权的社会价值标准后，分析帕累托最优均衡的演进方向等内容。这种均衡方法的运用，不仅拓展了帕累托理论，推广了帕累托最优的运用，而且在社会医疗保险基金收支政策的实施中，使得地方政府找到水平确定的标准化依据，并依据这种标准，找到最优化的政策设计方案。

3）运用耦合协调方法测量了收支平衡指标的适度性

本书一方面从历年数据中，分析其社会医保基金筹集与支付的数量平衡，另一方面加入政策等因素，建立数量平衡和质量平衡之间的综合指数，分析单项指标变化产生的综合影响。本书运用了物理学耦合理念，分析了收支数量指标、个体需求指标、社会平等指标、政府目标指标之间的耦合关系，借用极差标准化方法对数据作了无量纲化处理，依据突变级数法进行了综合评价，建立了耦合协调度模型；使用德尔菲法对各指标进行赋权，考察了数量指标与质量指标之间的耦合度与耦合协调度，并根据模型计算的结果，给出了制度运行的耦合阶段与耦合协调等级。

1.4.2 研究不足

本书对于社会医疗保险基金收支平衡的研究，只是形成了一个初步的质量平衡理论分析框架，运用耦合协调模型，分析了整体指标历年的耦合协调模型。但是，由于缺乏地区数据，本书对各个地区之间的适度水平以及耦合状况分析尚且不足。本书主要基于对现有数据的观测和评价，由于新医药卫生体制改革正在深化发展，医疗卫生制度变革尚未结束，对于社会医疗保险基金收支质性指标的分析还不够深入，更无法进行有效预测。

第2章 数量 V.S 质量：医保基金收支平衡的追问

党的十九大报告明确提出"实施健康中国战略"目标，社会基本医疗保险制度是保障广大人民群众健康的一项基础性制度安排，一直以来被视为经济社会改革的重点和难点。健全医疗保障体系，建立社会医疗保险基金稳定筹资和待遇调整机制，保证社会医疗保险制度可持续运行是《"健康中国2030"规划纲要》的重要目标之一。尽管维持社会医疗保险基金收支平衡原则，能够让地方社会医疗保险机构注重基金财务的可持续性，但是过度追求数量上的对等关系，容易忽略患者的医疗需求，偏离社会医疗保险制度的目标。

实际上，现有社会医疗保险基金收支的数量平衡框架难以从根本上解决医疗保险质量提升的问题，在实践中陷入了费用控制和医疗需求满足的悖论。这就有必要摆脱简单的数量对等关系，围绕社会医疗保险基金的出发点和归宿点，从质和量两个方面，考察社会医疗保险基金收支平衡性。回顾社会医疗保险基金制度的发展历程可知，自德国《疾病保险法》实施以来，社会医疗保险基金就承载着分散疾病风险、促进政权稳定的重要使命。中华人民共和国成立后，逐步推开的企业（国有企业、集体企业）保障化解了城镇劳动者的疾病风险，农村合作社经济与农民自保模式分散农村劳动者的疾病风险。直到20世纪90年代初，中国还没有真正意义上的社会医疗保险制度，劳保条例和公费医疗主要通过企业保障和政府保障来获得资金，保障城镇劳动者、政府工作人员、大学生等。为了配合国有企业改革，把教育、医疗、养老等功能回归社会，剥离企业的非经济功能，城镇率先建立了包括养老、医疗在内的社会保险制度，由此社会医疗保险基金筹集与支付也随即产生。出于制度建构与财务可持续发展的需要，1998年，中国确立了"以收定支、收支平衡、略有结余"的社会医疗保险基金筹资原则。然而，有部分地方政府将"社会医疗保险基金"结余作为衡量政府有效管理的标尺，把控制医疗费用的不合理上涨，变成压缩参保人员的合理需求，使得医疗卫生领域"看病贵""看病难"问题突出。随着经济增长带来了更多可分配资源，致力于解决贫困、公平等问题的呼声提高，解决"病有所医"问题不仅被看作是医药卫生体制改革的重点，更成为政府整体社会改革乃至政治改革的重点目标之一。党的十八大报告指出，要把医疗保险制度从重视数量到提升质量上来，从而跳出数量平衡的分析框架，这就为从质的维度分析社会医疗保险基金收支平衡问题找到了突破口。

2.1　数量平衡何以可能

2.1.1　数量平衡原则形成背景

社会医疗保险基金收支平衡的相关规定是社会医疗保险基金筹集与支付的基本依据，决定着社会医疗保险基金保障水平的高低。制度的确立对于控制医疗费用的快速上涨，起到了积极作用。制度应该被当作博弈的规则，而不是被看作参与人[①]，而医疗保险基金收支制度作为博弈的规则，又是如何形成的呢？

在高度集中的计划经济体制下，我国初步形成了以机关事业单位为主体的公费医疗制度和以国有、集体企业为主体的劳保医疗制度，以社队为主体的农村合作医疗制度，在城乡分割、部门隔离的计划经济年代，各项制度相互独立、封闭运行。在社会主义市场经济体制的发展中，原有国有企业或者各类型国营单位承载着较多的社会功能，被称为"企业保障"模式。这也让国有企业、集体企业以及各类型的国有经济背负着沉重的包袱，发展艰难。尽管 20 世纪 80 年代末期，随着一些城市先后进行了城镇职工医保制度的试点，对原有的公费医疗制度和劳保医疗制度进行了改革，缓解了企业劳动力成本的压力，但是未能从根本上解决企业负担过重的问题。这种制度性的缺陷主要表现在：缺乏合理的经费筹集机制、社会化程度低、医疗保障的覆盖面窄小、非工资性收入劳动者未能参保等。1992 年，中央作出了深化收入分配制度和社会保障制度的改革意见，提出要建立待业、养老、医疗等社会保障制度综合改革的目标，这标志着我国社会保险制度进入到新阶段。根据 1993 年党的十四届三中全会通过的《中共中央关于建立

[①]　NORTH，D. Institusions，Institutional change and economic performance［M］. Cambridge：Cambridge University Press，1990.

社会主义市场经济体制若干问题的决定》，指出城镇职工基本医疗保险基金由单位和个人共同负担，实行社会统筹和个人账户相结合，第一次明确提出了我国社会医疗保险制度的主要发展模式。被学术界称为"两江"模式的社会医疗保险改革正式拉开帷幕。"两江"模式迅速控制了医疗费用支出增长，减轻了地方政府和国有单位的经济负担，提升了卫生资源的利用水平；不仅对深化企业改革、建立现代化的企业制度起到积极作用，而且促进了医院内部管理，引导了医院从注重设备和病床的投入，到注重提供更加丰富的医疗服务内容，改善了医疗服务水平和医疗服务质量。1997年，党的十五大报告对分配制度有了一个新的提法，即"效率优先、兼顾公平"，这就指明了医疗保健水平提升的方向，设立了医疗保健水平提升的目标，但不可否认的是，在收入分配重视效率的背景下，如何增加医院的绩效，减轻政府的财政负担，成了地方政府优先发展的政策目标，这也为公立医院推向市场，找到了政策依据。1998年的《国务院关于建立城镇职工基本医疗保险制度的决定》提出了"以收定支、收支平衡、略有结余"的社会医疗保险基金收支管理原则，在这种数量平衡模式下，社会医疗保险基金收支平衡原则及其财务持续性如图2-1所示。

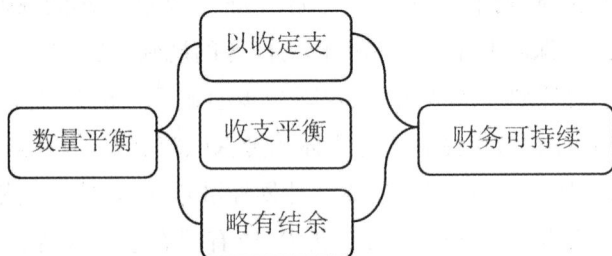

图2-1　社会医疗保险基金收支的数量平衡图

这种注重效率的理念，划清了企业保障与社会保障之间的界限，减轻了国有单位的经济负担，确立了个人账户和社会统筹相结合的社会医疗保险制度模式，从而形成了能够封闭运行的社会医疗保险基金收支体系。如图2-1所示，在数量平衡框架下，社会医疗保险基金自身的收支平衡被看作社会医疗保险制度持续运行的基础，社会医疗保险基金的财务可持续性与社会医疗保险制度可持续性画上了等号。

尽管社会医疗保险基金收支平衡原则被纳入法律框架，被看作制度约束，但也有经济学家把制度看作类似于博弈中的参与人、规则或者一个均衡的结果，制度是内生的，也就是说是参与人通过互动而产生，并且可以自我实施。[①] 也有人认为制度是由有限理性和具有反思能力个体的社会长期经验的产物。[②] 可以看出，这种基于互动均衡状态下的正式的制度安排，也是发生变化的。技术进步、成本、资源稀缺等各种因素被看作制度变化的重要因素。在我国医保基金参与主体中，至少包含了保险人、社会、个体，所以制度结构也是由这三种力量相互影响演化而成，由于保险人处于制度设计者的地位，从而形成了以保险人为核心的，符合各方利益的均衡状态，即这种制度是可以自我实施的。

2.1.2　数量平衡遇到的问题

作为一种基金运营管理的手段，这种简单的数量对等关系，固然免于或者延缓了社会医疗保险基金的支付危机，但仅仅追求社会医疗保险基金收支的数量平衡，却无法掩盖一系列的矛盾。

1）社会医疗保险基金支付累退性质，缺乏公平引导

伴随着城镇职工社会医疗保险制度模式形成，"看病难、看病贵"问题开始出现，引发了人们对于医疗卫生公平性的思考。我国医疗卫生排名倒数第四的观点，也引发了人们关于我国医疗保险公平性的激烈争论。城镇职工基本医疗保险是我国基本医疗保障体系中相对完整的制度设计，它通过三方筹资的原则，旨在分散劳动者的疾病风险，使其能够迅速回归劳动岗位，为社会发展做出贡献，体现了机会平等的思想。回归制度设计的初衷可知，社会医疗保险基金制度不仅需要考察参保主体的缴费能力，更需要体现参保主体的保障水平。仅仅观察基金收支平衡的数量，会掩盖机会平等的内在要求。如果以收入作为参保主体缴费能力的依据，当前以工资性缴费确定社会医疗保险基金筹资的标准，显然违背了机会公平的要求。对于富裕阶层，存在很多非工资性收入，社会医疗保险缴费占收入的比重较小；对于中低收入阶层，存在较少的非工资性收入，使得社会医疗保险缴费占参保人的收入的比重较大。这也被看作一项具有累退性质的制度设计，缺乏了横向公平性。不仅如此，保险人为了维持这种名义上的平衡，防止社会医疗保险基金出现收不抵支的风险，往往采用较为谨慎的费用支付方式，采取"有效的"费用控制措施（如总额预付制）压缩社会医疗保险基金的支付数额。

---

① 青木昌彦.经济体制的比较制度分析[M].北京：中国发展出版社,2005.
② KREPS, D. Game theory an economics modelling [M].Oxford：Oxford University Press.1990：183.

2）基金支出"惜付"明显，拉低了参保人报销补偿水平

在"看病贵"现象没有消除的情况下，社会医疗保险基金仍然有大量结余，说明尚未满足社会医疗保险制度目标的需求。20世纪90年代以来，社会医疗保险基金收支基本平衡，同时，全国很多地区还有大量的结余，据人力资源和社会保障部公告显示，2016年的全国城镇基本社会医疗保险累计结余达到14 964.3亿元①，比2012年近乎翻了一番。这种未能满足参保主体保障水平要求的费用控制，明显缺乏纵向公平。

近年来，随着新医药卫生体制改革的深化，社会医疗保险制度覆盖面逐步扩大，看病难、看病贵的现象有所缓解，但是，社会医疗保险基金隐性债务的压力、不合理支付行为的叠加势必会降低社会医疗保险基金支出的水平。保险人采取的各种控制社会医疗保险支出手段，维持着社会医疗保险基金收支数量的简单平衡，保持着社会医疗保险制度名义上的可持续，而社会医疗保险基金支出的控制措施，并没有改变整个社会医疗费用上涨的实质，反而把本应由社会医疗保险基金承担的费用转嫁给参保人。与商业医疗保险不同，基本医疗保险制度是一种强制性的制度安排。市场解决收入分配中的失灵，是政府介入再分配领域的理由。尽管借助保险人的强制力，有助于建立起包括社会基本医疗保险在内的整个社会保障体系，但是，保险人（或者政府）也有其自身的利益，在社会医疗保险制度中保险人的利益体现在期初承诺的兑现上。在社会医疗保险基金筹集之初，对社会医疗保险基金的保障水平，保险人有一个目标承诺，尽管很少有人在支付中讨论保险人这种承诺的兑现程度，但却不可否认这种承诺的兑现程度会对社会医疗保险基金的保障水平产生影响。在医疗保险制度中，保险人作为具有理性特征的主体参与社会活动，为了满足利益最大化目标，通过利用社会医疗保险基金数量平衡，做出违背社会医疗保险制度目标承诺的行为。可以看出保险人的承诺兑现行为中，隐性债务的压力削弱了保险人履行承诺的意愿，不合理的支付则降低了保险人履行承诺的可能。所以，保险人不得不通过对社会医疗保险基金的"惜付"行为拉低"期初承诺"的补偿水平。

3）居民预防性储蓄规模巨大，凸显基金保障能力不足

储蓄率的居高不下与我国社会保障制度不健全有着密切关系。在我国不少地区还存在着"因病致贫、因病返贫"的客观现实，但也是这些地区的医保基金存

---

① 人力资源保障部.2016年度人力资源和社会保障事业发展统计公报［EB/OL］.［2017-5-31］.http://www.360doc.com/content/17/0605/09/41865708_660109029.

在大量结余,这也就说明社会医疗保险基金支付水平较低,没有保障到适当的给付水平。疾病风险仍然存在,只是转嫁给参保人,他们即使参加了社会基本医疗保险,也被迫选择自留风险。参保人对于风险的态度可以从我国超大规模的储蓄中看出端倪。2009 年,我国储蓄率人均超过 1 万元,也就是说人们收入的很大一部分被储备起来,用以应对疾病风险、老年风险、教育支付风险等。近年来,各种货币理财产品兴起,这在规避银行低利率的同时,由于其收益性、流通性等特点也给居民储蓄增添一个投资渠道。有报道显示,2017 年 6 月底余额宝的规模已经达到 1.43 万亿元,其资金数额超过了招商银行,直逼中国银行。可以看出我国居民对于未来风险有着一定的担忧,这种担忧也与社会医疗保险的保障水平过低、社会保险基金的支持力度不足有关。深入分析我国社会医疗保险基金出现的过多结余后可以发现,尽管城镇职工社会医疗保险基金的报销比率名义报销率在 60%～80%之间,但扣除起付线、封顶线以及报销范围外的诊疗项目后,实际社会医疗保险报销比率不到 50%。较低的报销比例限制了参保人的社会医疗保险需求,影响了“人人享有基本医疗卫生服务”目标的实现,同时,也违背了社会医疗保险制度设计的初衷,阻碍了社会医疗保险制度的可持续发展,延缓了“健康中国”战略的实践。根据社会医疗保险制度设计的机理可知,满足参保主体分散疾病风险的需要是社会医疗保险制度建立的目标,为了维持社会医疗保险制度的长期稳定运行,防止社会医疗保险基金出现收不抵支的局面,保险人维护“收支平衡”原则的手段包括了一系列的费用控制措施(如总额预付制度)。不可否认,这一系列的费用控制措施有利于维持社会医疗保险基金收支名义上的数量平衡,也会使得部分保险人过渡控制社会医疗保险费用,降低参保人真实的医疗保险需求。这就违背了医保基金的制度初衷。

2.1.3　社会医疗保险基金收支倚重数量平衡的根源

根据以上的分析可以看出,医保基金数量平衡原则,不能有效满足参保人的保险需求,那么,为什么数量平衡原则能够存续?并且完成了扩大社会医疗保险制度覆盖面的任务呢?

1)“扩面”行动改善了社会总体福利状况

医疗保险制度扩大覆盖面的行动分为四个阶段。

首先是完善城镇职工基本医疗保险阶段。在这一阶段医疗保险基金主要是通过扩大参保人职工范围,更大范围分散参保人疾病风险,以提升社会医疗保险基金收支的绩效。由于医疗保险覆盖面的扩大,医疗保险基金化解疾病风险的能力越来越强,随着劳保医疗制度被城镇职工社会医疗保险制度代替,原有的以单位为基础的"劳保医疗"逐步转化为社会化的医疗保险,使得原本步履维艰的国有企业能够轻装上阵。不仅保险人寄希望于建立社会保险制度,各类型用人单位也需要减轻营业成本,尤其是很多国有企业,经济效益一般,其单位职工则希望摆脱这种窘境,借助社会医疗保险制度,化解单位经营困难、保障缺失的危机。

其次是推进新农合阶段。随着市场化改革的进行,人民公社逐步解体,传统的以社队为核心的农村合作医疗保险制度瓦解,医疗保险制度在农村面临缺失的风险。农民"因病返贫、因病致贫"成为常态,亟须采用社会化的风险分散手段来化解农民的疾病风险。以 2002 年国务院印发的《关于进一步加强农村卫生工作的决定》和 2003 国务院办公厅转发的《关于建立新型农村合作医疗制度的意见》为标志,我国开始推行新农合。与恢复期合作医疗筹资制度比较,新农合在筹资中加大了政府支持力度,规定了中央政府、地方政府的缴费安排。胡善联(2004)对 6 444 个乡新农合试点筹资评估显示,一年来新农合运行平稳,在经费有限条件下,新农合受益率较好。新农合的推进提升了农民的福利水平。

再次是医疗保险制度拾遗补缺的阶段。相对于农民和城镇职工,城镇居民的身份较为特殊,这部分群体具有相对复杂的特征,只有较低的劳动收入。但是,其中的大多数人又往往依附于城镇职工而存在,如学生群体。为了控制医疗费用的快速上涨,政府大大提高了城镇职工医疗账户的管控,那种社会医疗保险账户不明晰的产权关系得以清晰,"一人参保全家享受"的局面得到有效的遏制。但是,面对被释放了医疗保险需求的城镇居民群体,亟须为其建立制度化的风险分散机制。为了满足个体的民生需求,政府的补贴应运而生,使得城镇居民自然地被纳入医疗保险制度中来。

最后是统筹城乡基本医疗保险阶段。2016 年,国务院印发《国务院关于城乡居民医疗保险制度的意见》,把整合城镇居民社会医疗保险和新农合,看作建立统一城乡居民社会医疗保险制度,《意见》指出建立统一城乡居民社会医疗保险制度是实现城乡居民公平享有基本医疗保险权益,促进社会公平正义,增进人民福祉的重大举措。截至 2018 年 1 月,全国 31 个省出台了整合规划,其中 23 个省份、80%以上地市、11 亿人口、80%参保人群,被纳入社保部门统一管理。①

---

① 中央政府.城乡社会医疗保险并轨吹响"集结号"[EB/OL].[2018-1-15.] http://www.gov.cn/guowuyuan/2018-01/15/content_5256625.htm.

这一阶段，在夯实城镇居民社会医疗保险和新农合的基础上，继续推进制度的整合，力争为统一的国民健康保险打下坚实的基础。

在城镇职工基本医疗保险和城乡居民基本医疗保险中，尽管还存在支付水平的差异，但无论是筹资阶段还是支付阶段，两种保险制度的福利溢出效应明显。在基金筹集阶段，存在着舆论引导和宣传的因素，风险发生在筹集之后，大多数人更倾向于认同社会医疗保险制度福利改进的一面，作出了积极响应筹资号召的决策，2018 年 2 月 12 日国务院医改办主任王贺胜在新闻发布会上指出，我国基本社会医疗保险参保人数超过了 13.5 亿，参保率稳定在 95％以上。[①] 在基金支付阶段，由于保险的时滞性，参保主体尚未能够意识到公平感的存在即便参加了医疗保险，这种信息不对称性使得保险人即使不考虑平等权利因素，一样可以让社会医疗保险制度运行下去。

2)"社会化"的社会医疗保险制度减轻了单位负担

可以看出，社会医疗保险制度的社会化改革减轻了国有企业负担，保障了城镇职工的医疗权利。健康是人类实现生活价值的基本保障，而基本卫生保健可以维持这种保障[②]，没有健康的体魄，人们可能会陷入"贫困陷阱"。健康不仅对个人生存发展很重要而且也是经济发展的重要推动。我国宪法规定人们拥有健康的权利，但是，维护一个社会的健康水平是需要付出成本的，决定健康维护投入的成本不能超过保险人可能获得的其他投资收益。如果纯粹为了实现健康目标而牺牲其他的政策目标，那么，保险人可能会调整资源投放方向。即把更多的资源投入到发展型项目上，或者收益更高的项目上，减少健康投资。

在国有企业改革初期，为了让国有企业能够轻装上阵，建立社会化的医疗（或者养老）保险制度，成了保险人如何更好利用财政资源的战略选择，保险人通过建立城镇职工基本医疗保险、养老保险制度，转移了企业本已沉重的负担。"两江模式"之后，保险人每年的医疗卫生支付呈现下降趋势，而在 1998 年建立城镇职工基本医疗保险制度到 2002 年建立新农合之间，更是降到了新低。由此可知，市场化改革使得企业摆脱负担，但是保险人并没有扛起医疗费用支付的重担，而是通过公立医院市场化的改革，把本应由保险人承担的责任推向了社会，新建立的城镇职工基本医疗保险基金分散了一部分地方政府的财政责任。以政府财政拨款为例，医改前，政府拨款是医院的主要收入来源；医改后，具有公共服

① 中华人民共和国卫生育计划生育委员会.全国基本医疗保险参保人数超过 13.5 亿[EB/OL]. 新华社，2018-02-12[2020-3-1]. http://www.gov.cn/shuju/2018-02/12/content_5266250.htm.

② AMARTYA SEN. Development as freedom [M]. New York：Alfred A. Knopf，1999.

务性质的医疗卫生事业走向了市场，政府投入仅占医院全部费用的 20%～25%。一方面，地方政府把劳保医疗的退休人员纳入医保基金支付，获得稳定的医疗费用补偿；另一方面，很多地方还专门针对老人，提供了更高水平的社会医疗保险基金支付，虽然安抚了退休的老人，但在一定程度上加深了在职职工的缴费负担，减低了职工的医疗保障水平。

3) 构建社会医疗保险基金排他性权利受技术因素影响

在实际的社会医疗保险基金的使用中，很难把退休职工和在职职工的保险权利进行区分。尽管可以按照年龄划分，但也因缺乏社会医疗保险基金管理的有效手段，使得本应分离的权利被地方政府出于管理的需要进行合并。正如养老保险基金个人账户的"空账"运行，针对这种名义上的个人账户，地方政府出于现实的财政压力，用个人账户中的"新人"退休储蓄金，来补贴"老人"当下退休金的支付。所以，需要通过技术性手段，区分退休职工与在职职工对医保基金支出的权利。由于管理制度不健全、管理手段不完善，使得地方政府把"左口袋"的资金用来补充到"右口袋"进行开销。在当时的制度环境中，无论是参保人、保险人还是社会都缺乏构建排他性产权的激励，这种阶段制度混同均衡的效果要优于分离均衡的效果。总体来说，针对这种社会医疗保险基金劳保医疗和城镇医疗之间的界线，需要建立排他性产权安排，至少包括精算技术、信息技术、管理技术等在内的技术手段。

第一，精算技术复杂让城镇职工主张自己的产权困难。无论是统筹账户还是个人账户，从社会医疗保险基金的筹集到社会医疗保险基金的支付都有一套严格的精算准则，需要专业人员运用专业技术进行较大数据量的核算，而一般职工不具有专业化精算技术，无法对社会医疗保险基金账户的权利主张进行确认。尤其是社会医疗保险基金的筹集和支付分开核算，加上疾病风险的不确定性，参保人也很难运用直觉对费用报销的对等关系进行核实。

第二，管理技术因素催生保险人产权模糊的获利空间。社会保障部门独立之前，社会保障职能归属劳动部和财政部。对于公费医疗和劳保医疗部分的社会医疗保险基金支出，有一部分是通过财政预算列支，尚未实行以收定支、收支平衡的平衡原则。由于制度施行的路径依赖，在地方政府的社会医疗保险基金管理中，更多的是考虑社会医疗保险基金财务可持续性，有的地方政府甚至把社会医疗保险基金结余量的增加看作管理成功的标志。管理基金技术因素并没有纳入社会医疗保险基金收支管理中来，这在一定程度上使得地方政府增加了控制费用使用的激励，而缺少了满足参保人疾病风险化解需求的激励。管理技术因素还表现为减少对参保人行为的监督，在社会医疗保险基金的使用中，一部分参保人占据了大量的医疗卫生资源，势必会影响到整体医疗保障水平。

第三，信息技术因素导致参保人处于被动的就医地位。由于医疗卫生服务的信息不对称性，在诊疗过程中参保人往往选择较为被动的接受诊疗方案，面对字迹潦草的处方单，参保人无法进一步核实医生诊断，也无法准确获得药品使用的信息，辨认出哪些药品是必须的，哪些是可选择的；无法了解哪些诊疗手段、诊疗机械、诊疗技术是必要的，哪些是可选择的；也无法了解哪些药品是属于社会医疗保险报销目录中的，哪些是可选择的。所以，参保人很少能够直接对医生的诊疗行为进行有效监督，在社会医疗保险费用使用中往往处于被动地位。

可以看出，社会医保基金收支数量平衡之所以能够存在，有其历史条件和时代特征。不可否认，社会医疗保险基金制度的从无到有，从覆盖部分人群到制度的全覆盖，创造了中国特色的医疗保险制度体系，但是，面对社会医疗保险基金收支数量平衡遇到的困境，我们不禁要问，满足了社会医疗保险基金收支数量平衡，就能让社会医疗保险基金持续运行吗？简单的基金收支的数量对等关系，是否也掩盖了结构性的矛盾？这种"以收定支"的医疗保险基金收支体系的实施条件是什么？如何界定"略有结余"的保险支付水平？如何评价医保基金收支平衡了还是没有达到平衡？这种平衡是基于需求满足，保险费用支付的平衡，还是综合考量下的平衡？所以，为了解决人民群众不断增长的健康需求与医疗保险基金有限供给之间的矛盾，有必要研究收支数量平衡之外的因素。

2.2　质量平衡为何必要

2.2.1　社会医疗保险基金收支质量平衡阐释

社会医疗保险基金收支即社会医疗保险基金收入与支出，有学者将收支平衡定义为，对立的两个方面或者相关的几个方面在数量或者质量上均等或者大致相等。社会医疗保险基金收支数量平衡较好理解，但当前学术界还没有对医疗保险基金收支中的质量平衡提出过相对完整的表述，更没有一个成熟的界定。本书将质量平衡定义为："在数量平衡的基础上，质的平衡性和量的平衡性的有机统一"。社会医疗保险基金收支数量平衡原则包括："以收定支、收支平衡、略有结余"。这种原则要求基金实现当期的数量平衡，并留有一定期限的风险储备金，期限的长短可以根据不同管理水平进行调整。从社会医疗保险机构的角度看，他们所偿付的保险金不是救济款，只能在缴纳基金内根据基本风险的多少部分地补偿和使用。从参保人角度看，他们缴纳的保险费不是慈善捐款，其参保的目的是规避疾病风险，即在疾病风险发生时能够获得相当的损失补偿；从社会的角度看，不同时期的价值理念决定社会医疗保险机构的筹资来源、结构，以及支付方向和比重。

一般而言，政府出台一项政策方案，至少需要考虑政府、社会和个体三个主体之间的利益关系。所以，可以把社会医疗保险基金收支的质的平衡性界定为：在既定的社会经济条件下，某一地区围绕医疗保险基金的筹集与支付所设定的，符合政府、社会和个体利益特征的，满足三者之间内部统一性要求的，目标科学、需求合理、权利适度的社会医疗保险基金供求均衡状态。社会医疗保险基金收支质量平衡，可以看作在这三个主体之间利益关系相互作用的基础上，所形成的平衡状态。很明显，如果仅仅满足了个体的利益，即满足参保人较高程度的医疗保险需求，那么，势必会占用政府资源，社会也会处于低效率的平等状态，政府的其他政策目标也难以实现；如果仅仅考虑了保险人的利益，很多地方政府可能以成本为目标，尽量降低医疗保险支付，参保人的医疗需求无法充分满足，参保人的权利无法实现；如果仅仅考虑了社会平等健康权利，对各个个体的医疗需求无区别地加以满足，那么，不仅政府财力难以为继，而且社会发展也会陷入了低效率状态。所以，政府、社会和个体三者的内在统一是社会医疗保险基金收支质量平衡确定的充分条件，也是必要条件。

社会医疗保险基金收支质量平衡除了要符合质的平衡性规定，同时也与一定的经济社会发展水平相适应，即满足社会医疗保险基金保障的适度水平。在社会保障适度水平的界定中，比较有代表性的是穆怀中提出的用社会保障支出占国内生产总值的比重来衡量社会保障水平，并根据国外社会保障水平的历史发展，提出了社会保障水平的倒 U 型假说。这种适度水平的解释，固然能够遵循一般的国际标准，根据国家经济发展状况、人口年龄结构变化等因素确定一个合理的社会保障水平。但是，这种适度标准的确定，由于忽视了不同区域人群的身份特征、文化特征、行为特征等因素，缺少了对于个体异质性的考察；这种只注重总量水平，忽视社会保障基金来源与支出结构性的特征，不能从整体上反应参与主体的费用承担能力和医疗保障的实际需要。虽然为整个社会保障水平确定一个统一的适度标准较为困难，但是作为社会保险制度中的一个重要组成部分的社会医疗保险制度，却可以根据社会经济的发展状况，根据政府、社会、个体三者的博弈均衡值，确定一个满足基本医疗需求的适度水平标准。

一方面，从三个主体之间的博弈关系来看，特定时期的社会医疗保险基金收支平衡需要确定一个适度的标准；另一方面，从影响三者的制度环境来看，社会医疗保险基金收支平衡也往往受到一定的条件约束，这就需要在社会医疗保险基金收支平衡中重新导入适度水平标准。据此，本书将社会医疗保险基金收支平衡的适度水平界定为：在社会医疗保险基金质量平衡的条件下，把三个主体之间的利益要求嵌入到社会医疗保险基金筹资和支付中，即在社会医疗保险基金收支数量中植入居民平等健康权利、保险人政策目标导向、参保人医疗需求的价值理念，运用帕累托最优，逐步实现参保人选择的参保需求水平、满足不同参保人交换公平的实现水平、参保人与保险人之间交换最优的社会医疗保险支付水平，社会医疗保险基金筹集与支付的水平。而社会医疗保险基金收支平衡的适度水平标准，也是基于这种质量平衡原则下，同时做到社会医疗保险基金数量平衡和质量平衡的统一，社会医疗保险基金筹资水平与支付水平一致的标准。而在这种标准下，政府、社会、个体的利益分配达到一种状态，即在不改变其中任何一种主体利益，也就是让其他主体利益变坏的情况下，不可能再使得其中某一个主体利益变好，我们就说社会医疗保险基金收支平衡达到了适度水平状态。

2.2.2　质量平衡嵌入的必要性

社会医疗保险制度的可持续性关系到每个人的切身利益。[①] 没有量的平衡就不可能实现质的平衡；没有质的平衡，量的平衡就没有意义。而质量平衡之所以必要是因为如果没有考虑到质的平衡要素如政策因素、社会因素、个体因素，仅仅考虑社会医疗保险基金收支数量平衡或者财务可持续性，则整个社会医疗保险制度也无法实现持续稳定运行的目标。党的十八届三中全会，提出了建立更加公平可持续的社会保障体系的新要求，使得社会医疗保险基金的质量平衡变得必须。党的十九大报告提出"实施健康中国战略"，全面建立中国特色医疗保障制度，促成了中国特色社会医疗保险基金收支平衡体系的形成。质量平衡的必要性具体包括：

1）规避保险人有限理性的内在要求

根据信息经济学理论，无论是参保人还是保险人都存在机会主义倾向，对于参保人而言，短期行为包括了事前的机会主义倾向所导致的逆向选择和事后的

---

① 　罗健，郭文.我国医疗保险基金面临的问题及对策[J].湖南师范大学社会科学学报，2014，43（04）：84-88.

机会主义倾向所引起的道德风险。但是很少文献论述保险人的短期行为,由于政策目标的多元化,在实施某一个具体目标时,保险人往往会牺牲长期利益而服务于短期目标,尤其在委托代理关系中,保险人往往会牺牲长期利益而服务于短期目标。这不仅来源于保险人认知、能力、信息等不足所导致的政策执行偏移,而且来源于保险人追求利益最大化所带来的政策施行的结果。尤其是在统筹账户中,参保人对于社会医疗保险账户的产权往往处于模糊状态。① 产权界定模糊条件下会鼓励生产中的短期行为,导致使用成本和其他长期投资可能性被忽视。② 在社会医疗保险基金收支的数量平衡中,参保人产权界定的模糊,将会促使保险人节俭使用社会医疗保险基金资源,产生短期行为。由于收支平衡的压力使得保险人产生了社会医疗保险费用惜付的动力,为了保证社会医疗保险基金财务可持续性,保险人采取了各种手段控制费用支出,如起付线、共付段、封顶线③,而忽视了参保人医疗需求的满足,这不仅影响了参保人的利益,也会令参保人失去对于整个社会医疗保险制度的信心,妨碍了社会医疗保险制度目标的实现。

　　为了维持社会医疗保险基金收支的可持续性,保险人往往会从开源和节流两个方向努力。为了应对部分省市社会医疗保险基金出现的课程赤字问题,《求是》杂志于 2016 年第 1 期发表了时任财政部长楼继伟的署名文章,文章提出要"改革社会医疗保险制度,建立合理分担,可持续的社会医疗保险筹资机制,研究实行职工社会医疗保险退休人员缴费政策……"④这一具有风向标性的政策解读,引发了社会和学界的广泛关注。

　　由于社会医疗保险制度没有使得参保人认为免除了后顾之忧,让他们病有所医,参保人的有效需求难以被释放出来,进而最终影响到社会医疗保险制度的可持续运行。

---

① 关于社会医疗保险基金的产权界定：社会医疗保险基金的产权是指在参保人投保前,保险人通过合同约定,在参保人发生保险范围内的疾病风险时,保险人具有承担医疗费用报销支出的义务,也就是参保人具有获得与之相对应的报销比例的权利。而可能导致产权模糊的是参保人在投保后,对于是否足额补偿具有模糊性,如果说在参保人投保阶段具有较为清晰的权利,那么在参保人发生疾病风险后,往往很难判断自己是否获得了足够的支付,是否完全实现了自身的权利。这种权利可以称为社会医疗保险基金统筹账户的产权。

② 加里・D・利贝卡普.产权的缔约分析[M].陈宇东,译.北京：中国社会科学出版社,2001：15.

③ 尽管社会医疗保险基金支付中的各种控制费用的手段有利于防止参保人的道德风险,防止参保人过度使用社会医疗保险基金,但是这些具有隐蔽性的费用控制手段,也在一定程度上限制了参保人的实际医疗需求,是形成保险人道德风险的一个重要原因。

④ 楼继伟.中国经济最大潜力在于改革[J].现代企业,2016(01)：4-5.

2）医疗保险市场稳定运行的必要条件

产权的配置是市场能够形成的前提条件。[①] 完备的产权安排可以促进经济主体之间从事对社会有利的资源交换。在医疗保险基金账户的产权中，合适的产权安排可以让保险人更有效率地管理和控制疾病风险，让参保人免除疾病带来的经济困扰，进而无须过多的预防性储蓄。预防性储蓄规模缩小不仅会刺激私人消费，而且会增加私人资本的投资规模，尤其在小微企业创业的背景下，参保人将会把更多的资源投入到价值创造上，而不是风险的防范上，这有利于经济的发展。所以，无论是对于投资或者消费而言，还是对于社会整体的资源配置无疑都是有利的。但是如果产权制度安排不合理，则会使得社会往相反方向发展，个体把更多的精力投入到对于现有资源的掠夺中去，形成了大量的社会成本。正如翁贝克（J.Umbeck）指出，为了保持对有价值资产的权利或保持通过暴力从别人那里夺取的有价值资产的控制，相互竞争的利益主体有动力将劳动力或者资本，由对社会有用的生产性活动转向投入到掠夺或者防御性的活动中去。[②] 在保险人、参保人、医生、医疗机构等相关利益主体中，各个主体都有其自身的利益。为了能够更好地维护医疗保险市场的顺利运行，保持制度可持续发展，要求制度本身符合各个主体的利益要求，以及在此基础上所达到的稳定状态，即是各个参与主体在满足个体理性的基础上，相互博弈所达成的一种集体理性的均衡值或均衡区间。质量平衡理念的导入，不仅保证了保险人主体的利益，充分肯定了保险人主体在社会医疗保险市场中的特殊地位和利益要求，更是突破了保险人追求单一价值目标的局限；同时，把社会力量、个体需求力量纳入市场交换中来，更体现了权利形成的均衡状态。

所以，这种相互竞争使得各方主体，尤其是个体有动力将社会资源投入到对社会有益的生产中，有利于缓和社会矛盾，缓解社会冲突，免除了参保人的后顾之忧，减少了预防性储蓄的规模，更好地释放社会需求。

3）维护社会平等健康权利的必然结果

我国社会医疗保险制度完成了从局部覆盖阶段到广覆盖阶段的转变，这段时期正是我国实现经济高速发展、民生问题逐步显现的阶段。即使在这一时期，为了完成全覆盖的社会医疗保险体系，在建立了城镇职工基本医疗保险之后，我

---

① DEMSETZ, H.Towards a theory of property rights [J]. American economic review, 1967, 57: 1-24.

② UMBECK, J.Might Makes Right: A theory of the foundation and initial distribution of property rights [J]. Economic Inquiry, 1981, 9:38-59.

国陆续出台了城镇居民基本医疗保险制度和新农合，这两种保险制度的进步在于把非劳动力市场人员纳入制度范围内。由于该部分人群缺乏稳定的劳动关系，没有了雇主缴费，为了维护该利益主体的权利，采取了各级政府补贴和个人缴费相结合的办法，这在一定程度上保证了该类主体参与医疗保险项目的积极性，但是由于传统的"惜付"思想的路径依赖，在实际支付时往往报销的比例较低，形成了大量的结余资金，显然这一阶段没有体现出社会医疗保险基金的质量平衡的特点。在"扩面"计划的实施阶段，农村居民或者城镇居民的参保行为具有很多不确定性，而制度又具有非强制性的特征。为了吸引城乡居民纳入医疗保险，在社会医疗保险基金的筹集和支付合约中，强调了各级政府对居民社会医疗保险基金筹资阶段的帮扶，而在实际的使用中难以准确核算居民道德风险发生的可能性。保险人在社会医疗保险基金的支付中，采取了较为保守的支付方式和报销比例，形成了大量的社会医疗保险基金结余，进而损害了居民的利益，造成了对社会医疗保险基金共有资源的浪费。但是，随着社会医疗保险基金从"扩面阶段"向"提升质量"阶段的转变，一方面，政府越来越看重民生问题的解决，而"病有所医"又恰恰是政府解决民生问题的重要途径，这种民生目标体现了政府维护居民健康权利的愿望；另一方面，经济的长时期快速上涨，也使得政府具备了实现居民医疗权利的能力，在公平与正义的推动下，政府更加关注医疗质量，质性平衡的纳入使得政府具有弥补福利损失的途径，彰显了政府的政治正义。

2.2.3　数量平衡和质量平衡的关系

质量平衡是数量平衡的前提和基础，数量平衡是质量平衡实现的路径。质量平衡是目标、数量平衡是手段，质量平衡是数量平衡的提升。

在新的历史时期下，更加公平、可持续的医疗保障体系的理念破茧而出，党的十八大报告和十八届三中全会的影响甚大，社会基本医疗保险也从制度的构建迈入到制度的完善阶段，社会医疗保险基金收支质量平衡也有了一定的制度基础。制度环境所发生的各种变化，激励着各利益相关方改变原有数量平衡状态，从而达成一个新契约。

第一，贫富差距增加了社会成本，为利益相关方带来了改变单一数量平衡的压力。相对价格的上升或生产成本的下降，增加了所有权所获得的租金流。改革开放以来，我国实行效率主导下的经济增长模式，这种倾向于效率的制度安排，使得经济增长的目标处于首要位置。从 20 世纪 80 年代到 90 年代，我国收入分配的政策导向是"致富光荣""允许和鼓励一部分人先富起来"。但是，正如邓小平同志所讲的两极分化问题将会导致政权的稳定受到威胁，需要认真对待、逐步解决。随着改革开放四十多年来经济的快速发展，贫富差距所带来的不平等问题也引起了社会的关注，共同富裕成为收入分配的重要目标。而医疗保险制度维护社会公平的意义重大，如果不能有效解决，将会带来巨大的社会安全维护成本。可以把社会医疗保险基金收支契约，看作不完全信息下的产权合同，参保人对于统筹账户的产权具有不完全性，但是随着贫富差距的扩大，满足参保人"病有所医"的需要，不仅是参保人自身的美好心愿，也是收入再分配的客观要求。在一定程度上，可以看作保险人通过完成更多的医疗保险的支付来实现民生政策的目标安排。

第二，信息技术的发展，使得社会主体能够通过信息手段引起社会的关注，加重矛盾的程度。界定和执行产权的技术变化也会促使各方达成更明确的产权契约。[①] 21 世纪以来信息技术快速发展，各种社交媒介不断涌现，从 BBS、MSN、QQ，到博客、微博、电子邮件，再到微信、飞信等新型传播工具的出现，使得各类主体能够通过即时通信工具更快地传递信息。一方面，信息传播手段的发展，加强了社会对于地方政府执政行为的监督，提高了信息透明度，对保险人的行为产生了一定的约束作用，充分的信息资源也唤醒了居民维护健康权利的意识；另一方面，保险人也更能够了解参保人的实际需求，借助于信息传播手段，更好地控制参保人的行为，比如对电子病历的使用，在规范诊疗行为的同时，也控制了参保人道德风险的发生。

第三，政治参数的变化，使得质量平衡变得更加重要。2012 年国务院就出台政策，提出要充分发挥全民基础医疗保障的作用，重点从扩大范围转向提升质量。党的十八届三中全会提出要建立更加公平、可持续的社会保障体系，也激励保险人从个体内在需要出发，优化社会医疗保险制度目标，构建一个适宜的社会医疗保险收支平衡价值体系。政治参数的变化无疑可以说明社会医疗保险基金收支的质量平衡已经被纳入顶层设计中。顶层政策文件对于经济社会改革的现实有着重要的指引作用，改革开放以来，关于公平和效率的关系，一直是历届政府工作报告和中央全会报告的重点内容，如表 2-1 所示。

---

① FIELD B. The optimal commons. [J]. American journal of agricultural economics，1985，67：364-367.

表 2-1 历届重大会议政策参数变化表

制度环境	相关内容	资料来源	时间
促进效率提高的前提下体现社会公平	分配中的主要问题是平均主义、"大锅饭",要鼓励一部分人先富	十三大报告	1987-10-25
深化分配制度和社会保障制度的改革	建立待业、养老、医疗等社会保障制度	十四大报告	1992-10-12
效率优先、兼顾公平	提高医疗保健水平	十五大报告	1997-09-12
初次分配注重效率,再分配注重公平	完善基本医疗保险制度,探索建立农村医疗保险制度	十六大报告	2002-11-08
初次分配和再分配都要处理好效率和公平的关系,再分配更加注重公平	建立基本医疗卫生制度,提高全民健康水平	十七大报告	2007-10-24
人人享有基本医疗卫生服务	健全全民社会医疗保险体系,建立重特大疾病保障和救助机制	十八大报告	2012-11-08
建立更加公平可持续的社会保障制度	整合城乡居民基本医疗保险制度	十八届三中全会报告	2013-11-09
实施"健康中国"战略	全面建立中国特色医疗保障制度	十九大报告	2017-10-18

资料来源:历届重大会议报告整理

这种政策环境与政治参数的变化直接对社会医疗保险基金的支付权利和支出水平产生影响,在更加公平的制度环境下,需要考察社会医疗保险制度覆盖范围内不同人群的利益,确保制度内主体能够公平享受到医疗保障待遇。

传统的医疗保险基金收支平衡研究和医疗保险制度公平性研究是分开的两个维度,前者从量的对等关系入手进行考察,后者注重考察社会医疗保险制度的内在机理,很少有研究同时将质性研究和数量研究这两个方面综合加以考虑。实际上,社会医疗保险基金收支平衡的整合研究意义重大,重新认识社会医疗保险基金收支平衡,有利于还原医疗保险分散风险功能的制度初衷。如果仅仅追求社会医疗保险基金的数量平衡,关注社会医疗保险基金的筹集是否满足日后的支付所需,而忽视当期人们对于医疗支付的实际需求,不仅不利于社会医疗保险制度的可持续发展,从长远来看,还会影响到人们对于政府所提供医疗保障能力的信心,最终影响到整个社会医疗保险制度的稳定运行。

2.3　质量平衡的价值坐标

既然社会医疗保险基金收支的可持续性是数量平衡与质量平衡共同推动的结果,那么,如何将维持社会医疗保险基金收支质量平衡嵌入到社会医疗保险基金收支体系中,就成了一个持续性的价值命题。一般来说,制度能否持续稳定运行的关键,在于其是否符合利益相关者的特征,也在于相关方博弈后是否形成均衡点或者均衡区间。而这也正是简单的数量关系所无法涉猎的内容,据此,本书提出了一个社会医疗保险基金收支平衡中的主要利益主体:社会、保险人和个体之间关系的新分析框架,如图 2 - 2 所示。

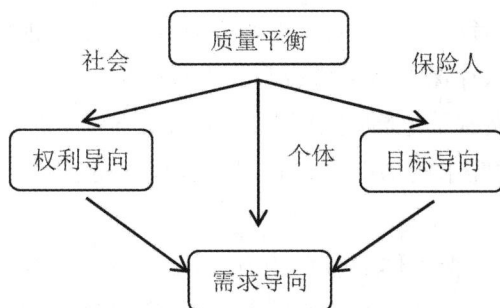

图 2 - 2　社会医疗保险基金收支的质量平衡图

由图 2 - 2 可知,利益主体之间围绕规避疾病风险,采取社会医疗保险制度化解风险,从而建立了交换关系。所以,参保个体的医疗需求是社会医疗保险制度设计的前提,也是社会医疗保险基金质量平衡的基础;保险人作为制度的建构者是天然的利益主体,它在提供社会医疗保险制度的同时,也加入了保险人自身的目标指引;社会是由各类个体所组成的一个较大范围的组织形态,在这里各种力量交织,形成了非正式制度安排的力量,社会有着公允的价值标准和权利导向,这种价值准则势必会影响到参保人的权利观和产权意识。在这三种力量的合力作用下,形成了社会医疗保险基金收支质量平衡的重要内容。

2.3.1　居民疾病风险化解的价值取向

医疗保险制度对高收入者的意义可能不大,但是对于低收入者却显得尤为重要。高收入者有专门的私人医生和特别的病床和护理服务,低收入者如果没有参加医疗保险,会因病致贫,因病返贫。如果没有医疗保险保障,医疗消费势必是一种奢侈消费，很多人只能"大病拖、小病扛，重病等着见阎王"。

由德国《疾病保险法》出台的背景可知，在工业化的生产方式下，个人或者家庭难以化解疾病所带来的经济风险，保险人建立社会化的保险制度，符合参保人规避风险的需要。经济学中，通常以理性人假设为前提，将环境作为外生变量来考察人们的行为。个体追求自身效用的最大化，个体根据自身的身体状况，收入的多寡，以及制度本身效率作出决策。符合大多数个体分散风险意愿和承担缴费能力的制度才能够长久地维系下去。

保障水平太低不能满足个体需要，社会医疗保险支付水平较低，制度分散风险的能力弱；保障水平太高超出了参保主体缴费的承受能力，社会医疗保险基金筹集困难，制度存续同样面临威胁。除了需要依靠劳动者收入（缴费能力）和意愿（主体满足），劳动者雇佣单位的承受能力对社会医疗保险基金筹资水平也起着重要影响。社会医疗保险基金缴费和养老保险缴费一样，被计入了企业的劳动力成本。如果缴费水平过高，超出了企业的承受能力，企业将会出现以资本代替劳动，减少劳动力需求的情况，从而引起失业，不利于整个国家经济的运行和发展。

所以，同时考察参保主体的缴费能力（主要涉及劳动者和单位）和缴费意愿（主要是劳动者），以及参保主体对于社会医疗保险基金的需求（主要是劳动者）就显得尤为重要。

2.3.2　保险支付承诺兑现的价值导向

在社会保险合同中，人们大都考虑参保人的行为，又或者是参保人的违约问题，如在信息不对称条件下，参保人的逆向选择与道德风险[①]，很少考虑到保险人（政府）的承诺兑现行为。但是，保险人并不总是能够对参保人所发生的疾病费用给予适度水平的补偿，这使得不同时期保险人分别可以通过降低补偿水平或者提高补偿水平来维持制度的运转。随着经济的发展，保险人一方面有了为更多的医疗福利提供补偿的能力，另一方面社会医疗保险体系的缺陷式运营危害了社会医疗保险制度的进一步发展，进而给社会的稳定带来威胁，促使保险人兑现社会医疗保险基金收支期初承诺，提高医疗保障水平的意愿。

在政策的制定中，国务院印发的《"十二五"期间深化医药卫生体制改革规划

---

① CARDON J H, HENDEL I. Asymmetric information in health insurance：evidence from the national medical expenditure survey [J]. The rand journal of economics，2001：408-427.

暨实施方案》更是指出,在 2015 年政府卫生投入占经常性财政支出的比重逐步提高,群众负担明显减轻,个人卫生支出占卫生总费用的比例降低到 30% 以下。党的十八届三中全会提出"更加公平可持续的社会保障体系"理念也验证了这种规律,是符合保险人最优化决策的理性选择,同时,在保险人的承诺兑现中,为了维持社会医疗保险制度的可持续性,保险人可以通过作出可置性承诺来实现自己的目标。适当承担起部分老龄化严重地区的基本社会医疗保险基金支付,兑现期初兜底程度,保障社会医疗保险基金待遇水平不降低等,都有利于建立参保人的参保信心。

所以,在社会医疗保险基金收支平衡的价值取向中,需要我们从保险人履行承诺的能力、意愿、社会责任认同等方面,提炼出相关的指标,导入到社会医疗保险基金筹资、给付、补偿的各个环节中。

2.3.3　平等权利义务关系的价值理念

从社会医疗保险制度建立伊始,一个重要问题就是向低收入者征收更高比率的费用,还是向高收入者征收更高比率的费用,这是无论在社会医疗保险基金的筹资中(如社会医疗保险基金缴费基数的上限、下限的制度规定),还是在社会医疗保险基金的支付中(如围绕社会医疗保险基金支付的最高限额、药品报销项目和类别、起付线、共付段的比例标准等)都涉及的公平问题。自然状态中,人们几乎感觉不到不平等的存在,自然的不平等对人们几乎没有什么影响。[①] 用来修正人们行为的制度,却往往会以促进公平的初衷,产生更多的不平等。不可否认,社会医疗保险制度肩负着维护公平的使命,就社会医疗保险基金的筹集而言,那种以工资基准线上限和下限设计出的缴费基数,具有一定的累退性质,而这种累退性质的制度安排,无疑加深了收入的不平等程度,所以,修正这种制度的不平等就成了一种内在的需求。

经济学家把平等分为机会平等与结果平等。在社会保障体系中,具有补偿公平性质的救助性项目,一直被批判为"养懒汉",弗里德曼等认为,英国追求结果平等之所以失败,就是因为违反了人类的本性。[②] 强制力量推动结果平等具有一定的破坏力,不仅使得平等的目标难以达到而且结果可能更糟。但强制力量推动的救助性项目,即便最初是为了实现良好的意图,最终也会被一小撮人用

---

① 卢梭.论人类不平等的起源[M].高修娟,译.上海:上海三联书店,2011:48.

② 米尔顿·弗里德曼,罗斯·弗里德曼.自由选择[M].张琦,译.北京:机械工业出版社,2013:144-145.

来谋取私利。[①] 一方面,公平正义是人类社会追求的目标,党的十八届三中全会也提出了建立更加公平、可持续的社会保障体系。另一方面,过多地强调初次收入分配的均等性,势必会陷入平均主义的泥潭,所以,对收入再分配的公平性思考就显得尤为重要。虽然对于结果均等存在着众多争议,但即使是自由主义经济学家也不排斥机会平等。弗里德曼认为,"免费"教育规模的扩大并不完全是坏事,能很好地反映机会平等的理念。而我国社会医疗保险体系表明"免费"医疗在现阶段似乎还很难做到,但实现人人享有基本的健康需求,可以让个人的努力成为成败的关键,而不至于因为疾病风险使人们陷入财务的困境,阻碍个人的进一步的发展。

在我国社会医疗保险制度发展的实践中,或多或少地体现了机会平等的要求,党的十八大报告更是把人人享有公平的卫生保健,写入大会报告中。这充分体现了政策制定者或者保险人已经考虑公平指标,并将其导入到社会医疗保险基金的收支平衡中。所以,社会医疗保险基金收支平衡的价值取向可以围绕机会平等理念,提炼出相关的质量指标,作为社会医疗保险基金筹资、补偿、给付的依据。

基于这三种变量的嵌入可以把社会医疗保险基金收支平衡重新界定为在社会医疗保险基金收支数量平衡的基础上加入质量平衡的内容,做到财务可持续和政策可持续的统一,从而实现制度可持续的总体目标,如图 2-3 所示。[②]

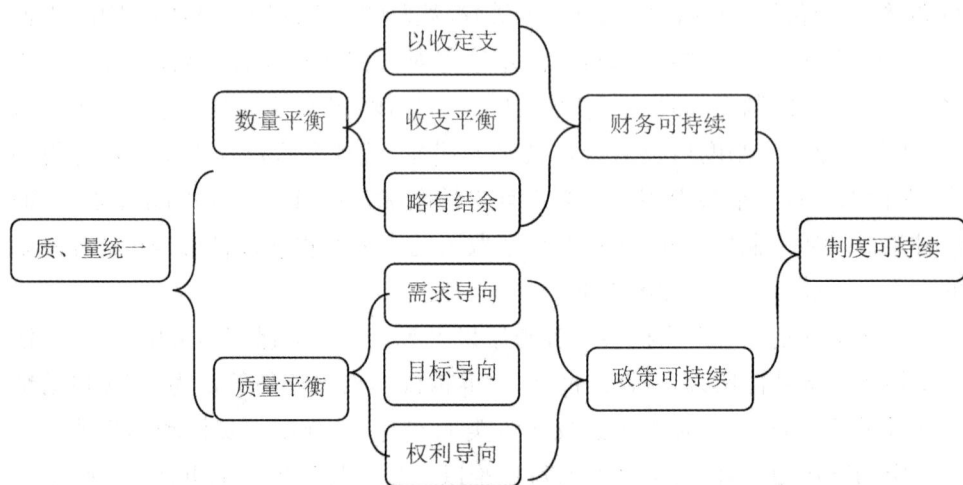

图 2-3 质量统一的医疗保险基金收支图

① 米尔顿·弗里德曼,罗斯·弗里德曼.自由选择[M].张琦,译.北京:机械工业出版社,2013:144-145.
② 沈世勇,李全伦.医保基金收支平衡制度的演化机理分析——从数量平衡到质量提升[J].财政研究,2016(04):60-70.

从以上分析框架形成的逻辑进程可以看出，由于经济发展水平的限制，保险人为了建立起社会化的基本医疗保险，在预算有限的情况下，建立了城镇职工基本医疗保险制度。为了能够控制医疗保险费用的不合理增长，采取了一系列费用控制的手段，使得医疗保险的需求无法真正满足，在社会医疗保险基金结余较多的同时，"看病难""看病贵"问题依然严峻。随着经济社会的发展，保险人提出了提升医疗卫生质量的目标，保险人也有了动力构建起公平持续的社会基本医疗保险体系。在城镇居民和农村居民中保险人对于参保主体的补贴，突显了保险人满足主体需求的愿望，但是对于医疗费用支付的控制较为严格，事实上又难以绕开供给导向的思路。由此可知，三种制度发展趋势的背后，必定是围绕着城乡居民社会医疗保险与城镇职工社会医疗保险中参保主体缴费与保险人补贴之间权利与义务的关系展开博弈，这势必会影响社会医疗保险基金收支平衡的价值目标和实现基础。

2.4　本章小结

社会医疗保险基金收支平衡不仅是一个数量概念，更具有一定的质量内涵。本书将社会医疗保险基金收支平衡界定为以数量为基础的，数量平衡与质量平衡的统一整体，旨在还原社会医疗保险基金收支平衡制度设计的原点，明确医疗保险质量提升的价值内涵。本章紧紧围绕社会医疗保险基金收支平衡质量关系，在对传统社会医疗保险基金收支平衡进行反思的基础上，从"以收定支、收支平衡"的数量关系出发，提出了数量平衡原则存续的原因；围绕数量平衡原则可能出现的问题，导出了质量平衡概念，分析了嵌入质量平衡的价值，将质量平衡引入到社会医疗保险基金收支中，阐述了数量平衡与质量平衡之间的关系，进而为社会医疗保险基金收支质量平衡的导入，给出了价值路径。

（1）如果说社会医疗保险制度的构建是出于企业保障向社会保障转变的现实需要，那么，随着社会医疗保险制度覆盖面的提升，保险人对于城居保、新农合的补贴是保险人责任的回归，扩大了社会主体对于社会医疗保险制度的需求。

（2）仅仅追求社会医疗保险基金收支中的数量平衡，难以满足提升质量的要求，社会医疗保险基金收支平衡的质量是在参保主体、保险人、社会平等价值等力量的共同作用下形成的，这种合力是社会医疗保险基金收支平衡的价值取向转变的重要依据。

（3）保险人也有自身的利益，但随着社会的进步，经济发展水平的提高，保险人自身存在的提高社会医疗保险质量的动力与社会因素导致的外在压力相结合，使得更加公平、可持续的社会医疗保险体系将成为可能。

第3章 显露真容：何为医保基金收支质的平衡性

社会医疗保险基金收支制度的根本出发点是为了满足人民群众的健康需求。一直以来，党和政府把人民群众的健康放在优先发展的战略位置。然而社会医疗保险基金筹集的资源有限，要统筹兼顾，量力而行，将这种支付建立在经济发展可承受、财政支出可持续的基础之上。无论是公共产品维度还是民生保障层面，社会需要维护公允的价值准则，社会成员也应该有合理期待，政府更不能作兑现不了的承诺。作为强基础、兜底线的民生保障项目，社会医疗保险基金要从参保人需求、社会公平权利以及政策目标的达成等多方面考查其质的平衡性。

3.1 三重维度：质的平衡性视角

质量平衡的理念为在社会医疗保险基金收支中嵌入质的平衡性找到了价值依据，那么，这些价值理念在具体的社会实践中是如何形成的？制度演变中遇到了哪些障碍和困难？它们的制度内核和实质又是什么？正式的制度安排和非正式约束之间的张力会对经济变迁的方式有着重要影响。[①] 这也正是社会医疗保险基金从数量平衡走向质量平衡的变迁动力，根据前面的辨析部分提出的路径，社会医疗保险基金收支质的平衡性至少包括：参保人的行为选择、制度中的权利义务关系、保险人目标的达成等三个维度。

[①] 青木昌彦.经济体制的比较制度分析[M].北京：中国发展出版社，2005：56.

3.1.1 参保人的行为选择

参保人需求满足是参保人行为选择的目标，参保人行为选择是参保人需求满足的结果。医疗保险保障水平和医疗保险基金筹资水平有着强因果关系。在传统的公费医疗和劳保医疗阶段，参保人个人无须缴费，主要由政府和企业承担保险费用。这种制度安排在发挥作用的同时，也使得个人追逐效用最大化，导致了社会医疗保险费用的快速上涨。为了构建现代意义上的社会保险制度，劳动者（参保人）需要承担主要缴费义务。[①] 参保人所承担的缴费水平又往往和劳动者的个体特征相关联，身体状况、智力状况较好，有劳动愿望和能力的劳动者往往获得的收入较高，同时，也需要承担较高的缴费义务，反之，承担的缴费义务较低。而参保人的偏好以及对于风险的态度也是一个不可或缺的个体变量，直接影响着医疗保障水平和社会医疗保险基金收支质量平衡。

3.1.2 制度中的权利义务关系

作为非正式的制度安排，社会对于医疗保障制度的保障水平有着共同的期待，这种期待来源于社会中低收入群体维护疾病安全的美好愿望，也是居民医疗健康权利的价值实现要求。改革开放前，人民公社制度下，养儿防老的理念、亲缘关系和亲密的邻里关系，抵御了农村居民的部分社会风险，而"企业保障""单位人"等理念也化解了城镇职工及家人的部分社会风险，社会上存在着普遍的平均主义价值倾向。在医疗保险领域城镇职工依靠单位，农村居民依靠公社、互助组，并不能享受到足够和充裕的医疗资源，所以整体医疗保险的保障水平不高。改革开放以后，倡导效率、追求发展的价值理念，打破了原来的公平框架，引出了效率导向的价值理念，但是建立维护底线公平的价值准则却是社会保障制度和医疗保障制度存在的基础，持续扩大的社会医疗保险制度覆盖面，将城镇居民、农村居民纳入社会医疗保险制度框架中来，正体现了这种底线公平的理念。迈入新世纪后，人民对健康权利的实现有着新的期望，尤其是党的十八届三中全会提出的更加公平、可持续的社会保障体系，使得社会公平的价值向更高水平推进。社会医疗保险制度不能仅仅把财务可持续性作为目标，而更多的是需要将实现公平价值作为目标。

---

① 尽管社会医疗保险制度原则上是三方筹资，但实际上国家的补偿只占据了很少的部分。企业缴费尽管占据了较大比例和份额，但也往往被看成其劳动力成本，被看成是企业维持劳动力生产和再生产的必要支出。

3.1.3　保险人目标达成

一系列的制度安排是保险人实现社会医疗保险基金质的平衡的关键。保险人有着自身的政治正义的实现动机，这不仅取决于社会价值实现的初衷，还取决于其政治价值的目标取向。一直以来，维护社会安全、保持社会稳定，被看成保险人的社会基础和政治动机的实现依据。作为保险人的利益代理人——中国共产党从成立伊始，就把实现中华民族的解放和独立，作为立党的使命；进入新民主主义社会后又把发展生产、消灭剥削作为社会发展的重要主题；迈入到社会主义初级阶段后，更是把满足人民日益增长的物质文化生活作为社会发展的主要矛盾看待；进入新世纪后，满足人民病有所医、人人享有基本医疗服务作为 2020年的实现目标；新时代中国特色社会主义提出了以人民为中心的核心理念，致力于满足人民日益增长的美好生活需要，解决其与不平衡不充分的发展之间的矛盾。这一系列的执政理念和具体的制度安排，都围绕着政治正义的目标，以及更好地实现这种政治正义。

3.2　起点与归途：满足参保人需求

3.2.1　参保人社会医疗保险需求的发展

1）制度变革中的社会医疗保险基金需求

习近平同志在十九大报告中明确指出，中国特色社会主义进入新时代，"我国社会主要矛盾已经转化为人民日益增长的美好生活需要和不平衡不充分的发展之间的矛盾。"①长期以来，由于生产力落后，人们无法寄希望于政府化解疾病风险，除了救济、慈善等有限的帮扶手段，人民群众对于疾病风险，无法使用制度规避，只能被动地将风险自留。有限的经济能力，使得人们面对较大的疾病风险时，往往束手无策，面对巨额的医疗费用更显得无能为力。1922 年，中国共产党就发布了《劳动法大纲》，并规定了工人享有劳动保险权利，随后武汉、上海纷纷举行游行要求将该大纲纳入宪法。到了 1948 年东北解放区实施了劳动保险。1951 年政务院颁布《劳动保险条例》确立了劳保医疗制度，使得运用保险原理和

---

① 习近平. 决胜全面建成小康社会 夺取新时代中国特色社会主义伟大胜利［R/OL］.2017-10-17［2019-12-10］.http://cpc.people.com.cn/GB/64162/64168/415039/index.html.

财务能力规避医疗费用支付风险成为可能，个人对于健康的需求，开始转化为对于劳保医疗的需求。这就把医疗卫生费用完全由个人承受，转嫁给了劳保医疗的提供者——企业（或政府）。这种医疗费用的转嫁，提升了人们抗击疾病风险的能力，释放了人们的健康需求，同时，也由于制度产权模糊，产生了"一人参保、全家享用"等问题，导致社会医疗保险费用上涨，而如何规避医疗保险费用上涨所带来的医疗制度的冲击，就成了医疗保险亟须解决的难题。随着改革开放深入推进，传统的国有企业、集体企业由于冗员过多、社会保险负担过沉，效率低下。如何进行国有企业体制改革，建立起社会化的疾病风险规避制度，成了亟须解决的现实问题。1998 年，国务院公布了《关于建立城镇职工基本医疗保险制度的决定》，这是我国首个真正意义上的社会化的医疗保险制度。面对可能出现的社会医疗保险基金收支的不平衡，以及财务不可持续的威胁，制度建立伊始即确立的数量平衡原则，固然能够维持社会医疗保险基金收支的财务可持续性，但是在维护平等权利，实现保险人目标，满足主体医疗需求上就显得有点力不从心了。尤其是面对人口老龄化、经济发展的新常态，以及财政对于社会医疗保险基金供给能力有限等问题时，对社会医疗保险基金的使用就显得更为谨慎。围绕社会医疗保险基金付费方式改革，从后付制走向预付制的设计理念不仅控制了社会医疗保险基金的滥用，而且抑制了居民的医疗需求与医疗保险制度的需求。这就有必要深入分析社会医疗保险基金支付的合理性，乃至整个医疗卫生费用支付的合理性，并从社会医疗保险基金需求的结构层次中找出答案。

2）健康需求层面

健康是人类社会孜孜以求的目标，更是人们享受人生的根基。这里的健康不仅是指身体健康，更加包含了心理健康、精神健康、社会健康等层面。因此，满足健康需求应从改善饮用水水质、整治雾霾天气、保持城市植被、分离工业园区等生活环境的改善方面入手，既保证了身体健康，又带来了心情的舒畅，改善了精神面貌。而愉快的生活方式、良好的媒介环境、顺畅的人际关系、优质的教育水平，也给人们心理健康和社会健康带来积极影响。但是，人们的健康需求在很大程度上，体现在医疗卫生需求上，如图 3-1 所示。

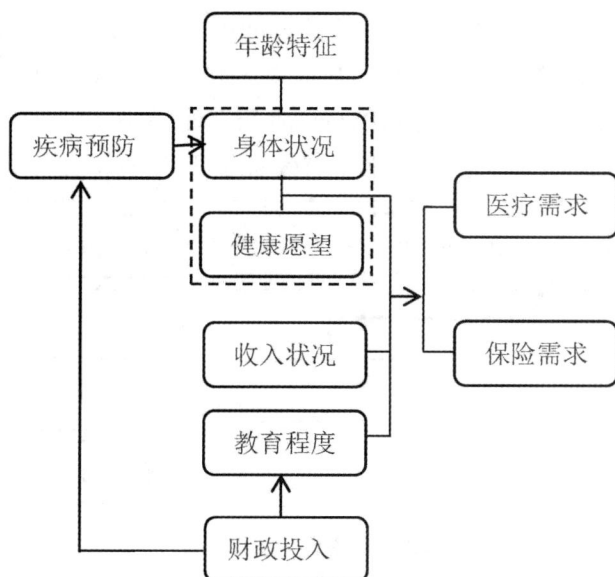

图 3 - 1　健康需求满足图

由图 3 - 1 虚线部分可以看出,健康需求主要取决于人们实际的身体状况和对于自身健康的愿望,而健康需求主要通过医疗卫生需求,或者医疗保险需求来实现。可以认为,医疗需求和保险需求都是基于健康需求的派生需求。除此之外,人们健康需求的实现,还和政府对疾病预防的财政投入,即公共卫生投入有关,公共卫生投入越高越能改善人们的健康状况,从而改变健康需求。

3)医疗需求层面

医疗总费用往往被看作医疗卫生服务利用水平的综合性指标,主要包括:医生诊疗费用、医院治疗费用、处方和非处方费用以及非医疗费用等。[①] 对于医生的诊疗费用,除了有患者自身的偏好和药品的价格弹性影响外,还取决于医生的处方。其中,药品的价格影响了药品的供求关系,主要由药商的生产成本、管理成本、营销成本构成,同时,药品流通环节也对价格产生巨大的影响。医院所拥有的诊疗设备也会影响医疗卫生需求,一般而言,在医疗设备较好的医院,人们对于医疗设备使用的需求量也较大,在医疗设备较差的医院,人们对于医疗设备

---

① GROSSMAN,Michael. On the concept of health capital and the demand for health [J]. Journal of political economy,1972,80(1): 223－235.

使用的需求量也较少。[①] 政府医疗卫生资源的可及性也影响着人们医疗卫生的消费。在发达城市,医疗资源较为集中,居民能够获得的医疗卫生设施较多,所以需求量也较大;在经济不发达的农村或者西部地区,医疗资源较为分散,居民获取医疗卫生资源的成本较大,削弱了有效需求量,如图 3-2 所示。

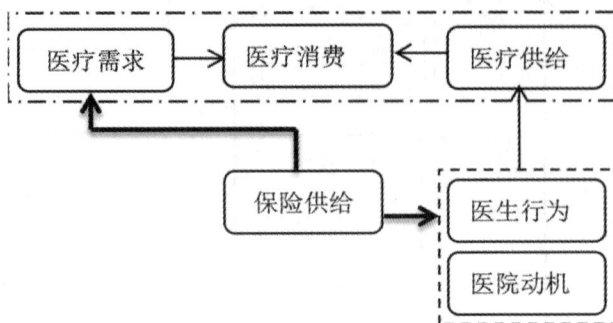

图 3-2　医疗卫生需求图

由图 3-2 可知,除了健康需求,医疗卫生需求还受到两个市场的影响:一是医疗保险市场。作为规避疾病风险的一项制度安排,医疗保险供给,降低了参保人风险防范意识,更容易产生疾病,或者由于宽松的付费制度使得医疗参保人没有动力控制疾病的消费,从而增加了购买医疗卫生产品的费用;二是医疗服务市场。对于医院是营利性还是非营利性的定位,改变着医院动机,进而影响着医生行为。在原公立医院市场化改革的背景下,医院成了追逐经济利益的主体,绩效考核机制促成了医生市场化行为目标,使得医生诱导需求,推动了医疗供给,增加了医疗卫生消费。

4)社会医疗保险制度层面

医疗保险制度能够对低收入人群的就医行为产生激励作用,从而释放出医疗卫生需求。由一项对参合农民的调查结果可见一斑,新农合的福利性得到了大多数农民的认同[②],直接表现为面临疾病困扰时,参合农民比未参合农民采取了更为积极的就医选择,如图 3-3 所示。

---

① 这种不同等级医院的医疗设备利用率不同,不仅可以看作供给所致,还可以用供给创造需求理论来解释,信息经济学家往往把这种医患双方对于疾病的信息不对称所引起的道德风险,称为"诱导需求"。在这里,即使医生本身不具有故意诱导需求的动机,但是医疗设施的易得性、检查手段的常规性,也自动形成一种诊疗习惯。

② 于长永.新型农村合作医疗制度建设绩效评价[J].统计研究,2012,29(04):92-97.

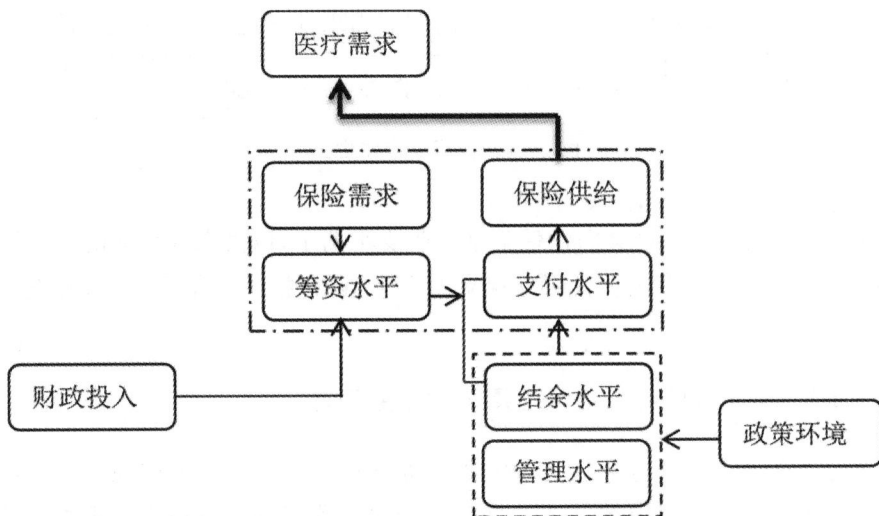

图 3-3　医疗保险市场对医疗卫生需求的影响

由图 3-3 可知，医疗保险制度影响着医疗卫生需求，而在医疗保险市场中，医疗保险需求、保险供给、筹资水平和支付水平又分别受到政府财政投入程度和社会医疗保险基金结余状况的制约。而社会医疗保险基金结余状况和管理水平又主要取决于政策环境。医疗保险制度除了能够释放出被抑制的医疗卫生需求，还能够通过第三方付费方式，让社会医疗保险基金承受额外费用。如果说城镇居民社会医疗保险和新农合释放出的医疗卫生需求，可以看作医疗保险制度所带来的社会福利增加，那么这种额外医疗负担，则是该项制度的福利损失，最直接的表现就是："小病大养""一人参保全家享用"。

人们参加医疗保险的目的不是想获得额外的保险收益，而是可以通过医疗保险制度，在有疾病风险时获得医疗卫生服务，最终达到满足健康需求的目的。医疗保险需求往往被看作卫生需求的派生需求。高昂的健康维护成本会导致经济上的困难，美国的个人破产约 50% 以上是由于健康困境所致。[①] 即使在医疗保险制度全覆盖的今天，高昂的医疗费用支出，也会使得中等收入群体因病致贫、因病返贫。基于此，医疗保险的功能应该是保障人民群众最基本的健康需求，这也是医疗问题关乎民生福祉的关键所在。既然医疗保险需求是从医疗卫生需求中派生出来的，而医疗卫生需求又受到健康需求的影响，那么医疗保险需

[①] HIMMELSTEIN, D.U, E. WARREN, et al. Market watch: illness and injury as contributors to bankruptcy [J]. Health affairs, 2006, 25(2): 84-88.

求、医疗卫生需求满足的核心目标就是对健康需求的满足,如图 3 - 4 所示。

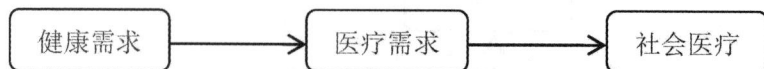

```
健康需求  ──►  医疗需求  ──►  社会医疗
```

图 3 - 4　健康需求派生图

由此可以看出,在社会医疗保险基金收支平衡中,以需求为导向的社会医疗保险基金收支平衡,不仅包含医疗保险的需求,还包括了其衍生需求,如健康需求、医疗卫生需求等。

3.2.2　参保人社会医疗保险需求实现的困境

社会医疗保险基金的收支平衡原则满足了财务可持续性的内在要求。尽管满足居民的医疗卫生需求或者健康需求一直被看作各国政府税收资源投向的目标,但是不可否认保险人有着多重政策目标,在一定时期为了顺利实现其他政策目标比如经济增长,把本应投入到社保上的资金,投放到更有利于经济发展的项目上去。虽然可供使用的医疗保险基金减少了,但可以运用数量平衡的手段来控制医疗保险基金支付,带来了社会医疗保险基金收支质量低水平的平衡,主要体现在以下几个方面。

1)诱导性的需求被激发

很难说疾病诊治过程是严格的科学还是不严格的艺术。患者的病情千变万化,不同的医生有着不同的诊疗手段和医治办法,即使相同的疾病,不同地方的医生诊疗结果也往往不太一样。温伯格提出了医疗领域的小区域差异理论,他认为这种奇妙的差异取决于患者的住所、医生和医疗条件。社会医疗保险制度改革之初,以药养医的医疗卫生体制,促进了医院/医生诱导需求行为的产生。医生利用自身的信息优势,开具大处方和各种名目繁多的检查,使得社会医疗保险制度之初未能真正减少自付医疗费用[1][2],这也促进了新医药卫生体制改革,尤其是药品零差价改革等政府对药品价格的一系列控制措施的产生。

2)有效需求未能完全满足

我国医疗保险化解疾病风险的能力较弱,广大居民的医疗卫生需求还尚未

---

[1]　X PAN, H H DIB, M ZHU, et al. Absence of appropriate hospitalization cost control for patients with medical insurance: a comparative analysis study [J]. Health economics, 2009, 18(10): 1146-1162.

[2]　B. ZHOU, L. YANG, Q. SUN, et al. Social health insurance and drug spending among cancer inpatients in china[J]. Health affairs, 2008, 27(4):1020-1027.

得到对等的满足。尽管多方面原因导致了我国低消费、高储蓄,但这种预防性储蓄可以部分归结为医疗保险水平较低所导致的。为了控制社会医疗保险基金支付,保持社会医疗保险基金财务上的可持续性,保险人使用了各种控制费用的措施如起付标准、共付保险、封顶线等。这些措施的出现,降低了社会医疗保险基金使用中的道德风险,同时也控制了医疗需求。正如美国兰德公司的研究显示,如果需要患者自己承担较多的医疗负担,则会显著减少医疗服务支出。[①] 虽然社会医疗保险基金平衡原则是保持财务的可持续性,但由于制度覆盖前退休的老人在退休前没有缴纳医疗保险金,退休后却仍然享受着医疗保险,这让年轻人承担了一定的隐形债务,即使满足了社会医疗保险基金的收支平衡,也没有达到保险分散疾病风险所需要的资金数量。不仅如此,城镇职工社会基本医疗保险基金收支还出现了大量的结余。这意味着本应帮助患者报销的社会医疗保险基金支付被保险人惜付了,此举既增加了参保人负担,也压低了参保人的医疗卫生需求。即使在有着较高补贴的城镇居民基本医疗保险和新农合领域,也存在着居民医疗卫生需求未能被充分满足的情况。"广覆盖、低保障"的医疗保险难以承担高额的医疗费用,透视出医疗费用持续增长给居民带来的经济负担,说明医疗保险远远不能满足居民的医疗需求。[②③] 这种需求未能被满足的直接体现就是大规模的预防性储蓄。

3)卫生资源占用结构不合理

在当前社会医疗保险基金收支总量平衡的背后,卫生资源占用不平等现象依然比较严重。从需求层面上讨论卫生资源的利用,至少需要重点考察两个方面:一是医疗保险基金的平等享有。作为基本医疗保险应该是保障参保居民基本的医疗需求,而实际上大量的医疗保险基金被投入到了少部分群体较高水平的医疗支付中,这就在一定程度上对居民的基本医疗保险需求造成了挤压,出现了医疗保险基金占用的不公平。二是居民的健康权利平等实现。政府医疗保健和疾病预防项目具有一定的公共品性质,要求不能具有排他性或者竞争性,而事实上由于医疗卫生资源的不可及,许多居民无法享有自身的健康权利。这使得在健康管理中存在着居民多样化健康需求及其结构与政府公共卫生服务有效供

① 胡宏伟,张小燕,赵英丽.社会医疗保险对老年人卫生服务利用的影响——基于倾向得分匹配的反事实估计[J].中国人口科学,2012(02):57-66+111-112.

② 史清华,顾海英.农户消费行为与家庭医疗保障[J].华南农业大学学报(社会科学版),2004(03):1-9.

③ 王学梅,范艳存,李敏,等.西部贫困地区农村居民消费支出以及医疗服务需求分析[J].科学技术与工程,2010,10(15):3700-3703.

给之间的矛盾。这种资源利用上的不平等,不仅体现在参保居民和未参保居民之间,而且还体现在不同保险制度之间,更体现在不同地域居民的未参保居民之间。由于政府肩负着保障居民基本健康服务的责任,这种供需之间不匹配所展现的结构性矛盾,会影响整个社会疾病风险控制与安全目标的实现。

4)总额预付制下的医疗卫生需求隐忧

围绕医疗费用的快速上涨的问题,尤其是对医疗卫生资源和医疗保险资源的不合理使用,很多学者针对医疗保险基金的支付方式作了大量的研究,并且详细对比了按病种付费与按照服务项目付费对医疗保险基金使用上的影响,结论显示,具有包干性质的总额预付制要优于按病种或者服务项目的后付制。值得肯定的是,这种付费方式的变化,改变了社会医疗保险基金供给的被动局面,有利于控制不合理的医疗保险基金支付,实现社会医疗保险基金的收支平衡目标。但这种支付方式未能解决社会医疗保险基金供给的核心问题,即对于医疗卫生或者医疗保险制度需求,以及是对于健康需求的满足。也就是说,即使实现了医疗保险费用支付的总量控制,但是由于医疗卫生需求没有得到满足,医疗保险制度的目标没有真正实现,那么这种满足于财务可持续的社会医疗保险基金制度,也会使得整个社会医疗保险制度不可持续。

3.2.3 质的平衡性下参保人需求的实质

党的十九大报告中,明确提出了"实施健康中国战略",并把健康政策融入所有制度设计中去,可以认为健康需求是当前人民的最重要的需求之一。既然质量平衡下医疗保险需求主要是基于健康需要,那么社会医疗保险基金的收支平衡目标也应该和其他政策一起,共同发挥满足基本健康需求的作用。所以,个体的健康需求不仅包括了直接医疗卫生需求,还包括了医疗保险需求、医疗保险基金的需求、社会医疗保险基金筹资的需求三个层面,这三个层面的需求具有一定的传递性。

1)社会医疗保险制度需求:风险规避

所谓社会医疗保险制度的需求,制度供给者所提供的社会医疗保险制度与个体对于医疗保险制度需求之间所达到的平衡点,决定着在一定的价格水平下,个人所能够购买,并愿意购买的医疗保险数量。个体是否作出参与医疗保险的决定,是基于主体愿望的选择过程。

一方面,从个体来看,在收入极低的时候,由于无法通过参保获得过高消费者剩余,往往不会参保;但随着收入的增加,通过保险的形式化解疾病风险所带来的消费者剩余开始升高,这时其参保的动机就会强烈;而随着收入的持续上升,那么通过风险自留也仍然可以化解疾病风险,或者即使发生疾病后,所产生的医疗费用支出只占据其收入的很少一部分,可以忽略不计,参保的动机就非常低。① 另一方面,从整体来看,低收入者和高收入者参加医疗保险所获得的消费者剩余相对较低,参保积极性较低;收入较为稳定的中间收入群体参保后获得的消费者剩余较高,参保积极性也较高。

所以,社会医疗保险制度,可以看作中间收入群体基于化解疾病风险而设计的需求,或者可以通过社会总体需求水平看待医疗保险需求水平。医疗保险制度在这里主要是满足了社会大多数成员规避风险的愿望,如 1883 年德国出台《疾病保险法》之前,主要由行会等组织所提供的行业医疗保险中产生的规律,即无论是资本家还是无固定收入的流民都不具有像普通个体那样参加疾病保险的愿望。

但是,如果把社会医疗保险制度作为政府政治正义实现手段的话,那么无论是低收入者还是高收入者,似乎都有必要加入社会医疗保险中来。低收入者在承担一定缴费义务的同时,得到基本医疗保险保障,而高收入者的加入可以通过参保实现收入的再分配。实际上体现了高收入者与低收入者之间的横向收入转移。所以可以把医疗保险需求设定为基于公平的价值理念下,个体通过医疗保险制度化解疾病风险的需求,主要受到社会的总体收入状况、风险偏好特征的影响。而公平性的实现、政府承诺的兑现是影响医疗保险制度需求的外部变量,也可以将其作为影响制度成败的标准加以考察。

2)社会医疗保险基金需求:支付补偿

所谓医疗保险基金的需求,是指个体在面临疾病风险时,根据自身对于病情的判断,选择通过定点医院就诊,并接受医生的诊断和处方要求,购买属于医疗保险基金支付范围内的药品和服务时,所发生的医疗保险基金的支付需求。疾病问题的复杂性,给个体在面临疾病风险时,是否选择通过医疗保险化解疾病风险带来了困难。患者对于医疗保险基金的需求,主要受到以下因素的影响。

首先是患者对于自身病情的预判。这是产生医疗保险基金支付的基础,一般而言,当患者感觉到某种身体的不适时,需要首要思考的是自身健康是否达到了需要看医生的程度。这不仅取决于自身的经验,而且也取决于患者的心态。

---

① 一个合理的制度设计就是高收入者参保意愿低,如果制度设计存在缺陷,高收入者通过参加医疗保险不仅可以化解一定的疾病风险,还可以汲取更多的消费者剩余,那么,医疗保险基金资源的分配也就丧失了公平价值。

面对相同的身体不适状况,有的人可能会选择通过健康的生活习惯加以调整,比如加强运动、多喝水提升新陈代谢,多吃蔬菜水果提升免疫能力;有的人可能会选择即时的药物干预,试图通过药物构建起一道保障健康的屏障。事实上,不仅普通的患者之间存在着这种差异,不同的医生之间也会存在这种差异,温伯格所提出的小区域差异,也正是基于此。

其次,是选择通过定点医院就诊的决策。选择定点医院就医是产生医疗保险基金支付的前提条件,患者选择去何种医疗机构就诊,不仅受到医疗保险制度的影响,而且受到其就医偏好的影响。比如传统上,人们往往认为大医院的医生水平较高,医疗设施较为齐全,看病选择大医院的概率较大,这使得大量的患者涌向大医院,造成了大医院看病难问题。这种基于资源导向的就医偏好具有某种路径依赖,也进一步加深了人们对于大医院看病的认识,进而进一步加剧了大医院医疗供给不足的矛盾。并且在大医院和小医院看病所获得的报销比率一样,如果不考虑排队的时间成本,那么大医院看病难就成了十分自然的事。所以,从某种意义上看,选择何种医院接受治疗,取决于政府医疗资源的投向、医疗保险基金支付结构。患者的就医偏好和消费者距离医院的远近等因素。

最后,是选择接受医生诊断和处方的程度。决定医疗保险基金以什么程度支付患者的诊疗费用取决于事件的诊疗环节。这里既包括了医生的知识和经验判断,又包括患者在多大程度上接受医生的这种判断。患者选择接受一个高自付的医疗方案还是接受一个低自付的医疗方案,受到很多客观因素的影响,比如医院的药品结构、医生收入报酬结构、医疗保险支付报销目录等,还受到如收入、医患双方对于单一疾病的信息状况,以及医患关系的联系程度的影响。

3)社会医疗保险基金筹资需求:费用分担

社会医疗保险基金筹资需求,主要从筹资的角度考察社会医疗保险基金,在不同个体之间,以何种水平承担各自医疗保险基金的缴费数额,也可以理解为医疗保险制度对于参保人的缴费需求。维持医疗保险制度的长期运行,需要有足够的医疗保险基金支撑,太低的医疗保险基金筹资水平无法满足医疗保险基金的支付需要,会导致医疗保险制度难以持续运行;而过高的筹资水平,会给参保人的缴费造成压力,挤占了参保人当期消费,不利于社会整体福利水平的提升。所以,对于医疗保险基金筹资的需求主要考察两个方面:即筹资的水平和筹资的结构。

就筹资的水平而言,主要取决于社会经济发展水平和医疗卫生发展水平,一方面,如果一个社会的经济发展水平越高,社会可以用来维持健康需要的物质能力就越强,社会可供筹集的社会医疗保险基金资源就越多,则越容易积累医疗保险基金。同时,人们通过医疗保险化解疾病风险的愿望,也会影响到这种需求的数量,如通过接受教育、宣传、个体偏好等,作出是否参保的决定。个体对于医疗保险制度分散疾病风险的方式越是认同,越会给医疗保险基金的实际需求造成积极影响。另一方面,如果社会经济发展较好,也会给政府增加更多的公共卫生预防性收入,社会整体健康资本的存量就越高,人们发生疾病的可能性也会降低,公共卫生支出与寻医问诊的需求呈负相关性。

就筹资的结构而言,需要确定的是不同类型的个体如何分担医疗保险基金筹资。毕竟个体的收入水平不同,偏好不同,从社会医疗保险中获得的福利水平也不同,在确定的社会医疗保险基金筹资总水平下,如何在个体之间分担这些费用,就成了社会医疗保险基金筹资需求的关键。如果基于能力筹资,低收入者的筹资能力则要远远低于高收入者,那么高收入者就应该缴纳更高的费用;如果基于社会医疗保险基金供给方向,那么会产生两种不同的筹资方式,一种是因为高收入者占用医疗保险基金的规模大于低收入者,则应该承担较高的社会医疗保险筹资;另一种是因为低收入者营养卫生条件较差,发生疾病风险的概率较高,占用医疗保险基金的规模也不小,则应该至少和高收入者承担相同或较高的社会医疗保险筹资。基于收入再分配的公平性理念,需要由高收入者承担更多的筹资责任。

总之,在质量平衡下考虑医疗保险的需求,无论是社会医疗保险制度需求、社会医疗保险基金需求,还是社会医疗保险筹资需求等这三个方面都是不可或缺的。

3.3　目标与机理：制度平等权利

3.3.1　制度平等权利目标的发展

国务院出台政策指出,要充分发挥全民基本社会医疗保险的基础性作用,重点由扩大范围转向提升质量,并按照构建"更加公平、可持续"的社会保障制度的目标继续前行。《"健康中国"2030 规划纲要》提出了共建共享、全民健康,建设健康中国的战略目标,核心是以人民健康为中心。社会基本医疗保险制度作为社会保障体系的核心,对社会保障公平持续发展至关重要。在"十三五"时期甚至更长时期内,围绕社会医疗保险制度对于健康权的满足、医疗权的实现等问题,势必成为医疗保险制度改革和政策完善的重点方向。在社会医疗保险质量理念提出之前,我国居民健康权的发展大体经历了以下阶段:

1)改革开放前的低质平等阶段

在这一阶段,居民健康权利的实现可以看作制度内的平等与制度之间的不平等相互交织,在分割的城乡社会医疗保障体系下,"社会医疗保险基金"收支平衡研究主要围绕城镇职工展开。改革开放前,我国经济发展水平不高,以社队为中心的农村合作医疗承担着保障广大农村居民健康权的使命,而城市主要以单位保障为特征的公费医疗和劳保医疗制度保障了城镇机关、企事业单位职工的医疗权利。几乎全体城镇居民和大部分农村居民都能够获得一定的医疗保障。在这一时期由于经济发展水平较低,医疗设备简陋、诊疗手段单一、药品种类缺乏,使得人们尽管在制度内拥有一定的医疗权利,但是在城市和农村的二元结构中,实际上存在着城乡之间卫生权利的不平等。即使是纳入保障计划的人群也因为缺医少药而无法实现真正的健康权利。一方面,城镇职工基本医疗保险费用上涨迅速,给参保企业带来了严重的资金负担,造成了"一人参保全家享用"的不合理现象;另一方面,农村医疗水平落后,医疗资源的可及性差,农村居民即使参加了合作医疗保险,也往往很难享受到与城镇职工同等的健康权利。

2)改革开放后的平等重构阶段

随着1998年城镇职工基本医疗保险的建立,解决了传统的劳保医疗所带来的财务不可持续问题,学界开始围绕医疗保险基金收支展开研究,方向主要集中在抑制医疗保险费用不合理上涨等方面。有学者指出,未来的社会医疗保险基金支付,也会像养老保险一样出现支付危机,进而威胁到制度的正常运行。这阶段的研究重点是通过增收节支的制度设计,确保基金的给付,从而维持社会医疗保险财务制度的稳定。在劳保医疗转变为城镇职工基本医疗保险的过程中,我国进行了医疗保障制度覆盖面的扩大工作。覆盖面的扩大不仅拓宽了社会医疗保险基金的来源渠道,提升了社会医疗保险制度的风险分散功能,更使得原本没有纳入制度框架中的城乡居民参与到医疗保障中来,构建了城镇居民基本医疗保险和新农合。这两个险种中政府分别提供了不同程度的补贴,更好地体现了政府责任,保证了居民平等享有医疗权和健康权。但不可否认的是,在医疗保险基金的支付中,城乡居民所享有实际保障水平与制度设计的标准还存在一定的差距,也造成了大量的结余,阻碍了城乡居民参保人健康权利的实现。随着社会医疗保险制度的多维度发展,医药卫生体制改革的深化,城镇职工基本医疗保险、城镇居民基本医疗保险、新农合等三类社会医疗保险制度的整合推进,在实现制度体系全覆盖的同时,也给未来的社会医疗保险基金的支撑能力带来了更多的不确定性。

3)新医改以来的平等深化阶段

从一开始,新医改就把维护公平正义,提高人民生活质量作为深化医药卫生体制改革的重要举措。改革中明确规定政府在基本医疗卫生制度中的责任,并把制度目标设定为人人享有基本医疗卫生服务。这在一定程度上为新农合、城镇居民基本医疗保险中政府的补贴提供了依据。但是,实际上却由于操作中不少地方政府不能准确把握政府补贴、医疗需求满足和费用控制之间的关系,一味地追求医疗保险基金收支的数量平衡,滥用了社会医疗保险基金财务可持续的费用控制手段,使得社会医疗保险基金结余严重,所以,仅仅从数量上考察社会医疗保险基金收支中的平衡,并没有解决质的失衡问题,尤其是社会医疗保险基金收支中的健康平等问题还无法得到有效改善。

因此,在社会医疗保险基金收支的研究中,不能简单地停留在筹资方式与标准、支付方式等方面的研究,更应该从制度的可持续性入手,将居民对于公平价值标准不断提升的内在需要,作为研究的重点,嵌入到基金收支平衡分析中,这样,不但可以拓宽社会医疗保险制度研究的视角,也能够丰富社会医疗保险基金收支平衡的相关理论。

3.3.2　制度公平中权利目标的扭曲

旨在为分散疾病风险而建立的社会医疗保险制度,起着维护社会公平的作用,而社会医疗保险基金收支的公平性不仅是社会医疗保险制度建立的起点,也是社会医疗保险制度运行一以贯之的理念,更是社会医疗保险制度建立的重要目标。当前我国社会医疗保险基金收支中存在的公平缺陷主要包括:

1)以工资性收入为基数凸显起点不公

我国城镇职工基本医疗保险(简称“城镇职工医保”)制度规定以工资性收入作为缴费基数,非工资性收入不纳入城镇职工医保缴费基数。除此之外,对工资性收入给出了最高和最低缴费基数限额。如上海市城镇职工医保政策规定,职工缴费基数标准为上一年度社会月平均工资,参保人月工资超过上一年度社会平均工资的60%,又低于300%的按照实际工资作为缴费基数;参保人月工资超过上一年度社会平均工资的300%以上的,按照上一年度社会平均工资的300%计算;参保人月工资低于上一年度社会平均工资60%以下的按照上一年度社会平均工资的60%计算。为了能直观反映不同收入人群的负担情况,根据上海市

2013 年医疗保险缴费基数和缴费率,设定了 A、B、C、D、E 五类不同收入档次的参保人群,他们的月度工资性收入分别为:2 500 元、8 000 元、8 000 元、25 000元和 50 000 元。其中,A 类人群的工资收入低于上一年度社会月平均工资的60%;B 类人群和 C 类人群的工资性收入相同,在最低缴费基数标准以上、最高缴费基数标准以下,相对于 B 类人群,C 类人群拥有一定的非工资性收入;D 类人群和 E 类人群的工资收入超过了最高缴费工资基数,并且还具有更多的非工资性收入,甚至 E 类人群非工资性收入远远超过了其工资性收入,如表 3-1所示。

表 3-1　不同收入人群的医保缴费额和负担率

	A	B	C	D	E
月度工资(元)	2 500	8 000	8 000	25 000	50 000
缴费额(元)	337.8	960	960	1 689.12	1 689.12
缴费额占工资性收入比率	14%	12%	12%	7%	3%
总收入(元)	2 500	8 000	25 000	50 000	150 000
缴费额占总收入比率	14%	12%	7%	3%	1%

注:2012 年上海市社会月平均工资为 4 692 元,意味着缴费上限为 14 076 元;下限为 2 815 元;社会基本医疗保险费率为 12%,其中,单位缴纳的医疗保险费率为 8%,地方医疗费用附加费率为 2%,个人缴纳费率为 2%。

　　从表 3-1 中可以看出,收入较低的 A 类人群,缴费额占总收入的比率较高约为 14%;收入较高的 D、E 类人群,缴费额占总收入的比重较低约为 3%和1%,参保人收入越低缴费负担越重、收入越高缴费负担越轻。对比 B、C 类人群可知,尽管这两类人群缴费额相同、缴费额占工资性收入之比相同,但由于 B 类人群没有其他非工资性收入,其综合负担率即缴费额占总收入的比率为 12%要高于 C 类人群的 7%。富裕阶层由于存在着很多非工资性收入,却免于核算保费,依靠工资性收入的中产阶层的高收入群体,实际工资超过了缴费基数的上限,承担较轻的社会医疗保险缴费负担,导致收入越高的阶层社会医疗保险缴费占总收入的比重明显偏低。这种制度设计明显具有一定的累退性质,缺乏横向公平性,没有真正体现不同参保主体的能力差异,凸显了社会医疗保险基金缴费的不公平。

2)较高缴费与较低补偿凸显过程不公

以上分析可知,由于工资性收入较高的劳动者不会缴纳更高的社会医疗保险基金,非工资性收入也没有纳入社会医疗保险基金的缴费额,所以,主要依靠工资收入为主的中低收入劳动者来承担社会医疗保险缴费责任。尽管他们的缴费负担较重,却没有因此获得更多的社会医疗保险基金补偿,而且他们还承担了退休人员或其他未缴费人员的社会医疗保险支出,导致其医疗费用补偿的水平变得更低了。对于劳动者缴费与补偿的关系可以用图 3-5 予以说明,图左边的 A 代表缴费主体 A 的社会医疗保险基金缴费,图右的 A1 代表缴费主体即期享受的社会医疗保险基金补偿,A2 代表缴费主体的未来补偿(即个人账户滚存余额),A3 代表工作期间缴费的退休人员即期享受的医疗基金补偿,B 代表工作期间未缴费的退休人员享受的医疗基金补偿,C 代表通货膨胀的损失和其他管理成本(包括医疗服务、药品、医疗设备使用中的道德风险等)的损耗。

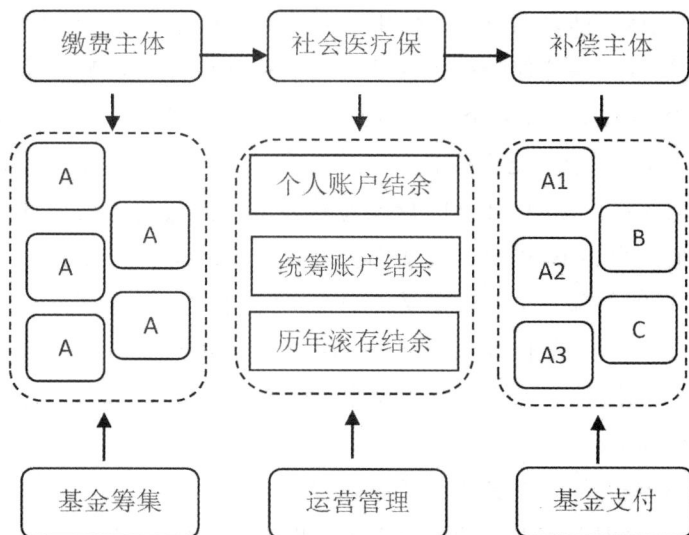

图 3-5　社会医疗保险基金缴费与补偿示意图

图 3-5 的左边表明了社会医疗保险基金的缴费或筹资。可以看出,经办机构筹集社会医疗保险基金的过程也是参保人社会医疗保险基金缴费的过程,社会医疗保险基金账户分为个人账户和社会统筹账户,前者从劳动者工资收入中代扣代缴,辅之以一定的单位缴费投入,后者主要是用人单位缴费,没有直接从劳动者工资收入中予以扣除。但是,无论是直接从劳动者工资收入中扣缴,还是用人单位的缴费,都必须由劳动者提供劳动以换取,被视为用人单位的劳动力成

本。图 3-5 的右边，表明了在社会医疗保险基金筹集后，主要由经办机构来运营和管理，并根据疾病发生的情况，对保障范围内的人群支付基金，给予与承诺水平相对应的补偿。根据图 3-5 可知，劳动者所缴纳的社会医疗保险基金为 5 个单位的 A，而实际上其获得补偿的部分为三个单位的 A，即 A1、A2、A3。在这里 A1 具有横向补偿的特点，即不同参保人之间的相互补偿；A2 具有自我补偿特点，即参保人不同时期的递延补偿；A3 兼有 A1 和 A2 的综合特点。

如果说 A1、A2、A3 能够体现医疗保险分散风险功能的特征，体现了社会医疗保险基金运行的过程公平，那么，B、C 则缺少了这种特征，它们或是加重了劳动者的缴费负担，或是削弱了社会医疗保险基金的保障功能，违背了社会医疗保险基金的过程公平。在缴费人口相对稳定的情况下，提高缴费率就成了增加社会医疗保险基金来源的手段。尽管当前我国实行的是"以收定支、收支平衡、略有结余"的社会医疗保险基金筹资原则，但是社会医疗保险基金一旦被筹集到经办机构，参保人就不能左右基金的使用。为了保证基金足额支付，不至于出现收不抵支的危险，社会医疗保险机构或地方政府往往设计出较为谨慎的费用支付方式[①]，部分社会医疗保险基金结余由此而生。2016 年全国社会医疗保险基金累计结余 14 964.3 亿元，结余率达到 138.9%。[②] 这在一定程度上，降低了参保人支付的待遇水平。同时，社会医疗保险基金也在为低效的基金管理手段和低下的基金增值能力买单，投资回报率都会成为影响纵向平衡费用的重要因素。[③]从而，在社会医疗保险基金的收支结构中，劳动者承担的社会医疗保险基金缴费高，得到较低的社会医疗保险基金补偿。医疗卫生服务生产多少、为谁生产可以基本上看作一个市场行为，但医疗卫生服务最终如何分配、以什么标准分配则更多是一个价值问题。

3）统筹城乡社会医疗保险中平等健康权利误读

近年来，城居保和新农合的覆盖面逐步提升，覆盖城乡全体居民的基本医疗保障制度框架初步形成。2012 年，城镇职工医保、城居保和新农合的参保人数已达到 13 亿人。[④] 这在一定程度上，给了人们统筹城乡社会医疗保险制度的信

---

① 笔者在 2005 年对湖北省部分地市劳动与社会保障相关部门的调查中发现这种观点较为普遍和突出，这可以作为这些地区社会医疗保险基金结余严重的一个原因。

② 根据 2017 年国家统计年鉴，自行整理计算得出。

③ 何文炯，杨一心，刘晓婷，等.社会医疗保险纵向平衡费率及其计算方法[J].中国人口科学，2010(03)：88-94，112.

④ 国务院.国务院关于印发"十二五"期间深化医药卫生体制改革规划暨实施方案的通知[EB/OL].2012-3-14[2015-12-3]. http://www.gov.cn/zhengce/content/2012-03/21/content_6094.htm.

心,但忽视不同制度发展历史,过多地追求主体之间的横向公平,是一种对社会医疗保险基金公平性的误读。

首先,城居保或者新农合与城镇职工医保的项目特征不同。城居保和新农合具有短期项目特征,即社会医疗保险基金仅限于当期缴费当期享受,城乡居民只有在缴费年度内享受医疗保险的待遇支付,如果在某一个年度内没有缴费则无法享受到医疗保险的待遇支付;城镇职工医保具有长期项目特征,参保人不仅在缴费期可以享受,而且在退休之后仍然可以享受,较高的缴费额是退休后获得社会医疗保险基金补偿的基础。

其次,城居保或者新农合与城镇职工医保的缴费水平不同。和城乡居民医疗保险不同,城镇职工医保采取的是单位缴费和个人缴费相结合的统账结合模式,即个人缴费进入个人账户,单位缴费进入统筹账户,同时,也按照一个较低的比例划分到个人账户中。以上海市为例,基于 2012 年社会平均工资的城镇职工医保缴费额为 7 882 元,而 2012 年新农合缴费额约为 1 100 元,城镇职工的缴费水平是农村居民缴费水平的 7 倍多。即使在城居保和新农合合并后,2017 年上海城乡居民基本医疗保险筹资标准分别为 1 100 元、2 900 元、4 300 元、4 300元,其中个人缴费分别对应为 110 元、720 元、535 元、370 元;而城镇职工按照平均工资 6 504 元/月,综合缴费率为 11.5%[①],可以计算出最低 60%、平均 100%、最高 300%,年度缴费分别为 5 385.31 元、8 975.52 元、26 926.56 元,其中个人缴费分别对应为 936.58 元、1 560.96 元、4 682.88 元。由此可以看出,两者的缴费水平相差甚远。

最后,城居保或者新农合与城镇职工医保的强制特性不同。城居保和新农合具有非强制性,城乡居民可以有选择性地参加或者不参加保险项目,参保主体(城镇居民和农村居民)中断保险的情况屡见不鲜。所以,可以看出这种项目不是完全意义上的社会保险,它依靠政府财政的支持才得以建立,二级政府的筹资在城乡居民医疗保险中的筹资占据主要地位。而且,部分地区的新农合实际缴费人群不到参保人数的三成。这种非强制性的保险项目,由于可以享受到上级政府的财政补贴,往往成了某些地方政府套利的工具,不仅有违制度供给的效率,而且还丧失了制度的公平性。

三种制度的差异表明,在此条件下,如果简单地把统筹城乡社会医疗保险看

---

① 2016 年上海市城镇职工基本医疗保险缴费率调整过一次,其中单位缴费降低 0.5%,综合缴费率由 12%,降低为 11.5%。

作拉低城镇职工医保水平,并以此作为补贴城居保和新农合的理由,不仅加大了城镇职工医保期初承诺兑现的难度,而且影响了社会医疗保险基金收支公平性的实现,同时,也难以保障城镇职工通过社会医疗保险制度化解疾病风险的需求。

3.3.3　社会医疗保险基金收支中权利变迁的实质

社会医疗保险基金收支中的不公平,直接导致了不同社会主体之间社会医疗保险基金补偿的不公平与医疗负担的不公平。这种不公平的实质是社会主体之间医疗负担的不合理转嫁,在社会医疗保险基金中这种转嫁体现在:社会医疗保险机构与个人之间、政府与个人之间以及不同的个体之间。

1)由社会医疗保险账户负担转嫁为个人负担

社会医疗保险账户既包括社会统筹账户也含有个人账户。从权利约束上看,尽管参保人对于个人账户的权利要大于社会统筹账户,但二者都是由参保人劳动所换取的劳动报酬强制性缴费形成,在这里统称为社会医疗保险账户。根据社会医疗保险基金缴费与补偿相对应的原则,社会医疗保险账户支付数额和比例的多少取决于社会医疗保险基金的缴费水平。社会医疗保险基金的缴费水平越高则社会医疗保险账户的保障力度越大,保险人支付的医疗费用补偿额和比例也越高;社会医疗保险基金的缴费水平越低则社会医疗保险账户的保障力度越弱,保险人支付的医疗费用补偿额和比例也越低,如表3－2所示。

表3－2　有无费用转嫁对社会医疗保险账户和个人自负的影响

是否转嫁	社会医疗保险基金账户缴费	社会医疗保险基金账户补偿	医疗费用个人自负
无转嫁的保障水平	高	高	低
	中	中	中
	低	低	高
有转嫁的保障水平	较高	较低	较高

根据前面分析可知,我国当前城镇职工医保的缴费水平较高,如上海的社会医疗保险基金缴费的综合负担率高达12％,如果没有转嫁存在即B(代表工作期间未缴费的退休人员享受的医疗基金补偿)和C(代表通货膨胀的损失和其他管

理成本)的损耗为零,则参保人应该获得较高的社会医疗保险基金账户补偿,最终参保人个人自付较低的医疗费用。而实际上,正是由于 B 和 C 的存在,使得社会医疗保险基金账户补偿的水平较低(其中包含了 B 和 C 部分的损耗),从而,加重了个人自付的医疗费用。尽管 20 世纪 90 年代以来社会医疗保险基金收支数量总体平衡,但是"看病难""看病贵"的现象却较为严重。究其原因不难看出,一方面正是由于允许医院药品加成增加收入,保险人(或地方政府)降低社会医疗保险账户报销比例(如纳入报销范围内的药物较少,而报销范围外的药物较多),增加了患者的医疗负担;另一方面,保险人采取了控制费用的制度设计(如起付线、封顶线、共付段),个人账户和起付线的设计可以提高成本意识,而统筹基金按比例支付也能避免社会医疗保险基金的过度消费,但是封顶线又降低了保险的价值。[①]

同时,在城居保和新农合中,社会医疗保险账户的转嫁也加重了患者的负担。研究显示,我国新农合的平均报销率只有 26% 左右,即使这一比例略有提高,但是由于快速上涨的医疗检查费用,使得城乡居民的医疗费用负担不降反升。[②] 由此看出,正是由于社会医疗保险账户的较低支付水平,将部分本应由其承担的医疗费用转嫁到参保人身上,从而加重了参保人的医疗负担。这种医疗保险基金过高的结余与"看病难""看病贵"问题没有得到彻底的解决,使得一些城乡参保居民的医疗权没有真正实现。

2)由政府财政负担转嫁为社会负担

20 世纪 90 年代,政府为了提升国有企业的竞争力,推进了劳动保险制度的社会化改革历程,地方政府由于财力的限制,一方面,在建立社会医疗保险账户的同时,把已经退休或者长期享受企业保障的人群推向了市场,这部分群体没有缴费而享受较高的社会医疗保险基金支付(形成了图 3-5 中 B 部分的社会医疗保险基金补偿),形成了类似于养老保险的医疗保险隐性债务;另一方面,政府把医院推向了市场,允许医院通过药品加成补偿收益(形成了图 3-5 中 C 部分社会医疗保险基金损耗)。

对于医院而言,改革促进了其自身利益实现,每个医疗服务系统都追求两种目标:[③]第一个是提高患者的生活质量,第二个是提高医疗服务人员的生活质

---

① LIU Y.Reforming China's urban health insurance system [J]. Health policy,2002,60(2).

② 胡善联,左延莉.中国农村新型合作医疗制度的建立:成绩和挑战[J].卫生经济研究,2007(11):3-6.

③ REINHARDT U E. Resource allocation in health care:the allocation of lifestyles to providers [J].The milbank quarterly,1987:153-176.

量。对于这两个目标更容易被提倡的是第一个目标，如提升照顾病人的质量、增加患者价值、拯救生命等，而往往忽视第二个目标，这会导致医疗服务人员通过道德欺骗、医疗浪费、滥用药物等获得收益。国内的研究也印证了这一现象。对于医疗费用上涨中不合理飙升的部分，已经偏离了其应有的轨迹。[①] 专家认为医生对于服务变量任意操纵，药品商与医院管理者、医生之间几近公开化地串通合谋剥削患者的利益，不仅严重扭曲了医疗服务产品的提供和需求，如药价虚高、医药服务需求下降等，而且直接导致了患者医疗（药）费用巨幅攀升。[②]

由于政府财政责任的缺位导致的医疗费用的飙升从两个方面增加了参保人的负担：一方面，在社会医疗保险基金支付阶段，医疗费用的不合理上升，直接增加了医疗费用的个人负担部分的数额；另一方面，在社会医疗保险基金缴费阶段，由于医疗费用的上升，导致预期的医疗保险费用上涨，为了维持现有的医疗保障水平，需要提高医疗保险的缴费数额，从而增加了参保人的缴费负担。

医疗费用的上涨不仅影响了参保人，而且增加了整个社会的医疗费用负担。整个医疗价格（包括医疗服务价格、医疗设备检查价格和药品价格）的系统性上涨，增加了个体通过自身化解疾病风险的成本，尤其使没有参保个体的医疗费用负担变得更重了。相对于参加城镇职工基本医保的居民，拥有城居保和新农合的居民高血压诊断率和治疗率显著偏低。[③] 这说明，即使在参加了城居保或新农合后，这部分个体的医疗负担依然较重，医疗需求无法有效满足。

3）个体之间的医疗负担转嫁

（1）中高收入者的医疗需求推高了低收入者的医疗负担。医疗技术进步对社会医疗保险基金在不同群体之间转嫁负担提供了可能，并在一定程度上成了医疗费用上涨的主要推动力。有国外专家指出在很多低收入国家，随着城市化进程的推进，中高等收入阶层迫使政府提供昂贵的高技术服务（从 CT 扫描到器官移植），把大量政府健康预算支出用于少数高精尖机构：一方面，中高收入者拥有更多的收入，有能力消费更高的医疗设备，并从政府健康预算支出中获益；另一方面，由于医疗技术的进步，增加了低收入者看病的费用，从而被动接受了较

---

① 沈世勇,李全伦.我国医保基金收支中的公平性分析：基于制度可持续的视角[J].求实,2014(10):58-64.
② 赵曼,吕国营.关于中国医疗保障制度改革的基本建议[J].中国行政管理,2007(07):17-20.
③ 方海,孟庆跃,约翰·里佐.我国不同医疗保险种类导致的卫生不平等[J].广东社会科学,2012(03):26-32.

高的医疗负担。[①]

(2)人口年龄结构的老化加重了劳动者的医疗负担。人口年龄结构的变化对医疗费用造成的影响同样不可忽视。斯皮尔曼(B.C.Spillman)等用美国 8 万多名 65 岁以后死亡的老年人的实例,检验了"寿命的延长"对医疗费用造成的影响。[②] 除了生命的健康维护可能需要占用社会医疗保险基金的资源,生命终极关怀理念的强化也提升了居民对医疗保险的需求,增加了社会医疗保险基金的补偿。随着老年人生命的延长和退休人员不缴费、报销比率更高的现状,需要参保的劳动者缴纳更多的社会医疗保险基金,从而加重了其医疗费用负担。

(3)医疗资源分布的不合理改变了参保人之间医疗补偿结构。我国当前医疗资源分布的不合理体现在两个方面:第一,城乡差异,无论是数量还是等级城市的医疗机构都要高于农村;第二,主城区和次中心区(或者郊区)的差异,主城区的医疗机构数量分布要比次中心区密集,主城区的医疗机构的等级要比次中心区高。在同等缴费的情况下,城市主要城区的居民更容易享受到较高的医疗服务和更有效的医疗费用补偿。

3.4 动力与阻力:保险人目标达成

3.4.1 保险人社会医疗保险目标的形成

在现有文献中很多学者提到了参保人的缴费与补偿对等,而从全社会来看,这种对等也包含了医疗基金支付水平与筹资水平的对等。无论是强制性的社会医疗保险制度还是非强制性的社会医疗保险制度,保险人对于医疗保障水平的承诺作为社会医疗保险基金收支契约的一个重点被确立起来。从 1883 年德国颁布《疾病保险法》以来,强制性就成了政府举办医疗保险项目的基本理念,我国城镇职工基本医疗保险也是由政府举办、强制缴费的一个社会保险子项目。政府规定任何劳动者或者雇用劳动者的单位都必须缴纳社会医疗保险费,在政府总政策框架内,各个地方政府也进一步细化了缴费基数和比例。在强制性保险契约中,尽管保险需求和保险契约的发生没有直接的因果联系,但却不难发现这

---

① KRUGMAN P, WELLS R.The health care crisis and what to do about it [J]. The New York review of books,2006,53(5).

② SPILLMAN B C, LUBITZ J.The effect of longevity on spending for acute and long-term care [J]. New England journal of medicine,2000,342(19):1409-1415.

是风险规避与保险制度演进的必然结果。[①] 其实，在德国的《疾病保险法》颁布之前，作为自愿参加、具有化解疾病风险功能的各类行会组织就已经在西方工业化社会中盛行起来，政府介入、强制性手段的实施，充其量只是推动了制度的建设。当前，政府目标设计与社会医疗保险制度的形成主要围绕以下方面：

1）构筑安全网络，减轻企业负担

改革开放之前，我国长期实行的是高度集中的计划经济模式，国有企业分配结构中存在着平均主义"大锅饭"的情况，改革开放以来，为了推动经济快速发展，在效率和公平的权衡中，政府选择了倾向于经济发展的效率目标，这是因为社会资源极其贫乏，可供分配之物寥寥无几。改革开放二十年后，我国逐步确立了社会主义市场经济体制，私营企业、个体经济、外资经济、集体经济快速发展，这在一定程度上给国有企业造成了一定的压力。为了能够缓解国有企业的管理与运营成本，让国有企业和集体企业在市场中能够轻装上阵，亟须构建以养老保险、医疗保险、失业保险等为主的社会安全保障网。政府在这一阶段实施医疗保险制度的目标，主要是通过社会化的保险项目，减轻企业缴费负担，适当让个人出资，形成三方缴费型的社会医疗保险基金运行项目，从而在增进企业效率的同时，减轻国有单位和政府的医疗保障负担。

2）借助保险原理，化解疾病风险

在传统的农业社会，人们通过风险自留、家族系统共担、社会网络转嫁等方式化解疾病风险，现代化的工业生产打破了传统的家庭结构、社会结构，使得个体需要承受巨大风险，围绕这种风险化解的制度安排——社会医疗保险制度应运而生，为重新构筑疾病风险防范体系提供了可能。保险人承诺在参保人面临疾病风险、遭遇经济损失后，按照参保人缴费义务和享受权利相对等的原则，给予一定程度的经济补偿。在投保期内，参保人因某种保险覆盖范围内的疾病产生的社会医疗保险药品目录或诊疗项目目录中的支付，保险人有义务给予相应的费用补偿。

3）提供制度安排，保证健康需要

中华人民共和国成立以来缺医少药的状态在逐渐改变，从 1949 年全国只有

[①] 在这里我们把居民参加社会医疗保险的决策过程看作一种自选择过程，而不是迫于政府威权手段而实现的制度体系，这种理念有利于还原社会医疗保险制度的设计初衷，观察社会医疗保险制度长期发展的轨迹与目标。

3 670 家医疗机构到 1960 年全国拥有 261 195 家医疗机构[①]，在医疗卫生事业迅速发展的同时，我国的医疗卫生费用也上涨迅速。为了能够更好地满足人民群众的医疗卫生需求，建立与市场经济相适应的制度体系刻不容缓。配合国有体制改革的重中之重，就是要打破附属于国有企业的"铁饭碗"的福利体系，建立独立的社会保障体系，也是决定国有企业职工能否参与到正常流通的人力资源市场的关键。在此背景下，政府所提供的医疗保险制度安排，就是保证国有企业职工、其他企业职工、下岗职工的健康需要。

3.4.2　经济增长定位下社会医疗保险目标的偏移

改革开放以来，我国一直把经济的快速发展作为首要目标，尽管社会医疗保险制度的实施为经济增长保驾护航的作用明显，但是不可否认的是，社会医疗保险制度也有其自身的目标定位。政府出台社会医疗保险制度的目标不是为了单纯地减轻政府负担，更为重要的是把医疗保障和企业保障脱钩，即使企业遇到经营上的困难，职工依然可以通过社会化的医疗保险来化解疾病风险。政府通过政策的形式确立了缴费与收益对等的医疗保险制度，进而向职工作出了如果其缴费则可以按照既定的补偿比例补偿职工医疗费用的承诺。尤其是 1998 年确立了"以收定支、收支平衡、略有结余"的社会医疗保险基金筹资原则以来，更是希望能够通过社会医疗保险基金的收支平衡达到财务可持续的目标，这在一定程度上体现了允诺方前后事件和行为的连贯性。但是，这种社会医疗保险目标，随着时间的推移至少存在以下偏移。

（1）不仅在职缴费人员可以享受到医疗保险支付，而且退休的不缴费人员仍然可以享受到医疗保险项目支付。这里没有缴纳医疗保险费的人员主要包括原公费医疗和劳保医疗的职工，因为有了社会化的医疗保险基金，所以他们也可以享受医疗保险费用支付，缴费与收益对等的原则目标遭遇到第一次挑战。

（2）医疗机构市场化改革导致了第二次目标偏移。在市场化改革之前，医疗卫生机构具有政府主办的性质，属于卫生事业单位；市场化改革之后，医疗卫生机构尽管依然具有事业单位特征，但是医院已经成为一个市场化的主体，需要通过市场化的运作来获取利润。

（3）医疗费用控制手段导致了第三次目标偏移。在医疗费用快速上涨的背

---

① 国家统计局. 2019 中国统计年鉴［DB/OL］. 2020-4-20［2020-5-20］. http://www.stats.gov.cn/tjsj/ndsj/2019/indexch.htm.

景下,为了防止道德风险的发生,控制医疗保险费用的快速上涨,建立起费用控制手段的风险分担制度就成了理所当然的事情,"起付线、共付保险、封顶线"的制度设计在有效防止社会医疗保险费用快速上涨的同时,也使得本应由医疗保险基金承担的风险兑付变少了,在医疗保险缴费没有丝毫减少的情况下,实际上是对参保人保险权利的一种剥夺。这也意味着政府利用信息优势和权力优势,为了经济增长目标而忽视了医疗需求目标的一次偏移。

3.4.3　数量平衡下保险人目标偏移的负效应

1)过度总额控制增加了患者医疗费用的支出

政府为了维持医疗保险制度的可持续发展,把维持社会医疗保险基金财务可持续性作为制度实施的保证,着力于从对社会医疗保险基金支付的控制上解决问题。越来越多的地方实行了总额限定,尤其在"以收定支、收支平衡、略有结余"的方针指引下,控制社会医疗保险基金的使用成了保险人工作的重心。同时,政府又由于面临经济体制改革的压力,很难拿出足够的财政资金补贴到药品和医疗机构中,在市场化改革的背景中,出于提高医院管理效率、减轻政府压力的需要,公立医院被推向了市场,成了自负盈亏的利益主体。为了维持公立医院的运行,医院被准予通过药品加成获得收益补偿。但是,这在一定程度上加剧了社会医疗保险基金的不合理使用,即使在采用总额预付制的背景下,名义上的社会医疗保险基金支付费用减少,但实际上总的医疗支出并没有减少,而是以患者承担更多的非社会医疗保险基金报销药品为代价的。尽管政府管制的目的也许是降低医疗服务的收费,但是却带来了叠加的服务量和药品使用量从而导致了更高的医疗费用支出。

2)医师价值低估降低医疗资源的利用效率

医师的劳动价值没有被体现,导致了高效率医疗资源被利用的目标难以达成。社会医疗保险制度的目标之一应该是让有限的医疗资源得到高效率的利用,而决定医疗资源利用效率和利用水平的除了患者的选择和政府医疗卫生资源的投向,更为重要的是医疗资源的直接提供者——医院或者医生。医生决定了医疗资源使用的多少,因为其可以根据病情的判断选择医疗资源的使用量,更可以依据自身专业和经验的判断决定患者医疗资源使用量。在医疗市场中,医生作为医疗服务的提供者,也需要通过劳动和所提供的产品换取劳动力报酬,如果医生的劳动力价值无法通过卫生服务收费获得,在"以药养医"的背景下,医生就会选择"多开药""乱用检查项目"等方式获得,进而降低了医疗资源的利用率。

3)行政控制压低了政府提供服务的效率

在医疗服务供给上,政府重视行政控制,却忽视了服务提供的效率。其一,参保人希望基本医疗保险能够满足防范疾病风险和降低医疗负担的需求,但是涉及社会医疗保险基金的支付水平和结构,参保人和保险人之间很可能产生争议。参保人希望保险基金承担更多的医疗卫生支付。在目标多元化的背景下,保险人具有把社会保险和社会安全让位于经济增长目标的动力。为了实现经济快速的增长,保险人不得不减轻企业负担,让其轻装上阵,通过市场与社会来分担一定的企业责任。医院被推向了市场,基本医疗的功能被推向了社会,产生了以药养医,打破了传统的医患关系。其二,保险人行为具有路径依赖,在特定时期,为了维持经济的高速增长,弱化了保险人的社会保障责任和社会安全目标。尽管规定了以收定支、收支平衡的制度规则,但过多地强调资金的有限使用,对诊疗费用进行价格管制,使得医生的行为产生偏离,损害了制度的运行效率。

3.4.4 质的平衡性下社会医疗保险目标实现

在社会医疗保险制度设计的起步阶段,政府政策的重点在于提升经济效率,而不是按照理想标准构建合理的社会医疗保险模式。然而,随着社会拥有了更多可供分配的物质基础,居民的健康权利意识提升,从结构层面,政府提出了改进公平的方略。

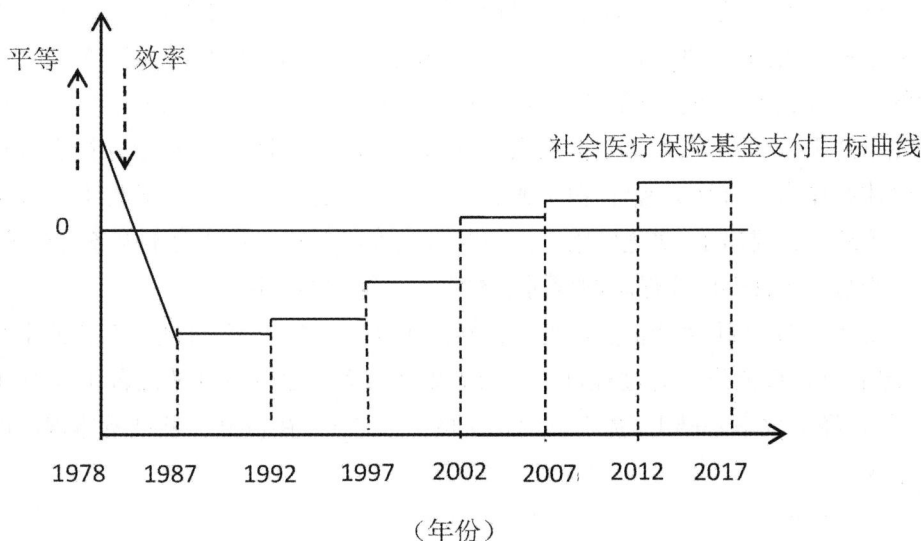

图 3-6 平等与效率目标平衡图

　　图 3-6 可知，改革开放伊始，我国政府主要围绕经济增长，立足于改变原有的"平均主义大锅饭"局面，改革收入分配制度，政策目标和施政重点也主要向效率倾斜，这种效率导向的政策目标，使得我国经济快速增长，并且逐步在各个领域形成了重视效率的氛围，同时社会上积累了一定的富裕阶层，形成了一批相信能够通过自身努力实现财富目标的群体，收入分配的贫富差距也在逐步拉大。1987 年党的十三大报告中提出了社会公平的理念，避免了过度两极分化的局面，尽管如此，分配中的主要问题依然是"平均主义大锅饭"。一方面，说明了分配中的平均主义具有一定的路径依赖；另一方面，说明政府在持续推进市场化改革，并且在这之后的十年间，基本上维持了这种公平和效率的政策目标。在目标的指引下，社会主义市场经济体制得以确立，同时，分别在 1992 年和 1998 年建立了城镇职工基本养老保险制度和城镇职工基本医疗保险制度。养老和医疗保险制度的建立，为国有企业改革保驾护航的同时，也为政府实现经济增长提供了可能，由于制度设计较为碎片化和分散化，制度主要覆盖在城镇职工群体，而更多的农民和城市居民并不能享受到这种保险的覆盖。真正提出具有转变意义的公平理念是在 2002 年党的十六大报告中，报告明确提出："在初次分配中注重效率，再分配中注重公平"。为了体现对不同群体的公平性，政府政策目标的重点放在对广大农村居民提供医疗保险项目，并且确立提供适当财政补贴的政策框架，新农合也开始启动和推出。2003 年之后我国社会医疗保障发展主要体现在制度的完善上，[①]这一阶段的医疗保障制度目标呈现出综合性的特点，即政府强调社会责任，进而促进经济、政治、社会与道德等目标的协调发展。[②] 在这之后党的十七大提出了初次分配和再分配都要处理好公平与效率的关系，再分配更加注重公平；党的十八大更是把人人享有基本医疗卫生服务，健全全面社会医疗保险体系作为政府社会医疗保险制度目标的重中之重。2017 年党的十九大上习近平总书记提出了"实施健康中国战略"，人人享有基本公共健康服务的要求，进一步强调了社会医疗保险制度对于健康公平维护的目标。

　　由此可知，中国医疗保险制度目标经历了从平均到效率，再到效率和公平平行，最后重新重视公平的过程，而后一阶段的公平不是改革开放之前的平均主义，是在经济效率基础上，基于政治正义的实现视角，在再分配领域所体现出的公平观。

---

① 　郭林，杨斌，丁建定.政府职能与社会保障制度体系发展目标嬗变研究[J].浙江社会科学,2013(09)：78-84＋157-158.

② 　丁建定.西方国家社会保障制度史[M].北京：高等教育出版社,2010:49.

　　围绕新的公平观所搭建的政府目标应该是一系列体制和机制的集合，需要通过制度的设计，围绕目标制定出一整套的政策规范，如面向基层保证医疗卫生可及性的双向转诊制度安排；实施机制的保障，在于通过市场化的监管手段，搭建信息平台，规范市场运作；政府财经的兜底，尤其在保障基本医疗卫生服务和公共卫生预防投入上，政府有着重要的政治使命和资金责任（见图 3-7）。

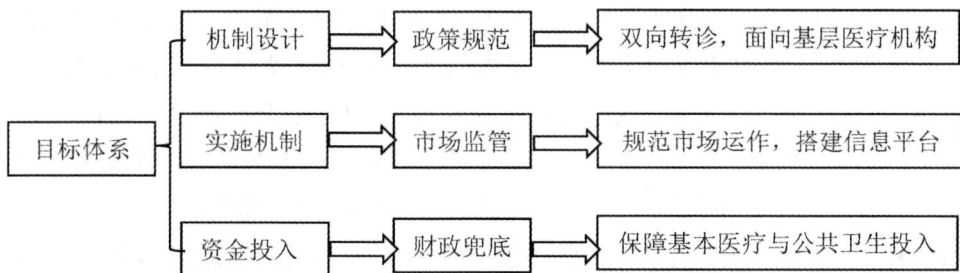

图 3-7   目标导向中政府体制机制保障图

　　在经济增长稳定趋缓的形势下，如何更有效率地实现社会医疗保险基金的目标需要做到：

　　1）社会医疗保险制度：功能独立

　　政府通过社会医疗保险制度承诺的兑现，确保医疗保险的功能独立。在质量平衡背景下，政府必须做到根据社会风险可以承受的程度，运用社会化的医疗保险制度来化解居民的疾病风险。一方面，政府按照居民的缴费能力来筹集资金，需要平衡好居民的风险偏好、缴费能力和疾病风险发生概率之间的关系，确定全社会居民的基本医疗保险风险规避水平或者医疗保险保障水平，尽管这种制度的确立是强制性实施的，但是究其原因可以看作医疗保险市场供需双方力量相互作用下的均衡值或均衡区间，制度约束强制实施为规避信息不对称所带来的逆向选择问题提供了保证，从而避免了"柠檬市场"的出现；另一方面，政府按照居民实际疾病发生的情况、道德风险发生情况，缴费水平变量，以及其他外生制度变量对于社会医疗保险基金支付的影响等方面，确定医疗保险基金支付水平和结构。这里的医疗保险费用控制的制度安排，如起付线、共付段、封顶线，主要在于防止医疗保险费用的快速上涨，控制道德风险的发生。这里需要注意的是把医疗保险目标、医疗福利和救助目标区分开来。否则，无论是以医疗福利给付的思想构建医疗保险，还是以医疗救助的形式构建医疗保险制度，都是不可取的。在医疗服务的待遇方面，更要体现出社会医疗保险"保基本"的特点。

2）政府监管：市场规范

政府围绕卫生管理监督目标，需要调整基金收支结构，提升社会医疗保险基金的管理效率（筹资目标、支付目标）。为了能够实现让居民享受到符合卫生目标、社会医疗保险目标的医疗卫生保障体系，除了医疗保险制度、医疗卫生制度的设计，政府还需要设计出一系列与医疗保险、医疗卫生制度相配套的实施机制。首先，明确医院管理改革的目标在于运用市场规律的同时，回归政府医疗卫生领域的责任，政府不仅要维护医疗机构的公益性，更要设计出调动医务人员积极性的激励机制。① 这要求改变公立医院的垄断地位，松开政府之手，引入医疗服务产品竞争机制。其次，落实政府监督责任目标，由于医疗产品和服务的交换活动相当复杂，医疗市场中存在着诸多的信息不对称，这也需要政府在医疗服务市场建立起重复博弈的信誉机制和医疗卫生药品质量问题的惩罚机制，尤其要建立起关于药商、药品、医院、医生的诚信档案，并以诚信档案为基础、责任追究为保证、惩罚手段相配合的全过程医疗保险基金安全控制体系，并且通过法律的形式确定下来。最后，实现公共服务均等化的目标。政府卫生支出对居民健康的影响不仅与医疗保险的保障水平和公共卫生有关，而且取决于医疗服务可及性。② 政府所提供的基本医疗服务项目和设施的投放，需要体现出均等化的特征，让每个居民都能够公平地享有基本公共卫生服务。

3）资金保障：财政投入

政府围绕医疗卫生目标，需要合理的公共卫生资金投入，这也有利于化解疾病风险，释放城乡居民的有效需求（医疗卫生支付总水平）。一方面，在投资增长、贸易增长逐步放缓的背景下，挖掘国内市场有效需求就成了一个重要目标，但我国居民储蓄一直以来位居世界首位，如果社会医疗卫生制度健全，那么居民就更有可能实现健康权利，这种权利使得居民免去了"因病返贫、因病致贫"的干扰，进而能够将即期的资金用来消费。为了释放居民的预防性储蓄，让居民有钱可花、有钱敢花，从而实现促进经济增长的目标，亟须政府构建更为公平的医疗保障体系。另一方面，整个政府医疗卫生目标的确定还取决于居民健康权的实现程度，即政府在多大程度上愿意让居民拥有更多的健康权利，而健康权利除了取决于政府的单方面供给能力和供给意愿，还取决于居民主体对于这个权利索取强度的大小，居民的教育水平越高，越会在一定程度上加剧对其权利主张的力

① 张茅.县域医疗卫生改革发展的探索与实践[J].管理世界，2011(02)：1-4＋48.
② 李华，俞卫.政府卫生支出对中国农村居民健康的影响[J].中国社会科学，2013(10)：41-60＋205.

度。新的技术的出现，比如互联网技术的出现和兴起，微博、微信、QQ 等低成本的即时通信手段使得信息传播的速度和频次大大增加，居民对于社会不满的各种情绪也会通过互联网迅速漫延。这种信息技术的改善，在加大政府维护社会稳定成本的同时，也刺激了政府更多地关注居民健康权利的问题。政府的供给能力受到经济增长、财政收入水平的影响，而政府供给的意愿，取决于领导阶层的集体觉醒、利益集团对于公共资源的争夺和分配。

3.5　本章小结

本章主要回答了社会医疗保险基金收支质的平衡性的问题：

（1）围绕社会医疗保险基金收支质的平衡性，从参保人的行为选择、制度中的权利义务关系、保险人目标的达成三个维度，分别讨论了它们在具体的社会实践中的形成过程，以及实施中遇到的困难，以及这一质的平衡性的内核与实质。

（2）党的十九大报告提出，"我国社会主要矛盾已经转化为人民日益增长的美好生活需要和不平衡不充分的发展之间的矛盾"，这一新的论断为参保人需求的满足找到了方向。更是从一个侧面反映了参保人需求是一个动态发展的过程，本章分别从健康需求层面、医疗需求、社会医疗保险需求方面，层层推进探讨了社会医疗保险基金需求的逻辑链条；接着从诱导性需求、有效需求与卫生需求的关系、社会医疗保险支付控制等层面讨论这种参保人需求难以充分满足的困惑；最后，明确了风险规避、支付补偿、费用分担作为参保人需求的内核与实质。

（3）制度是平等权利实现的保证和基础，对社会平等健康权利的索取，也会加快平等健康权利的制度化。"实施健康中国战略"的政策举措，也是社会平等权利的动态演化的结果。本章分别从改革开放前的低质平等、改革开放后的平等重构、"新医改"带来的平等深化方面，从历史维度探讨了制度平等权利目标发展；接着对当前制度中存在的缴费不平等、补偿不平等、平等权益误读等方面讨论制度平等权利目标的扭曲；最后，明确了社会医疗保险账户负担转嫁、政府财政转嫁、成员相互转嫁等，作为社会医疗保险基金收支权利变迁的内核与实质。

（4）保险人是一个多目标的集合体，作为具有重大政策发布风向标的历届人民代表大会报告，为社会医疗保险制度目标的形成奠定了基础性作用。本章从减轻企业负担、化解疾病风险、保证健康需要三个层面探讨了社会医疗保险制度目标形成的最初目的；接着分析了缴费主体、医疗机构、费用控制中的目标偏移问题，并从过度总额控制、医师价值低估、过度行政管制等方面讨论了数量平衡中保险人目标偏移的危害；最后，归纳了保险人目标形成的机理，从社会医疗保险功能独立、市场监管规范、财政资金保障等方面，提出了回归保险人政策目标的方向。

第4章　受何影响：质的平衡性的外在变量

前文引入社会医疗保险基金收支质量平衡的理念，通过构建社会医疗保险基金收支质的平衡性分析框架，来分析社会医疗保险基金收支平衡问题以及质的平衡性的影响因素。探寻社会医疗保险基金收支质的平衡性因素与基金收支数量平衡的关系。从社会医疗保险基金收支结构可以看出，社会医疗保险基金收支质的平衡性与参保人需求、社会平等价值和保险人目标三个维度密不可分。即参保人需求偏好的变化影响着基金的支出，经济状况的改善和收入水平的提高带动了社会医疗保险基金的需求；社会进步和民众素养的提高改变了公民的平等权利认知和个体健康权利的主张；政治条件和执政理念的变化促使保险人出台了新的制度安排，改变了医疗卫生资源的投向，影响着社会医疗保险基金收支的质的平衡性。

4.1　风险与保险：参保人的需求

4.1.1　参保人疾病风险化解

社会医疗保险基金支付的多少直接影响基金收支的数量平衡，但是"以收定支"的数量平衡原则，却难以反应居民对医疗需求的满足程度。事实上，医疗保险基金支付的需求，产生了医疗保险基金使用的需求。所以，应该立足于居民的医疗卫生需求和健康需求，发挥社会医疗保险制度化解疾病风险的功能，实现社会医疗保险基金质量平衡的目标。

1）居民健康投资引致了医疗需求

人们对于医疗服务的消费水平取决于他们实际的医疗需求，这是决定个体利用医疗服务最为重要的原因。[①] 医疗卫生需求又是从何而来的呢？专家认为医疗卫生需求是从健康需求衍生出来的，健康被看作人力资本存量，医疗卫生支出被看作人们对健康的投资。[②] 这就把患者生病看作一种人力资本的损耗，为了维持人力资本，人们不惜进行投资，产生医疗卫生消费。尹特瑞利盖特指出患者对医疗的需求一般由所患疾病引发，患者为了保持健康会增加预防或治疗的需求。个体决定是否进行医疗卫生消费受到倾向、能力、需要的影响。[③] 年龄等因素会对患者的自然健康禀赋产生一定影响，人们根据自己的健康状况决定采取怎样的医疗行动。[④] 不仅个体健康状况会影响到医疗需求，而且家庭健康状况也会影响到医疗需求，明瑟认为由于家庭成员的健康状况可能通过疾病的传染，所以在考察医疗需求问题时，应该将家庭作为决策单位。[⑤] 有学者认为，人口老龄化会增加整个政府总体的医疗卫生消费支出。研究显示，老年抚养系数的上升带动了居民人均医疗卫生消费支出的增加。[⑥] 但也有学者把医疗卫生费用的上涨归因于医疗技术的进步。由此可以把医疗卫生的需求，看作人们为了保持健康状态的一种人力资本投资需求，主要受到身体状况、年龄和家庭因素以及消费能力如（收入因素）、消费倾向（如偏好特征）等因素的影响。

身体健康状况是产生医疗需求的首要条件，其他因素对参保人需求的影响也是出于改善身体状况或者担心身体健康状况恶化等方面的医疗支出。同时对于身体状况的理解发生的变化，也会影响到医疗支出。随着健康外延的扩大，改善健康状况的医疗支出也逐步从单一的身体层面，延伸到精神和心理层面，而这一因素可以从疾病谱的变化中看出来。

收入是影响个体需求的能力因素，收入状况好，个体才能有更多的资源投入到疾病的预防、诊断、治疗中，可以获得较高的健康存量；收入状况差，可供个体

① KEHRER B H，ANDERSEN R，GLASER W A. A Behavioral Model of Families' Use of Health Services [J]. The journal of human resources，1972，7(1):125.

② GROSSMAN，M. On the concept of health capital and the demand for health [J]. Journal of political economy，1972，80(1)：223—235.

③ ANDERSON R M.Revisitingthe behavioral model and access to medical care：does it matter? [J]. Journal of health and social behavior，1995，36(1):1-10.

④ CUTLER D M. The incidence of adverse medical outcomes under prospective payment [J]. Econometrica,1995,63(1)：29-50.

⑤ MINERS，L.The family's demand for health：a rural investigation. Phd dissertation [M].Chapel Hill：University of North Carolina，1979.

⑥ 王学义、张冲.人口年龄结构、GDP 等变动对居民医疗保健消费的影响研究——基于 1978—2011 年时间序列数据的实证研究[J].天府新论,2013(04):53-57.

支配的货币资源较少,能够投入到疾病预防、诊断、治疗中的资源有限,个体健康存量降低。同时,个体健康存量也会影响到个体收入状况。

年龄状况既是一个微观指标,也是一个宏观指标,即个体随着年龄增长,在进入到老年后,发生疾病风险的概率增加,产生了更多的疾病预防、诊断、治疗需求;同时,随着一个国家或地区人口年龄结构的变化,健康维护的成本也会增加。

2)疾病不确定性产生了预防性需求

除了以上确定性的特征会对人们的健康产生影响,一些不确定性的特征也往往影响着人们的医疗需求。专家们把居民因担心未来的健康风险并寻找预防措施的建议称之为预防性需求(Precautionary demand)。[1] 为了面对不确定的疾病风险,个体会做出延迟消费行为的决策,这往往被看作消费需求不旺盛。专家们将未来医疗消费的不确定性引入预算约束,发现居民最优消费路径受医疗卫生支出的不确定性的影响。[2] 家庭会增加预防性储蓄以应对医疗服务消费的不确定性。[3] 在面临收入不确定性以及不完全的信贷市场条件下,消费者往往具有进行跨期平滑产生额外的储蓄动机,[4][5]未来不确定性的减少将增加居民当期消费水平。[6] 这些研究把人们疾病风险的预期纳入当期一般商品消费决策中。除了皮肯恩、乌瑞博和威尔森(Picone, Gabriel, Martin Uribe, and R. Mark Wilson)的观点指出个体为了健康可能会增加当期保健类产品的支出,还有学者认为,为了应对未来可能的健康风险,人们会增加储蓄延迟消费。但事实上,居民对于自身何时会发生何种形式的疾病,以及发生某种疾病后,对于这种疾病的了解程度和医疗费用存在着信息不对称,会较为被动地接受医疗消费。

预防性需求中的收入相关。个体担心疾病不确定性带来的收入损失,在收入状况较好的情况下,增加健康预防性支出,降低发生疾病风险的概率;在收入状况较差的情况下,由于可供利用的资金有限,货币的贴现率较高,个体不得不

① PICONE, GABRIEL, MARTIN URIBE,et al. The effect of uncertainty on the demand for medical care, health capital and wealthe [J]. Journal of health economics, 1998, 17:171-185.

② CHOU, S,J. LIU, AND J. K. HAMMITT. National health insurance and precautionary saving: evidence from Taiwan [J]. Journal of public economics,2003,87 (9-10):1873-1894.

③ VINCENZO A, FURIO C. R, MARIA C R. Precautionary saving and health risk: evidence from italian households using a time series of cross sections[J].Journal of health economics, 2005, 27:56-62.

④ CARROLL, C. Buffer-stock saving and the life cycle/permanent income hypothesis [J]. The quarterly journal of economics, 1997, 112(1):1- 55.

⑤ DEATON, A.Understanding consumption [M]. Oxford: Clarendon Press, 1992.

⑥ ZELDES, S.Optimal consumption with stochastic income: deviations from certainty equivalence [J]. Quarterly journal of economics,1989, 104(2): 275-298.

把更多的资源用在当期消费上，从而减少预防性健康支出，增加了疾病风险和医疗支出，推动了医疗费用的上涨。

预防性需求中的偏好相关。面对信息不确定，个体有几种不同的态度：风险偏好、风险厌恶和风险中性，产生了不同的预防性健康需求。风险偏好的个体对疾病风险不敏感，不会增加预防性健康支出；风险厌恶的个体对疾病风险较敏感，则会增加预防性健康支出。

3）信息不对称性增加了医疗需求

信息不对称往往被看作供方诱导需求的充分条件，规避供方诱导需求被看作控制医疗保险费用不合理上涨的政策内容，学者们开始重视医疗卫生服务供需双方的关系，讨论了诱导需求的影响。在信息经济学的分析框架中，医疗服务消费具有被动型消费的特征。居民在参保的情况下，医疗机构可能开具"大处方"或价格更高的药物，这也被解释为医疗保险并未减少自付医疗费用的原因。[1][2] 同时，国内学者也据此框架展开分析，研究显示相对于患者而言，医生掌握着更多的信息并具有更强的议价能力，这就使患者处于医患关系中被动的地位。[3] 不仅城镇职工基本医疗保险面临着诱导需求的问题，而且新农合参保人可能面临更多的诱导需求。[4] 对于自身病情的信息，个体和医生之间存在信息不对称性，产生了被动性医疗需求。

信息不对称中的住院床位。医患双方在疾病辨识、治疗和康复认知中存在着大量的信息差异，医院和医生能够按照既有医疗资源的供给状况，决定医疗卫生需求。医院加大设备投入，产生了更多的住院床位，增加了医疗设施使用，这在二三级中显得尤为明显。由于医院资源的区域性分布，居民选择机会甚少，加上公立医院"以药养医""以械养医"的收入分配机制，使得医疗服务供给方，具有提供更多医疗产品和服务的可能。

信息不对称中的政府投入。由于在医疗费用的使用中保险人有着足够的信

① X. PAN，H. H. DIB，M. ZHU，et al. Absence of appropriate hospitalization cost control for patients with medical insurance：a comparative analysis study［J］. Health economics，2009，18(10)：1146-1162.

② CHOU S J，LIU J K，HAMMITT. National health insurance and precautionary saving：evidence from Taiwan［J］. Journal of public economics，2003，87 (9-10)：1873-1894.

③ 卢洪友，连玉君，卢盛峰.中国医疗服务市场中的信息不对称程度测算［J］.经济研究，2011,46(04)：94-106.

④ 姚瑶，刘斌，刘国恩，臧文斌.医疗保险、户籍制度与医疗服务利用——基于CHARLS数据的实证分析［J］.保险研究，2014(06)：105-116.

息优势,能够控制医疗费用与医疗保险费用的增长。保险人减少公共预防中的
卫生投入,会增加全社会疾病发生的风险,造成更多的医疗费用支出;保险人减
少对于公立医院的投入,将公立医院推向市场,会激励医疗机构追逐经济效益。
"大检查"和"大处方"往往与医疗机构工作人员的收入关联,推动了医疗费用上
涨,增加了患者的疾病负担。

4)医疗保险制度刺激了医疗需求

一方面,个体能力因素对医疗卫生服务利用有着重要影响,进而影响到医疗
保险制度的需求;另一方面,相比较未参保时而言,个体参保后的医疗消费行为
会呈现出明显的不同,医疗保险制度增加了个体消费医疗资源的能力。研究显
示没有参加医疗保险对健康有显著的负面影响,医疗保险制度改善了人们的健
康状况。[①] 国内的研究也似乎证实了这种结论,研究显示,医疗保险缴费率增加
1%,医疗卫生消费将增加 2.1%。[②] 研究人员发起的一项基于 65 岁以上老年人
群的研究也显示社会医疗保险制度提高了老年人的就医程度,[③]居民的社会身
份也将显著影响到报销费用的高低,不同社会身份意味着不同的医疗保险项
目,[④]在我国,不同的保险项目之间在报销标准和报销比例上都存在着明显的差
异。专家们研究了新农合对农民医疗消费行为的影响。[⑤] 结果显示,参加新农
合的农村居民家庭改善了营养结构、增多了家庭消费支出。[⑥⑦] 在不同的储蓄水
平下,参加新农合对于农户储蓄都有显著的减少效应,而这也可以视为居民参保
后的预防性储蓄减少。[⑧] 在准确估计了医疗保险对于老年人卫生服务利用的影

① D M CUTLER,R J. ZECKHAUSER. Handbook of Health Economics [M]. Amsterdam：Elsevier Science,2000：629-631.

② 邹红,喻开志,李奥蕾.养老保险和医疗保险对城镇家庭消费的影响研究[J].统计研究,2013,30(11)：60-67.

③ 刘国恩,蔡春光,李林.中国老人医疗保障与医疗服务需求的实证分析[J].经济研究,2011,46(03)：95-107+118.

④ 罗楚亮.城镇居民健康差异与医疗支出行为[J].财经研究,2008(10)：63-75.

⑤ LIN W,X LEI.The new cooperative medical scheme in rural china：does more coverage mean more service and better health?[J]. Health economics,2009(18)：25-46.

⑥ 马双,张劼.新型农村合作医疗保险与居民营养结构的改善[J].经济研究,2011,46(05)：126-137+153.

⑦ 白重恩,李宏彬,吴斌珍.医疗保险与消费：来自新型农村合作医疗的证据[J].经济研究,2012,47(02)：41-53.

⑧ 高梦滔.新型农村合作医疗与农户储蓄：基于 8 省微观面板数据的经验研究[J].世界经济,2010,33(04)：121-133.

响后,专家提出了强化基本社会医疗保险制度底层福利设计的建议。① 由此可知,无论是城镇职工医保还是新农合,无论是年轻人群还是老年人群,参保对于其医疗消费都具有更加积极的作用。

纵观以上文献分析可知,人们对于医疗服务的利用受到健康需求的影响,而健康状况和医疗卫生支出之间又存在因果联系。在图 4-1 中,首先是疾病预防和年龄特征影响了居民的身体状况,身体状况的客观事实又与健康愿望、收入状况和教育程度等共同产生了医疗需求和保险需求。由此进入到两个市场,即医疗服务市场和医疗保险市场。在医疗服务市场中,医疗需求与医疗供给决定了医疗消费即医疗支出,医生行为和医院动机相结合,增加了医疗卫生供给;医生行为和医院动机又受到政策环境和财政投入的影响;在医疗保险市场中,居民保险需求和供给,分别决定着社会医疗保险基金的筹资水平和支付水平;政策环境又决定着社会医疗保险基金的结余水平和管理水平,从而影响社会医疗保险基金的支付水平,筹资水平也受到财政投入的影响;由于保险的第三方付费性质,保险供给不仅影响到医疗服务市场的供方即医生、医院行为,而且影响着患者的医疗需求。

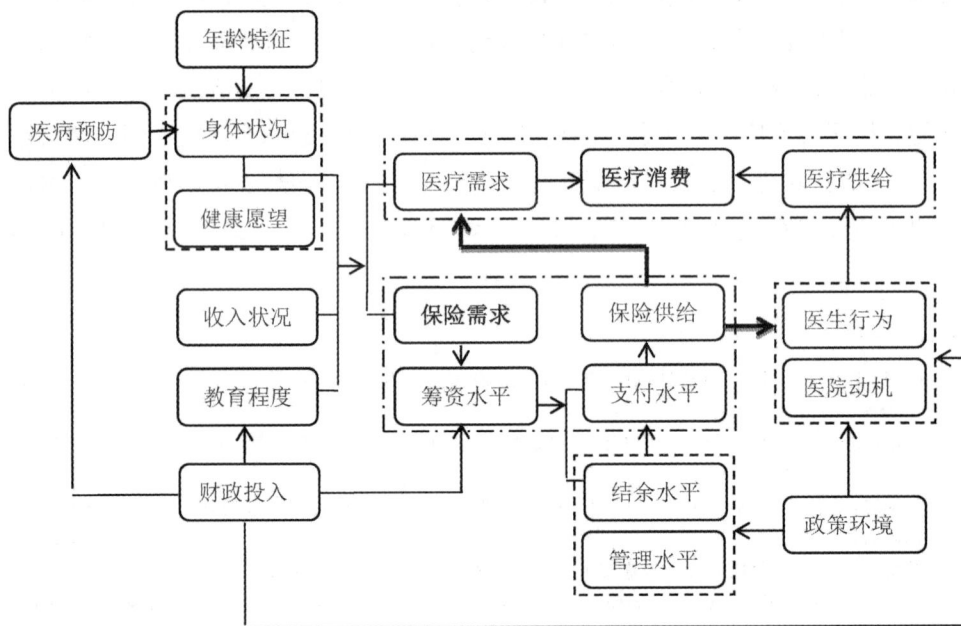

图 4-1　医疗消费水平决定图

---

① 胡宏伟.城镇居民医疗保险对卫生服务利用的影响——政策效应与稳健性检验[J].中南财经政法大学学报,2012(05):21-28+60.

由图 4-1 可知,影响健康状况的因素很多,有一些会导致人们出于预防性需求直接增加消费支出,另一些因素会导致预防性储蓄的发生以应付这种不确定的风险。医疗保险具有增加医疗支出的特点,释放了人们的医疗需求,而医患之间的关系对医疗卫生支出也会产生影响。以上研究对探寻居民参保后的医疗卫生需求,以及探索医疗保险基金的需求都具有重要意义。

4.1.2　参保人筹资水平需求

医疗保险基金筹资水平的确定取决于所要化解的疾病风险。从化解疾病风险的程度不同,医疗保险可以分为各类常见病保险和大病医疗保险等。并不是所有的风险都需要转嫁,风险发生的灾难性越明显,越可能给行为人造成严重的经济损失,就越可能需要通过保险的形式规避风险。除了风险的灾难性特征,人类社会的发展水平也会影响人们的风险规避态度。在自然状态下,人们没有更多的选择,只能靠天吃饭,风险自留成为常态。但是,随着经济社会的发展和保险技术的出现,使得通过保险原理规避风险成为可能。所以,医疗保险基金的筹资主要取决于社会经济发展水平以及人们对待风险的态度。现代社会医疗保险项目中企业是最主要的缴费主体。随着一个国家经济发展水平的提高,企业获得可观的经济收益,可供用来化解疾病风险的支出数额就越高,那么医疗保险基金筹资数额就越高。一些外生变量的长期变动影响到未来医疗保险基金的筹资水平,如人口年龄结构和疾病谱的变化。医疗保险基金的筹资水平主要取决于缴费基数、收缴率、缴费率、财政补贴、利息收入和其他收入等;而收缴率和缴费基数这两个变量可以观察参保人用脚投票状况。

缴费基数是指纳入医疗保险基金缴费的收入,当前城镇职工基本医疗保险基金缴费基数主要由工资性收入组成,在实际征收中,医保经办机构和税务部门会对纳入缴费的工资进行核算,所以,并非全部的工资性收入都会纳入社会医疗保险基金缴费基数中去。在征收社会保障税的国家或者国民健康保险的国家其缴费基数则要广泛得多。作为社会医疗保险基金缴费重要依据之一,缴费基数参照标准往往是上一年度社会平均工资。所以,缴费基数往往随着经济增长、就业状况、工资水平和收入结构的变化而变化。

缴费率是指缴费数额占缴费基数的比重。城镇职工基本医疗保险的缴费率各地有所差异,如 2018 年上海规定城镇医保(含生育保险)的单位缴费率为7.5%,个人缴费率为 2%,由于上海市还规定了医疗费用附加缴费率为 2%,所以,上海市社会医疗保险基金综合缴费率为 11.5%。通常缴费率比较稳定,但是,近年来随着医疗保险基金结余的增多,降低企业综合社会保险费用负担率的呼声较高,社会医疗保险基金缴费率有下降趋势。

收缴率是衡量社会医疗保险基金实际缴纳和应该缴纳之间的比率,收缴率的高低,取决于社会医疗保险基金收支制度的健全程度、社会医疗保险基金筹资的监督力度、对于违法不缴与漏缴等情况的控制程度,也取决于实际缴纳单位的费用承受能力。西方经济学家拉弗(Arthur Betz Laffer)提出了"拉弗曲线",认为税收收入与税率之间存在着倒"U"关系,即有一个最优征收点。尽管社会医疗保险基金不属于"税"的范畴,但是其收缴率与缴费率之间也有着内在的联系。

利息收入、财政补贴和其他收入也构成了社会医疗保险基金筹资的一部分,由于社会医疗保险基金结余明显,利息收入可以作为社会医疗保险基金筹资的补充。但是,由于我国社会医疗保险基金类产品按照同期银行存款利率结算,基金增值能力有限。财政补贴不仅是国家公务员和事业单位人员的社会医疗保险基金筹资的来源,而且随着政府公共卫生支出的增加,在医药卫生体制改革中政府职能的归位,各类健康事业中的财政支出也将增加;在城乡居民基本医疗保险基金筹资中,财政补贴也促进了制度的建立。

4.1.3　参保人结余水平需求

社会医疗保险基金的根本目的是为了满足人们的保险支付需求,进而满足人们对健康的需求。由于疾病风险的化解不同于老年风险,不存在着积累性质的延期支付特征,只需要通过即期的缴费和支付来化解即期的疾病风险,过多的医疗保险基金结余,意味着医疗保险基金的筹集超过了实际需要支付的数额。所以,医疗保险基金结余水平的控制应该有一个严格的标准。根据国际惯例社会医疗保险基金的结余水平一般维持在 3～6 个月的支付水平。人力资源和社会保障部指出我国需要维持 6～9 个月即可,按照 2014 年计算,我国医保基金结余约可满足 17 个月的支付[①]。由于在此结余中有一部分为个人账户结余,按照 2012 年的标准个人账户占总结存数的 40% 左右,即使剔除个人账户因素,我国医保基金的结余也明显偏高。郑秉文指出取消个人账户是大势所趋,而王东进

---

① 2014 年 1-11 月我国医疗保险基金收入为 8 302.2 亿元,支出为 6 969.6 亿元。由此可知每月支出为 633.6 亿元,根据财政部公布的《2014 年全国社会保险基金预算情况》,到 2014 年末,总结余将达 10 751 亿元。按照 2014 年的月均支付标准,我国社会医疗保险结余可供支付 16.968 个月。

也提出应该让个人账户淡出，李珍认为有必要取消个人账户，全部纳入统筹基金。[①] 除了取消医疗保险个人账户值得期待，减低医疗保险基金的缴费率也成了可以讨论的话题[②]，党的十八届三中全会更是明确提出了要适当降低社会保险费率。如果把现有的社会医疗保险基金结余作为一种常态化的风险准备金，那么，至少未来若干年内，医疗保险基金年度结余水平可以控制在一个较低的水平，甚至为零。

参保人结余水平的主要影响因素包括：风险储备金、基金结余率等。

风险储备金是平衡社会医疗保险基金收支的一种手段，为了控制疾病风险，或者其他原因，而导致社会医疗保险基金收不抵支的压力所提取的，具有储备性质的基金。适度的风险储备金对社会医疗保险基金至关重要：如果风险储备金过少，社会医疗保险基金就难以防范收不抵支的压力，面临着赤字的危险；如果风险储备金过多，那就意味着社会医疗保险基金筹资水平过高或支付水平过低。

社会医疗保险基金结余率是指年度社会医疗保险基金收支差额与社会医疗保险基金筹集数额之比，基金结余率反映了社会医疗保险基金风险储备金的结余情况，可以通过调整社会医疗保险基金收支数额，改变社会医疗保险基金的结余率，从而合理控制风险储备金的数额。

影响参保人结余水平的因素还包括了一些制度性因素。当前我国社会医疗保险基金结余的原因有：一是"统账结合"的制度设计，由于我国社会医疗保险基金实行的是社会统筹和个人账户相结合的制度，而社会医疗保险基金结余集中在个人账户部分，同时也因为个体身体状况的差异，所以会出现部分患者个人账户用完、部分居民个人账户积累数额较多的情况，据此，也有专家提出了要取消个人账户的建议（郑功成、何文炯、仇雨临、宋晓梧、李珍等，2018）；二是参保人买断工龄的集中缴费，在城镇职工基本医疗保险制度成立的初期，很多"老人"和"中人"集中缴费；三是我国社会医疗保险制度规定，退休人员不缴费，由此，产生了一定的制度性结余。

4.1.4 参保人支付水平需求

社会医疗保险费用支出主要取决于医药补偿费、管理费和风险储备金。一

---

① 佚名. 社会医疗保险基金结余超 9 000 亿 个人账户资金大量沉淀遭滥用［N/OL］. 经济参考报，2014-4-28. http://news.xinhuanet.com/fortune/2014/04/28/c_126439739.htm.

② 李斌，李劲峰，刘林. 新华视点：四问社保缴费基数连年上涨［N/OL］. 新华社，2015-01-07 ［2015-01-09］. http://www.gov.cn/xinwen/2015-01/07/content_2801864.htm.

般而言，医疗保险基金按照纯保费设计，并且根据前期结余及其投资收益设立风险储备金，所以，社会医疗保险基金支付的主要依据为医药费用补偿额。一般而言，医药补偿费按照参保人数、人均看病频率和单次看病费用三者的乘积决定。但是，由于社会医疗保险基金收支两条线管理，在社会医疗保险基金形成后，具体支付水平和支付结构还取决于整个制度结构。社会医疗保险基金支付除了需要化解疾病风险，同时，还需要考虑到医疗服务市场道德风险等因素，费用控制必不可少。因此，起付线、共付保险和封顶线被纳入医疗保险基金的支付结构中来。作为一种统计应用，可以获得不同费用支付结构中的人数以及人均支付状况，那么各类型结构中人群的实际费用加总就可以算出医疗保险基金实际支付的数额。出于就医引导需要，很多地方规定了不同等级医院的报销标准，一般而言，一级医院自付费用最低，二级医院自付费用次之，三甲医院自付费用最高。个人账户不同数额也被纳入医疗保险基金的支付中。为了分析问题的方便，本研究把个人账户视为具有某种特定功能的个人储蓄账户，而不被纳入医疗保险基金的支付结构中。但不可否认的是，已经存留下来的个人账户余额对医疗保险基金统筹账户实际支付造成了一定的影响。

参保人支付水平需求的主要影响因素包括：参保人数、人均看病频率、次均花费、起付线、共付保险、封顶线、医院等级、年龄因素和个人账户余额等。

一是参保人数。它是社会医疗保险基金的缴费人数和社会医疗保险基金享受人数的总称。一般来说，根据权利义务对等原则，参保人履行缴费的义务和享受社会医疗保险基金的权利相对应。但由于历史原因，在城镇职工基本医疗保险制度中，一部分人群集中缴费，或者制度建立之前没有缴费（老人）或没有足额缴费（中人）的人群，享受着医疗保险基金的支付，往往会影响社会医疗保险基金的需求，改变着社会医疗保险基金的收支状况。

二是人均看病频率和次均花费。一个地区医疗服务市场的均衡，决定了医疗服务市场均衡价格（次均花费）和均衡数量（看病频数）。决定医疗服务市场均衡的因素既取决于个体的身体状态，也取决于个体对于疾病的态度，还取决于医疗服务供给主体对个体需求的引导。

三是起付线、共付保险和封顶线。这是一组影响医疗需求的政策性因素指标，旨在通过与参保人分担社会医疗保险费用，实现控制医疗保险费用不合理上涨的目的，同时有利于培养参保人的费用控制意识。一般来说，起付线越高、共付保险报销比例越低或封顶线越低，参保人对保险基金的需求就会下降。保险费用控制手段在对不合理的需求进行控制的同时，也要防止和规避可能带来的保险功能的减弱,从而需要确定一个恰当的控制水平,进而维持社会医疗保险制度的可持续运行。

四是医院等级因素。它也会影响到医疗保险基金的需求。由于不同医院的等级不同,所以,各医院实际占有医疗资源不同,这往往会影响到患者就医决策,是否做出进一步的检查,是否需要用更昂贵的进口药品。作为患者而言,可选择性越大,其越有可能形成不同的医疗需求。

五是年龄因素。年龄因素是需求者个体特征的变量。从微观层面来看,随着年龄的增加,人们患有各种疾病风险的概率增加,更有可能产生各种老年病和常见病。从宏观层面看,人口年龄结构的变化使得社会整体的医疗需求发生变化,要求根据人口年龄结构精准识别不同群体的医疗需求。

六是个人账户余额。这是指医疗保险基金个人缴费部分和单位缴费的一部分,进入到个人账户中所形成的数额。

4.2　权利与义务：社会的平等

4.2.1　参与主体的权利义务关系因素

1) 平等健康权利的目标

哲学家诺曼·丹尼尔斯(Norman Daniels)提出了卫生保健需求,并指出所有的人应该被赋予公平的份额。[1] 这种观点把卫生保健需求和政府其他政策目标分离开来。但丹尼尔斯并没有解决实现公平权利的结构问题,而该问题却影响着公平目标的实现程度。一个合理的健康水平还取决于经济约束和社会价值观,这恰恰是一种政治选择过程。道斯拉尔和维格斯塔夫把水平公平定义为:低收入者和高收入者在生病和健康时的预期平均支出相等。[2] 在森看来,健康是人们拥有可行能力的最基本要素,是人类基本自由的重要组成部分。[3] 这在一定程度上凸显了居民的健康权利,但是这种权利却无法保障其健康。[4] 在一些

① NORMAN DANIELS. Just health care [M] Cambridge：Cambridge University Press，1985.
② CULYER A J, EDDY VAN DOORSLAER, ADAM WAGSTAFF. Access utilisation and equity：a further comment [J]. Journal of health economics，1992，11：207-210.
③ AMARTYA SEN, Development as freedom [M]. New York：Alfred A. Knopf，1999.
④ ROBERT P. Health care politics, policy and distributive justice [M]. New York：State University of New York Press，1992：18-19.

专家看来，人们拥有医疗权要比"健康权"更加重要。[1] 世界卫生组织（WHO，2011）也将实现医疗权的关键看作在医疗领域中一些关键性变量能否得到平等分配。这就把平等的测度变成了考察医疗权利实现的关键。

联合国《经济、社会、文化权利国际公约》第 12 条第一款规定："缔约国承认人人有权享有能达到的体质和心理健康的标准"。该公约在我国已于 2001 年 6 月 27 日生效，从而确立了我国居民所应该享有健康保障的权利。而我国此前的医疗体系却出现了严重的不公平，2000 年《世界卫生报告》指出，在其 191 个会员国卫生体系绩效评估中，我国的"卫生筹资公平性"位列全球倒数第四。保障居民的健康权势在必行。2004 年，我国通过了新宪法修正案，第四十五条规定，公民在疾病情况下有从国家和社会获得物质帮助的权利，国家有义务为公平享有这些权利发展社会保障事业。宪法所提供的法理依据，为我国公民健康权益的实现提供了公平基础。2007 年，我国启动"新医改"目的之一就在于保障居民的健康权。围绕新医改如何保障居民的健康权学界有过争论，不少研究认为，全民免费医疗是实现居民健康权的唯一路径。虽然，2009 年我国新医改方案出台，但是这丝毫没有阻碍学界对于健康权利的讨论。2017 年党的十九大报告明确提出"实施健康中国战略"，并将为人民群众提供全方位全周期健康服务。[2]

2）平等医疗权利的实践

一直以来，健康经济学家把 Gini 系数作为分析不平等的主要方式，进入 21 世纪以来专家们进一步运用了集中指数（Concentration Index）等其他分析方法拓展了分析的深度。[3][4] 双重价格体制抬高了就医的门槛，破坏了卫生保健体系的公平性。在各国医疗改革的过程中，权衡公平、效率和费用是各国政策调整的核心。[5][6] 医疗保险成为扩大医疗卫生服务利用不平等的约束条件，与低收入者相比，高收入者消耗了绝大多数医疗卫生服务资源，使得低收入者陷入贫困陷阱

[1]   RHODES P. Health care system [M]. New York: Mit Press, 1992.

[2]   中国共产党. 中国共产党历次全国代表大会数据库[DB]. [2017-10-18]. http://cpc.people.com.cn/GB/64162/64168/415039/index.html.

[3]   CULYER A J, EDDY VAN DOORSLAER, ADAM WAGSTAFF. Access utilisation and equity: a further comment [J]. Journal of health economics, 1992, 11:207-210.

[4]   DOORSLAER E V, KOOLMAN X, JONES A M. Explaining income-related inequalities in doctor utilisation in europe [J]. Health economics, 2004, 13(7):629-647.

[5]   CUTLER D M. Walking the tightrope on Medicare reform [J]. Journal of economic perspectives, 2000, 14(2):45-56.

[6]   CUTLER D M. Equality, efficiency, and market fundamentals: the dynamics of international medical-care reform [J]. Journal of economic literature, 2002, 40(3):881-906.

的恶性循环之中。

国内大量的实证研究也揭露了医疗权利的平等问题。研究发现住院医疗服务利用存在地区间不均等，其主要原因是地区间收入水平和住院医疗服务利用率的双重差异。[①] 城市和农村都存在健康不平等。[②] 老年人也存在健康获得的不平等。[③④⑤] 不同经济发展水平地区存在健康和卫生服务利用的不平等，这种对于医疗卫生资源利用的公平性的测量，旨在探讨医疗权的实现，从而达到维护居民健康权的目标。

3）平等的医疗保险制度

作为一种医疗卫生权实现的一项制度性安排——医疗保险制度的公平性也成为西方学术界讨论的热点。研究显示，任何的医疗服务改革都应该深思医疗保险基金收缴的横向公平与纵向公平。[⑥] 而仅仅把工资性收入作为筹集基金的计算依据，显然是不公平的。[⑦] 此外，在不同人群结构的医疗公平性测量中，艾琳（S. Allin, C. Masseria and E. Mossialos）等分析了老年人在医疗服务使用中的公平性。[⑧]

景天魁更是从社会学的角度讨论了社会保障的公平，他认为社会保障是一种社会意义上的公平，即社会公平。[⑨] 同时，把社会公平界定为社会为了实现自身的正常运转和可持续发展等目标而制定的一系列规则，而社会公平的实现是以这一系列目标完成为前提的。这就把个人之间的利益关系转化为社会意义上的权利和义务关系，包括基本医疗保险在内的社会保障公平准则。在医疗保险基金收支公平中，也有专家指出在社会医疗保险基金筹资中低收入者和高收入

① 瞿婷婷,申曙光.参保机会、保障水平与医疗服务利用均等化——基于广东省 A 市的地区差异分析[J].财经研究,2013,39(07):96-109.

② 黄潇.与收入相关的健康不平等扩大了吗[J].统计研究,2012,29(06):51-59.

③ 顾和军,刘云平.与收入相关的老人健康不平等及其分解——基于中国城镇和农村的经验研究[J].南方人口,2011,26(04):1-9.

④ 刘柏惠,俞卫,寇恩惠.老年人社会照料和医疗服务使用的不均等性分析[J].中国人口科学,2012(03):86-95+112.

⑤ 解垩.与收入相关的健康及医疗服务利用不平等研究[J].经济研究,2009,44(02):92-105.

⑥ DONALD R, NICHOLS, ELIZABETH PLUMMER, et al. Equitable taxation and the provision of health insurance subsidies [J]. Business and society review, 2011, 116:4435-4466.

⑦ NICHOLS D R, WEMPE W F. Regressive tax rates and the unethical taxation of salaried income [J]. Journal of business ethics, 2009, 91(4): 553-566.

⑧ S ALLIN, C MASSERIA, E MOSSIALOS.Equity in health care use among older people in the united kingdom: an analysis of panel data[J].Applied economics, 2011,43:2229- 2239.

⑨ 景天魁.底线公平与社会保障的柔性调节[J].社会学研究,2004(06):32-40.

者应该体现出各自能力的差异。[①] 学界纷纷围绕运用计量经济学分析工具，对我国不同收入、不同年龄和城乡人群之间的卫生不平等进行了测量分析。研究发现医疗保障对高收入人群存在着挤入效应，对低收入人群存在挤出效应，社会医疗保险制度增加了高收入人群的资源利用。[②③] 由此可知，尽管我国新医疗体制改革在推进，《社会保险法》已出台，但我国的医疗卫生资源利用不平等问题依然存在。

由此可知国内外学界主要围绕健康权、医疗权和社会医疗保险制度对权利实现的公平性展开探讨，并对这种公平的实现程度运用数理方法进行了衡量，为解决我国健康权利问题，提供了有益的借鉴。健康权作为一种人类自由、政治正义的实现基础一直以来是人类社会孜孜以求的目标，由于经济发展水平不同，社会制度的差异，健康权的实现程度千差万别。尤其在我国社会经济还处于发展阶段，尽管居民的健康权利已经通过宪法的形式进行了确立，但整个医疗卫生分配系统还不健全，目前全民免费的健康保障目标还很难做到。围绕居民的医疗权利应该得到适度的保障，而适度的社会医疗保险收支的水平势必服从于政府的总体目标。

4.2.2　权利主体的筹资结构因素

在医疗保险基金收支数量平衡中，所涉及的一个核心问题，就是如何确定社会医疗保险基金的筹资水平，如果需要化解较多的疾病风险，就要提取更多的社会医疗保险资金用于再分配，那么对于其他目标的实现就会产生一定影响。一方面，如果选择化解较弱的疾病风险，则需要拿出较少的资金用于再分配，提高了收入分配的效率，医疗保障再分配的公平性就很难体现；另一方面，就社会医疗保险基金筹资的结构而言，如果仅仅考虑以工资收入作为提取医疗保险基金的基数，则对工资性收入占多数的人群而言就显得较为不公平，甚至还会出现"工资性收入劳动者"的收入去补贴"非工资性收入劳动者"的现象。[④] 在城镇职

---

① 王绍光，何焕荣，乐园.政策导向、汲取能力与卫生公平[J].中国社会科学，2005(06)：101-120＋207-208.

② 胡宏伟.城镇居民医疗保险对卫生服务利用的影响——政策效应与稳健性检验[J].中南财经政法大学学报，2012(05)：21-28＋60.

③ 杨清红，刘俊霞.医疗保障与老年人医疗服务需求的实证分析[J].上海经济研究，2013,25(10)：64-74.

④ 这里的工资性收入劳动者，是指在劳动者的收入结构中，工资性收入占主要部分的劳动者；而非工资性收入劳动者：主要是指劳动者收入结构中，工资性收入只占很少部分，而非工资性收入占主要部分的劳动者。

工医保中,如何才能做到权力导向和公平分配呢?范里安认为一个具有吸引力的性质就是对称。完全平等的分配也不一定是有效的,有效的方案应该是让拥有不同偏好或者嗜好的人以自己的平等分配和别人交换,从而达到帕累托改进。如果这种改进不断地重复,一直到没有一个行为人的状态变得更好,就称之为平等。[①] 假设有两类人群,一类人群工资收入较高,另一类人群工资收入较低,同时假设同等类型工资收入的人拥有相同的偏好特征。收入在医疗保险基金筹资中的公平配置可以用图4-2表示。

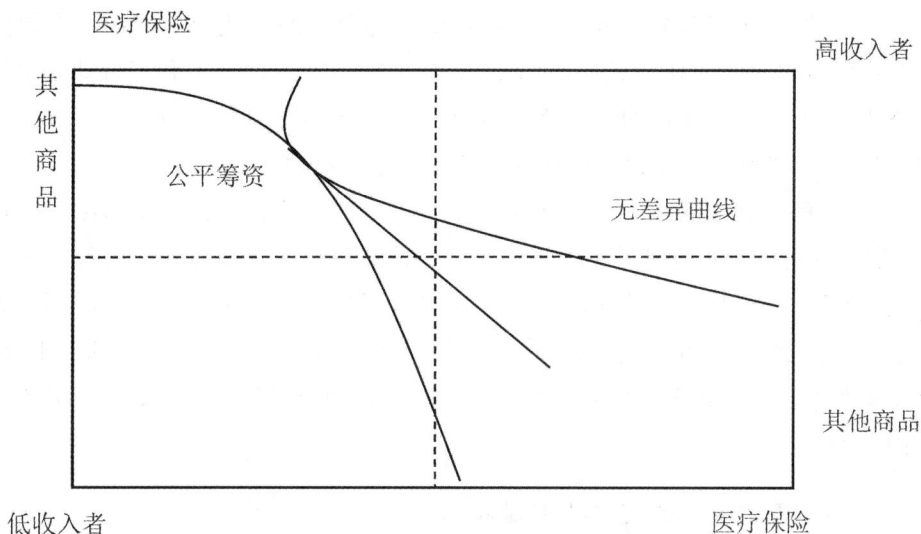

图4-2 医疗保险基金筹资公平与效率配置图

在图4-2中,较高收入者具有更多的疾病风险化解需求,从投保中所获得的效用水平也较高,所以,较高收入者愿意拿出更多的收入用于参保;而低收入者由于工资收入较低,参加医疗保险所获得的效用水平较低,则选择用较少的收入参加医疗保险,用较多的收入分配到其他如食物、衣服等基本日常支出中。在埃齐沃思(Edgeworth)图中,这两类人群的筹资水平既满足帕累托效率标准,还具有被市场广泛接受的公平标准,其他任何点上的筹资水平都存在进一步改进的空间,也没有达到公平和效率最优的目标。在医疗保险领域实现"低收入者他保、高收入者自保"原则也符合医疗保险基金权利导向的平衡标准。

平等权利索取对医疗保险基金筹资状况影响,可以从以下几个方面进行。

---

① 范里安认为,如果没有一个行为人对于任何其他行为人的商品束偏好超过对他自己的商品束的偏好,就成这种配置为平等的状态,从权利视角可以认为是一种公平配置的帕累托最优状态。

首先，缴费基数因素。其逐步过渡到以纳税收入作为筹资基数。由于医疗保险基金的缴费基数为核定工资数额，一方面，非工资性报酬没有纳入进来，导致了缴费基数范围有限，在社会医疗保险基金所需要化解的疾病风险增大的情况下，缴费基数过小，势必会减少社会医疗保险基金筹资数额，从而带来了高费率的压力；另一方面，将非工资性收入纳入缴费，可以体现社会医疗保险基金收入的公平性，真正体现出社会医疗保险基金风险共担的特点，有利于体现出平等的健康权利。

其次，缴费比率因素。可以适当降低医疗保险金缴费比率。当前社会保险缴费费用负担比例较高，不仅不利于企业竞争力的形成，而且不利于劳动密集型的企业，导致了不同企业的缴费负担不均。政府降低缴费基数，有利于改善企业的营收环境，鼓励企业足额缴纳包括医疗保险基金在内的养老保险金。

最后，保险制度因素。三种基本医疗保险合并的基础是打破身份缴费。从当前社会医疗保险基金制度结构来看，城乡居民基本医疗保险基金已经纳入一体化的制度中，但是与城镇职工基本医疗保险还是两个系统。随着互联网发展迅速，各种就业形态的灵活多样，参保主体对于缴费也势必会产生新的需求，这就要从制度源头优化医疗保险基金收支制度，为过渡到统一、平等的国民健康保险创造条件。

4.2.3 权利主体的支付结构因素

医疗保险基金的支付涉及医疗保险制度的补偿公平。除了要按照社会医疗保险基金的筹资水平决定医疗保险基金的支付水平，更为重要的是要充分化解参保人的疾病风险。与费用总额控制不同，权利导向的平衡更应重视医疗保险基金支付结构。一方面，需要确定参保人自付水平和保险支付水平。一个较为理性的标准是参保人参保后不会因病致贫、因病返贫。还需要同时考虑对道德风险的防控。保险支付水平过高可能会导致较高的道德风险，导致医疗保险费用快速上涨，社会医疗保险基金不堪重负，政府也会陷入保障性支出负担过重的危机。保险支付水平过低则可能会难以实现医疗保险对于疾病风险的化解需要，更不能满足居民主体的生存权和发展权要求。因此，在权利导向中这种支付结构的重构需要考虑激励与约束问题。另一方面，医疗卫生资源配置公平性的引导。当前"看病难"的一个深层次的原因是我国医疗卫生资源配置的结构不合理。所以，医疗费用的支付应该引导参保人从社区首诊到逐级转诊制度，把常见病、慢性病放在社区首诊，并且通过较为基础的全科医生进行日常维护和诊断，更有效地利用医疗资源,在不同医疗机构之间制定出不同的保险费用报销标准。

平等权利的医疗保险基金支出指标提取主要可以由以下几个方面组成。

首先,三大目录变量(基本医疗保险药品目录、诊疗项目目录、医疗服务设施标准等)。三大目录变量是医疗保险支付的依据,参保主体权利的实现,正是通过三大目录变量实现,纳入保险目录内的药品、检查和服务才能够被社会医疗保险基金偿付,否则不予偿付。所以,作为提升医疗保险质量和水平的重要变量,调整三大目录的覆盖范围,可以提升医疗保险基金的保障水平,随着医疗技术的进步、医药研发的发展,新的药品、检查、设备被纳入社会医疗保险报销中,提升了社会医疗保险基金的支付水平,同时也增加了社会医疗保险基金的开支。2017 年 12 月 1 日,上海社会医疗保险药品目录将国家社会医疗保险药品目录新增的 375 个药品全部列入报销范围,公布了新的肿瘤靶向药个人定额自付标准,提高了基本医疗保障水平。

其次,费用控制政策变量(起付线、共付线和封顶线)。平等的权利关系、参保人对于自身社会医疗保险报销的权利请求将会改变费用控制政策。在维持一定的政策稳定后,针对不同级别的医院,设置不同的诊疗项目,不同的报销标准,将会影响医疗保险金的支出状况。

再次,就医者年龄变量(如:"老人""中人""新人"等)。由于制度的转轨需要,"老人""中人""新人"的人口结构也将不断变化。随着制度年龄的延长,老人逐步退出,新人比例逐步增多,将有助于医疗保险基金分散风险。

最后,医疗机构的变量(一级医院、二级医院、三级医院)。具体而言,国际上较为通用的做法是 2002 年由世界卫生组织提出来的个人现金自付在家庭消费中的比重,一般为 15% 和 40%。低于 15% 的比重,可以认为家庭受到卫生费用支出的影响不大,即不会造成因病返贫、因病致贫的标准。[①]

4.3 偏移与回归:目标的达成

4.3.1 目标达成因素

社会医疗保险基金能否真正补偿给参保人,与"政府之手"在市场中所发挥

① XU K. Designing health financing systems to reduce catastrophic health expenditure[R]. Geneva: WHO, 2005.

的作用息息相关。政府改善民生的动机,无论是经济社会发展、公共疾病预防、社会医疗保险制度体系构建等方面都始终围绕着居民健康权利的实现,当前学术界对于居民健康权利实现中的政府目标定位,认为至少存在着三类观点:

1)公共卫生职能催生政府社会发展目标

政府干预市场的动机除了行政控制外,一个更为重要的理由就是社会发展目标。尽管政府支出对于健康改善的效果还存在一定的争议。杰克、威廉姆和勒维斯、迈瑞恩(Jack,William & Lewis,Maureen)研究了健康和经济增长之间的关系,[①]研究显示政府投资健康对于经济的增长有着长期影响。公共卫生服务不仅可以改善医疗服务的可及性,而且可以改善生活环境,呼吁加强此方面的实证研究。[②] 政府卫生支出对居民健康改善有积极影响。[③] 而建立在社会发展目标上的政府补贴,可能会扭曲保险制度的供求规律,对政府行政产生负面的影响。中央政府对中西部地区参合农民的补贴以是否参合作为前提条件(至少80%)。[④] 所导致的结果是地方政府盲目追逐高参合率。[⑤] 同时,另一些学者的实证研究显示,政府支出对于健康改善的效果不明显,格兰朗德(D. Grandlund)使用瑞典的面板数据,发现公共医疗支出对于疾病的减少只有很小的影响,[⑥]公共卫生支出对健康改善的影响几乎不存在。[⑦] 从以上研究可以发现,基于社会发展目标基础上的政府医疗卫生支出也可能将受到制度结构的影响,从而影响到政府支出的实际效果,造成福利的损失。在医疗保障方面,政府不仅是法律的制定者和医疗保障的出资者,更是公平的维护者和行业的监督者。[⑧]

2)稳定费用支出催生政府行政管理目标

为了规避医疗领域的信息不对称问题,应对快速上涨的医疗保险费用,保险

① JACK W, LEWIS M. Health investments and economic growth: Macroeconomic evidence and microeconomic foundations [M]. Washington, DC: World Bank, 2009.

② DEROSE K P, GRESENZ C R, RINGEL J S. Understanding disparities in health care access—and reducing them—through a focus on public health [J]. Health affairs, 2011, 30(10): 1844-1851.

③ 李华,俞卫.政府卫生支出对中国农村居民健康的影响[J].中国社会科学,2013(10):41-60+205.

④ BROWN P H, DE BRAUW A, DU Y. Understanding variation in the design of China's new cooperative medical system [J]. The China quarterly, 2009, 198: 304-329.

⑤ 马双,臧文斌,甘犁.新型农村合作医疗保险对农村居民食物消费的影响分析[J].经济学(季刊), 2011,10(01):249-270.

⑥ GRANLUND D. The effect of health care expenditure on sickness absence [J]. The European journal of health economics, 2010, 11(6): 555-568.

⑦ WOLFE B L. Health status and medical expenditures: is there a link? [J]. Social science & medicine, 1986, 22(10): 993-999.

⑧ 梁春贤.我国基本医疗保险制度中政府责任分析[J].管理世界,2011(06):168-169.

支付方式改革成了医疗体制改革的重点内容,同时,有管理的社会医疗保险基金使用,增加了参保人的医疗费用负担,推动了医疗总费用的增长。政府在医疗市场中引入了管制,对社会医疗保险基金收支平衡的目标构成了冲击。信息不对称往往被看作政府管制医疗卫生事业的原因。而这种管制一旦被实施,则会产生类似于管制俘获的问题。有专家提出,由于管制的内生性,具有自我强化的趋势,带来的结果是管制的负面效果会越来越严重,政府失灵、监管机制缺乏以及政府寻租等问题都会影响到管制的效果。① 政府退出医疗行业迫使医院自谋出路,但政府仍然控制着包括基本药品费、门诊费、手术费等医疗商品和服务的定价权。② 一方面,政府为了控制药品价格的上涨采用了价格管制措施,限定了药品价格;另一方面,政府却由于自身经济增长目标的需要将公立医院推向市场,提供了以药养医的制度设计,体现了政府公共卫生服务的责任缺位。政府管制与政府责任缺位的交叉影响,导致了医疗费的上涨,造成了对社会医疗保险基金支付的实际冲击。

3)健康权益索取催生政府医疗改革目标

我国推行的新一轮医疗卫生体制改革,一直是学术界研究的重点。对于系统性价格管制产生的影响,刘小鲁研究了医药分离改革的绩效,认为政府对诊疗服务、医疗药品销售以及卫生设备使用收费等进行的系统性价格管制会产生"以药养医"和"以械养医"。③ 如果价格管制本身不是政府医疗改革的目标,那么政府的终极目标应该是保障居民健康的需求,政府医疗体制改革的目标,短期来说是病有所医,长期来说应该是全民健康。④ 与之相比,新农合的作用则恰恰相反,笔者主张政府应该让不同社会群体享有平等的医疗服务,从而实现健康平等的目标。这就要求医疗卫生不仅要做到资金有基本保障,而且要做到医疗资源具有可及性,能够让不同社会群体以相近的成本,获得基本医疗卫生资源,摆脱疾病重新回到健康状态。

从以上政府目标中可以看出,在社会医疗保险制度的设计过程中,政府为了社会发展目标,在市场化调节手段失灵下,确立了社会医疗保险制度控制的目标,当这种控制的手段和目标实现之间存在差距时,就给政府新医疗体制改革提

---

① 朱恒鹏.管制的内生性及其后果:以医药价格管制为例[J].世界经济,2011,34(07):64-90.
② 蔡昱,龚刚,张前程.以医师价值之回归革除"以药养医"——基于理论模型视角的论证[J].南开经济研究,2013(01):40-52.
③ 刘小鲁.管制、市场结构与中国医药分离的改革绩效[J].世界经济,2011(12):53-75.
④ 刘国恩.经济增长与国家医改——关于"中国梦"的实质[J].卫生经济研究,2014(01):4-7.

出了新的要求。

4.3.2 目标偏移因素

尽管保险人具有维护健康权利和稳定社会发展等方面的目标,但是,隐性债务的压力、基金支付的方向扭曲、管制产生的"惜付"结果使得社会医疗保险基金本身的目标产生了一定的偏移。

首先,隐性债务压力削弱了保险人履行承诺的意愿。政府是一个多目标的主体,即社会医疗保险制度建立后,政府不仅要考虑参保人的收益,还要考虑未参保人的收益,这部分人群主要是社会医疗保险制度建立之前享有劳保医疗和公费医疗的劳动者,包括没有缴纳医疗保险费的人(也称为"老人")或者只缴纳部分医疗保险费的人群(也称为"中人")。未来社会医疗保险基金筹资将会出现压力,基金支付存在缺口,主要是由于隐性债务所致。由于历史原因,"老人"和"中人"也被纳入医疗保险基金支付中来,导致了医疗保险中的隐性债务。

其次,不合理支付降低了保险人兑现承诺的能力。社会医疗保险基金保障范围的模糊,容易导致社会医疗保险基金被滥用。2012 年 3 月 31 日,卫生部部长陈竺在上海出席慢性非传染性疾病防治策略研讨会时提出,可以逐步把戒烟咨询和药物纳入基本社会医疗保险报销范围。将戒烟纳入社会医疗保险制度的安排,不属于"期初承诺"的范围,对戒烟进行社会医疗保险支出,势必侵占了本应补偿给其他疾病的资金,从而会对参保人兑现疾病报销支出时打折扣。出于降低社会医疗保险基金结余的通道,很多推出长期护理保险的地区,将社会医疗保险基金的一部分充实到长期护理保险的缴费中,这固然有利于建立长期护理保险制度,满足老年群体长期护理服务的需求,但是也应当看到,这样的社会医疗保险基金使用也存在着对社会医疗保险支付的挤占,将社会医疗保险基金收支重新回到混同均衡状态。除非进行系统的社会医疗保险制度变革,否则将不利于社会医疗保险制度的发展,也不利于参保人的疾病风险的化解。

最后,保险人的"惜付行为"降低了承诺兑现水平。20 世纪 90 年代以来社会医疗保险基金收支平衡,全国很多地区还有大量的结余。社会医疗保险基金结余数量的庞大,不仅与医疗保险的"扩面"过快和面临退休人员的集中缴纳相关,而且,与医疗保险制度的起付线、共付段和封顶线的制度设计相关。个人账户和起付线可以提高成本意识,而统筹基金按比例支付也能避免社会医疗保险基金的过度消费，但是封顶线又降低了保险的价值。[①]

政府有保障居民的健康需求、维护社会安全稳定、实现政治正义的目标。党的十八届三中全会更是指出：要把"促进社会公平正义、增进人民福祉作为出发点和落脚点""保障改善民生，促进社会公平正义""实现更加公平可持续的社会保障体系"。

4.3.3　目标回归因素

作为政府实现公平权利和维护正义的一种制度安排，政府在医保基金筹资中的目标就是如何更好地帮助居民实现这种权利。作为公共职能的体现，政府应该回归卫生筹资的责任[②]，在多支柱的医疗保障体系中，政府需要归位几种责任：第一，医疗救助项目的责任归位。严格界定医疗保险项目和医疗救助项目之间的不同功能。医疗救助项目具有纯粹单向资金转移分配的特点，即政府通过税收筹集资金，帮助那些有生存困难的个体，摆脱疾病的困扰所进行的资金转移，主要是为了实现结果公平的目标；而医疗保险项目确实能通过保险的制度化设计，分散劳动者的疾病风险，进而分散社会风险，实现过程公平的目标。所以政府设计医疗保险筹资水平不能把个体全部健康需要纳入，更需要考虑有支付能力劳动者的有效医疗需求。第二，公共卫生和疾病预防的责任归位。严格界定公共卫生预防和公共卫生保健的提供与疾病诊治之间的职责。政府对于公共卫生产品和一般医疗卫生产品具有不同的责任。对于公共卫生产品而言，具有一定的外部性特征，如果由私人直接购买和消费，那么可能会带来低效率，应该由政府承担全部责任或者主要责任；而对于一般性的医疗产品来说，不存在外部性或外部性较小，居民可以通过市场功能，运用价格机制的力量选择性地进行购买，由居民个体而不是政府负主要责任。第三，隐性债务偿还责任归位。因为当前在医疗保险基金的使用中，不仅包含正在缴费的在职劳动者，而且还包含曾经对国家社会发展做出贡献的退休劳动者。出于实现社会医疗保险制度建构目标的需要，在社会医疗保险基金的筹资中，政府需要承担起那些未能缴费，但会使用社会医疗保险基金人群的责任。

保险人目标实现的医疗保险基金筹资的影响因素包括：一是政府财政预算变量。政府维持一定水平的公共卫生支出不仅是其义不容辞的责任，也是政治

---

① LIU Y. Reforming China's urban health insurance system [J]. Health policy，2002，60(2).

② 顾昕.公共财政转型与政府卫生筹资责任的回归[J].中国社会科学，2010(02)：103-120＋222.

正义的实现路径，各级政府通过财政预算、决算，保证了公共卫生的支出，由于历史原因，制度转轨中，老人和一部分中人未曾缴纳或缴足医疗保险，被纳入制度中来，享有医疗保险基金的支付。所以，从基金形成上来说，政府对已经退休而未缴费老人负有费用补偿的义务。二是筹资比率。政府归为公共预防和公共卫生保健责任后，需要由社会医疗保险基金化解医疗风险，剔除医疗保险基金无须承担的医疗救助责任后的筹资数额。

政府需要准备一笔财政预算进行开支，那么政府支出的方向和标准又是什么？作为合理确定政府支出的依据，有必要把政府需要承担不同的社会责任进行分解。第一，医疗保险领域内的政府支出。政府需要对占用社会医疗保险基金支付的"老人"进行补贴。由于"老人"在制度建立之前发生，没有交足可供长期享受报销待遇的储备金，需要政府评估这部分人口所需要的医疗费用支出规模。如果政府旨在建立一个短期的医疗保险项目，即用现在缴费的人群来支付现在享受的待遇，那么政府的补贴只需要按照在职者和退休者平均年度医疗费用发生数额，结合已经退休的老人人口数对老人进行补贴即可；如果政府旨在建立一个长期的医疗保险项目，即现在缴费的人群除了要规避当期疾病风险，还需要为老年后的疾病风险留有一定的费用支出储备，那么，政府需要根据已经退休老年人的年平均医疗费用发生数额，结合老年人口数进行补贴。第二，公共卫生领域政府支出。基于维护公共健康安全的目标，政府需要提取公共卫生预算支出，如面对大规模的疾病防控、巨灾风险补偿，提取公共卫生预算。同时把社会医疗保险基金主要用在个体疾病风险化解的补偿性费用支出上。第三，社会医疗保险运行、管理与监督费用支出。政府为防止医疗保险费用使用中道德风险的发生，也需要设计出一定的费用约束措施对医疗保险基金的支出进行控制，但这种控制也仅限于防止道德风险的发生，应该避免地方政府为完成其他目标推卸自身责任的情况，具体的费用控制规模以及起付线和共付保险的比率，应该满足参保人基本医疗卫生支出的需要。

总之，在社会医疗保险基金收支平衡中，这些因素相互作用、交互影响。一方面，随着经济增长，居民收入获得了快速增长，人口老龄化进程加快等因素，促使社会医疗保险基金的需求得到进一步释放；另一方面，社会进步增强了参保人的主体权利意识，要求保险人提供更完善的社会医疗保险制度，满足个体的医疗需求和社会医疗保险需求。与此同时，在建立中国特色医疗保障体系的发展理念中，"健康中国战略"的全面实施，为保障参保人需求实现提供了可能，由此可知，社会医疗保险基金收支质的平衡性将与收支数量平衡共同影响着社会医疗保险基金收支平衡的适度水平。

4.4　本章小结

这一部分主要从个体需求、平等权利关系和保险人目标实现三个方面分析了社会医疗保险基金收支质的平衡性的影响因素：

（1）参保人个体需求方面，围绕参保人疾病风险化解的医疗需求，将其因素划分为：身体状况的基础性因素、收入状况的能力因素和年龄状况的宏观因素等方面；以疾病的不确定性为切入点，分析了预防性需求与收入关联因素、风险偏好关联因素等；以信息不对称性为切入点，分析了供方诱导需求因素、政府财政投入因素等；以医疗保险制度嵌入，分析了加入医疗保险对医疗费用支付之间的关系，并对两个市场（医疗服务市场、医疗保险市场）的医疗消费水平确定展开了深入讨论。

（2）从社会医疗保险基金筹资出发，考察了影响参保人筹资水平的因素，主要包括：缴费基数、缴费率、收缴率和财政补贴等方面；从社会医疗保险基金结余出发，分析了风险储备金和基金结余率等水平决定因素。从社会医疗保险基金支付出发，分析了起付线、共付保险和封顶线等控制社会医疗保险基金使用的机制因素，以及年龄、医院等级等其他的外围制度因素。

（3）在社会平等健康权利方面，围绕参与主体的权利义务关系，探讨了平等健康权利目标、平等医疗权利实践、平等医疗保险制度形成等对社会医疗保险基金收支权利索取的影响；在权利主体的筹资结构方面，围绕将平等权利嵌入到缴费基数因素、缴费比率因素和制度结构因素等方面进行考察；在权利主体及支付结构方面，讨论了三大目录变量（基本医疗保险药品目录、诊疗项目目录、医疗服务设施标准），费用控制因素、就医者年龄、医疗机构等级等因素。

（4）在保险人目标实现因素方面，围绕目标达成因素分析了公共卫生职能与政府社会发展目标、稳定费用支出与行政控制目标、健康权利索取与医疗改革目标之间的关系；围绕目标偏移因素讨论了隐性债务与保险人承诺兑现意愿、不合理支付与保险人承诺兑现可能、"惜付"行为与保险人承诺兑现水平之间的关系；围绕保险人健康目标归位因素，探讨了医疗救助项目、公共疾病与预防责任、隐性债务与偿还责任等方面。

第 5 章　帕累托最优：一个适度水平标准框架

　　社会医疗保险基金收支的质量平衡对于社会医疗保险制度影响甚大,建立起社会医疗保险基金收支质量平衡关系无疑需要建立起与之适应的收支水平,而收支水平又需要有一个标准,也就是说在不同的历史维度下,社会医疗保险基金收支的水平是否适度? 即社会医疗保险基金收支的水平能否满足参保人的健康需求、符合社会平等价值的预期、符合保险人政策目标的实现。如果以上质量平衡三要素都满足,那么,社会医疗保险基金收支水平为适度;如果质量平衡三要素不满足或者满足性较弱,那么,社会医疗保险基金收支水平不适度。适度与不适度的标准应该如何确定? 这就需要对适度水平的标准进行设计,同时,根据影响社会医疗保险基金收支的因素,结合价值原则确立这些标准。传统的医疗保险保障水平由医疗保险支出占政府公共卫生支出的比重表明,这是单一的宏观分析,无法观察出社会医疗保险基金支付的结构性变化,更无法体现出参与主体的需要,从而使其效果大打折扣。本书考察了影响社会医疗保险基金收支平衡中的关键参与主体行为,以市场交换为基础、平等价值为条件、保险人承诺为保障,构建了新的符合主体特征的适度水平标准。同时,本书还试图从微观理论出发开展质量标准确定机理的探究,逐步以参保人需求、平等交易和目标嵌入三个阶段展开,基于帕累托最优理论,分别剖析了单个参保人交易决策、两个参保人交易公平决策、参保人与保险人之间的公平决策过程,从而确立了满足社会医疗保险收支平衡的适度水平标准。

5.1　规矩与方圆：适度水平标准设计

5.1.1　何为标准

标准应该是一个度量衡，是一个尺子，可以看出实际的收支水平是高了还是低了。我国的《辞海》解释标准为："对重复性事物共同协商，由主管机关批准，以特定形式发布，作为共同遵守的准则和依据。某些标准又以基准为基础或验证。"关于标准(standard)，牛津词典的解释是："质量和服务达到的一种水平"，即："A level of quality or attainment"，"Something used as a measure, norm, or model in comparative evaluations"。长期以来医疗保险基金的收支水平被数量平衡原则所支配，在"以收定支、收支平衡、略有结余"的制度设计上，遵循了整体筹资与支出的统一，缺乏对收入结构和人群结构的衡量，存在着整体社会医疗保险基金收支不公平的问题。同时，社会医疗保险基金收支水平也需要根据经济发展、社会公平等方面因素进行调整，以适应参保主体的新需求，这就要找到社会医疗保险基金收支的标准，用以衡量社会医疗保险制度供给的质量和对参保人的社会医疗保险服务乃至整个医疗服务水平。

5.1.2　何为适度水平标准

适度水平标准涉及的第一个问题是公平与效率平衡问题。适度水平标准至少有两层含义，一是适度水平符合效率标准，即在某种社会医疗保险基金收支率的确定中，能够使得缴费主体可承受，又能让社会医疗保险基金分散一定的疾病风险；二是适度水平符合公平标准，也就是各个主体的缴费中，不同收入群体各自承担的缴费义务。水平适度也应该有一个界限，可以是一条警戒线或者多条警戒线，不能低于最低的警戒线，否则就是水平偏低；也不能超过最高的警戒线，否则就是水平偏高。水平偏低的结果就是保障能力不足，无法有效化解疾病风险；水平偏高的结果就是消费过度，超出了经济社会发展可以承受的范围。

适度水平标准涉及的第二个问题是政府与市场关系问题。对不同的人群政府应该采取何种程度的干预？如美国政府只针对低收入者和中低收入者，提供医疗补助制度和老年保健医疗制度(Medicare and Medicaid)的计划，其医疗保险主要以商业医疗保险为主。欧洲福利国家如英国、瑞典，采取国民健康保险的政府保障模式，由政府税收的形式统一提供。可以看出，美国商业社会医疗保险基金中政府对市场的干预较少,而英国和瑞典主要由政府提供社会医疗保险基金计划。德国、日本的缴费性模式则是通过费用筹集医疗保险基金,政府提供制度安排,企业和个人承担缴费责任。这三种不同模式的医疗保险模式较难用统一的标准评估其保障水平。学术界比较认同的观点是美国模式的公平性较低,福利国家模式的公平性较高,投保资助型模式兼具了公平和效率特征,在政府和市场间寻找平衡点。

5.1.3　适度水平标准的确立依据

1)经济发达国家经验

改革开放四十年来,我国经济实力不断增强,人民生活水平不断提高,政府为全民提供全面而广泛的基本公共服务,不仅是经济可持续发展的要求,更是政治正义、社会目标实现的重要抓手。工业化国家社会医疗保险缴费与支付水平为我国社会医疗保险基金收支水平的形成,提供了一定的外部参考。在研究了美国"奥巴马医改"后,专家认为"奥巴马医改"对我国医疗体制改革有着重要启示,尤其是政府须为全民提供保障,但是社会医疗保险支付水平的提升也会降低劳动参与率,正如美国预算局测算,"奥巴马医改"会使得美国劳动供给降低2%,所以,维持一定水平的医疗保障标准显得尤为重要。

2)我国医药改革实践

我国医疗保险制度的历史沿革,为社会医疗保险基金收支水平标准找到了历史依据。从公费医疗制度和劳保医疗制度的演化历程来看,我国一直将扩大社会医疗保险覆盖面作为主要工作,随着城乡社会医疗保险制度的建立,已经形成了城镇职工基本医疗保险与城乡居民基本医疗保险齐头并进的局面。如何避免医疗费用的迅速上涨和提供更有质量的医疗卫生服务,一直以来都是我国医药卫生体制改革的重要命题。尽管经济水平的提高促进了我国保障能力的提升,但是由于社会医疗保险水平的提高具有一定的刚性,所以,社会医疗保险基金收支水平标准的确定需要将渐进性、持续性、长期性和历史性相结合。

3)"健康中国战略"的实施

党的十九大报告提出实施"健康中国"战略目标,为适度水平标准的设定找到了目标依据。要全面建立中国特色基本医疗卫生制度、医疗保障制度和优质高效的医疗卫生服务体系等三大制度理念,"健康中国"至少从两个方面为社会医疗保险基金收支标准的确定树立了目标,一是将健康政策融入所有政策设计中,《健康中国2030》实施纲要中明确提出,要将健康政策融入各项制度设计中,这不仅包含医药卫生领域，而且还涉及社会政策的各个方面；二是"健康中国"战略实施体现了党和政府重视人民健康的施政方略，党的十九大报告明确提出人民健康是民族复兴和国家富强的重要标志。

由此可以看出，基于国外经验借鉴，我国社会医疗保险制度发展历史沿革以及"健康中国"战略目标这三重目标的集合可以为社会医疗保险基金收支水平标准的确定找到目标依据。同时，作为中国特色医疗保障制度，除了要参考国外医疗保障制度的类型和模式，更要根据我国改革开放四十年的历史经验，总结出适合我国国情的医疗保障制度，并合理确定适度的医疗保障水平。一方面，这个标准要能够反映我国的经济状况、社会发展等方面的国情，另一方面，这个标准也要能够反映制度实现的政治正义。

5.2　初心与使命：适度水平确立原则

依据以上几个方面的要求，社会医疗保险基金收支水平标准的确定应该遵循一定的原则。

5.2.1　有限需求满足原则

满足参保人的有限医疗需求是确定适度水平标准的首要原则，我国社会医疗保险基金收支水平的确立必须满足参保人疾病风险的规避需求，作为一项医疗保险旨在化解疾病风险的制度安排，规避参保主体的疾病风险，是制度可持续的必然要求。如果社会医疗保险基金不能满足参保人的合理疾病费用支付需求，保障制度也就失去了存在的意义。但同时也应该看到，社会医疗保险基金所保障的疾病支付需求必须有一定的限度，也就是不能完全由社会医疗保险基金支付。一方面，考虑到医疗领域信息不对称的存在，社会医疗保险基金不必为超出疾病风险保障范围的费用支付买单，即不应该给道德风险产生的过度需求买单；另一方面，社会医疗保险制度尽管已经建立，但是考虑到受限于经济发展水平，社会医疗保险基金也不能无限度地满足医疗费用支付需求，否则，就会抬高医疗保险基金的筹资水平，使得企业和个人面临着更多的缴费压力。所以，可以看出，我国社会医疗保险基金制度中起付线、共付段和封顶线的制度设计，正是试图通过费用分担的措施，防止对社会医疗保险基金支付的过高需求，从而保障制度的可持续性。

5.2.2 筹资承受能力原则

如果说社会医疗保险基金适度支付要以有限需求满足为原则，那么，满足何种程度的需要，就要考虑到社会医疗保险基金筹资的承受能力。筹资能力和支付能力是决定社会医疗保险基金适度水平的一组平衡指标。一般来说社会医疗保险基金筹资能力弱则支付能力弱，筹资能力强则支付能力强。如果社会医疗保险基金支付能力要满足需求，那么社会医疗保险基金筹资能力可从供给层面考虑。社会医疗保险基金筹资承受能力越强，则社会医疗保险基金供给能力也越强，那么，社会医疗保险基金需求满足程度也会越高；社会医疗保险基金筹资能力越弱，则社会医疗保险基金供给能力也越弱，那么，社会医疗保险基金需求满足程度将越低。我国社会医疗保险基金的筹资主要来源于缴费单位和个人，主要以劳动者的工资性收入为依据，社会医疗保险基金缴费和养老保险共用一个缴费基数。两者缴费率达到40％左右，这在一定程度给企业造成了一定的负担，当前社会上对于社会保险降低费率的呼声很高。与此同时，随着农民工群体纳入城镇职工基本医疗保险，农民工群体的缴费水平大大提高，在增加用人单位负担的同时，也给农民工的经济承受能力带来了一定的压力。这就需要在确定社会医疗保险基金筹资水平时，考虑到用人单位和个人的承受能力，即保证职工即期消费和远期消费的平衡，也保证企业人力资本成本与物质资本的平衡关系，减少资本代替劳动的现象发生。

5.2.3 经济发展水平原则

社会医疗保险基金保障水平是否适度也取决于经济发展状况。一般来说，经济发展水平和社会医疗保险基金的保障水平呈正相关。在经济发展水平较低的年代，人民更多关注即时的生存需求，社会医疗保险基金的筹集和支付，乃至医疗保险制度的建立，建立以后是否能够真正化解风险以及化解何种程度的风险，未被及时提上政策议程。在温饱问题解决后，越来越多的人民开始关注自己的健康，健康需求也逐渐被看作最主要的需求之一。人民开始关注自身的健康状况、医疗保险制度的保障效果。这就给社会医疗保险基金的支出提出了新的要求。但是，健康需求的满足，除了医疗费用支付之外与生活方式和健康预防等不无关系。经济水平的提高也使得地方政府可以有更多的资源投入到疾病预防、公共卫生投入上，直接或者间接地影响着社会医疗保险基金的收支水平。因此，社会医疗保险基金适度标准的确定，需要根据我国改革开放四十年来，不同的经济发展阶段确定。同样国别之间的比较和地区之间的差异,也可以根据经济发展水平的变化加以调整,毕竟缺医少药在经济欠发达地区是一种常态,即使维持了社会医疗保险基金高水平的保障能力,那么,也会因企业单位的负担过重,让人们的生活水平陷入更加低的水平。因此,适度标准的确定要遵循与经济发展水平向适应的原则。

5.2.4 保障机会平等原则

保障机会平等是社会医疗保险制度建立的本质要求。以英国为代表的国家采取基于税收筹资的国民健康保险制度,这种制度安排主要是考察缴费能力,具有横向平衡的原则,满足了国民收入再分配的公平性。美国主要是商业保险领域内的缴费与待遇之间的对等关系,这种原则严格按照参保人的疾病风险确定费率,基本上实行了制度内化解风险的平等理念。但是,也还应该看到美国医疗补助制度(medicare)和老年保健医疗制度(medicaid)的保障水平十分低下,保障的主要是低收入者、失业者、老人等群体。而这两项制度的提供主体是美国联邦政府,社会医疗保险基金筹集来源于纳税人的税收,尽管特朗普上台后,围绕奥巴马的社会医疗保险制度做了一些调整,降低了待遇,但是,这两项制度依然发挥着横向平等的作用。我国医疗救助制度主要以兜底保障为主,难以满足全面的医疗需求,迅速建立的城乡基本居民医疗保险具有了维护平等的制度功能。

5.3 坚持与遵守:适度水平标准内容

5.3.1 规模标准

社会医疗保险基金收支适度水平标准必须解决的一个关键问题是收支规模。这里有两方面的问题:一是社会医疗保险基金需要覆盖多少人群? 二是社会医疗保险基金需要化解何种程度的疾病风险? 首先,尽管我国社会医疗保险制度规定基本社会医疗保险要求做到全覆盖,但是由于城乡居民基本医疗保险与城镇职工基本医疗保险分属两个不同的缴费系统,从待遇上也无法做到完全一致,尤其在城乡居民基本医疗保险制度的建立中包含了政府和集体补贴,不属于完全意义上的保险类项目。从近期来看,可以将城镇职工(在职和离退休)作为社会医疗保险基金收支规模,但是随着“健康中国”战略的顺利实施,国民健康保险制度纳入议事日程来,我国具备了构建全面统一社会医疗保险的物质基础;从远期来看,可以将城乡居民基本医疗保险和城镇职工基本医疗保险逐步过渡为统一的制度体系。社会医疗保险基金所考察的范围也就包括了这两个社会医疗保险系统所需要覆盖的所有个体。其次,社会医疗保险基金风险的化解程度,即社会医疗保险基金的收支规模,主要由我国经济发展水平、疾病风险发生频率、疾病风险所带来的损失程度、企业所能够承受的能力决定,不仅如此,还要与个人能够承担损失的能力挂钩,这也反映了社会可承受的水平,以及随着人民生活水平的提高,对于医疗卫生需求的追求和期待水平。收支规模可以根据国务院颁布的《"健康中国 2030"规划纲要》确定,如个人卫生支出占卫生总费用的比重 2020 年为 28% 左右,2030 年为 25% 左右。人均预期寿命(岁)2020 年为 77.3,2030 年为 79.0。个人卫生支出占比反映了个人承担医疗费用的整体状况,该标准随着 2020 年、2030 年的到来将逐步下降,这意味着政府支出和社会支出的增加。人均预期寿命标准提高到 2030 年的 79 岁,意味着我国在未来十多年的时间里需要调整社会医疗保险支出、医疗卫生支出、公共预防支出以及其他与健康相关的支出,以改善管理状况提升人民群众的健康水平。

5.3.2 平等标准

平等是决定社会医疗保险基金收支水平的一个重要衡量标准。党的十九大报告中对于我国进入社会主义新时代,以及社会主要矛盾的变化做出了精辟的论述,即人民日益增长的美好生活需要和不平衡不充分的发展之间的矛盾。这一矛盾论的提出,为各项社会政策目标提供了理论指导。作为医疗卫生事业而言,也必须遵循这一目标指引,并将这一矛盾论的精髓纳入社会政策方案设计中。在《"健康中国 2030"规划纲要》中,把健康战略公平目标表述为:"到 2020年建立覆盖城乡居民的中国特色基本医疗卫生制度,人人享有基本医疗卫生服务。""到 2030 年促进全面健康的制度体系更加完善,健康保障水平不断提高,基本实现健康公平。"对比两个不同阶段的健康目标不难发现,后一个公平标准要比前一个公平标准要高。2020 年的公平要求提出"覆盖城乡和人人享有"即这一阶段的公平标准主要从覆盖广度讲述了社会医疗保险制度可及性要求,即无论是城市居民还是农村居民都应该有医疗保障制度覆盖。从我国社会医疗保险制度的演变进程中可以看出,这一阶段的医疗保障制度尊重了我国社会医疗保险制度发展的客观规律,其覆盖范围不仅包括了城镇职工,而且包括城镇居民和农村居民。这也是我国社会医疗保险制度从广覆盖到全覆盖转变的一个客观要求。

这里有两层公平标准为：一是社会医疗保险制度覆盖率，其标准值为100％；二是基本卫生服务可及性，其标准值为100％。2030 年的医疗卫生公平标准为"基本实现健康公平"。而如何实现健康公平？不同制度应该有着不同的目标，如果说社会医疗保险主要从疾病风险分散角度维护制度公平，那么医疗救助体系则是从社会发展角度维护健康权益的结果公平。

社会医疗保险制度的健康公平围绕"病有所医"的目标，即人人享有公平的医疗保险制度覆盖。在这一时期社会医疗保险制度的公平标准为：一是筹资公平标准，两类人群（高收入人群与低收入人群）的缴费率（社会医疗保险缴费/工资收入）之比；二是支付公平标准，不同人群费用承受能力相当，考虑到基本医疗费用刚性的要求，不宜设置过高的报销水平，避免将社会医疗保险制度拖入低效率的泥潭，标准为低收入群体的个人医疗费用负担率/所有个体医疗费用负担率的比率①＝100％。要实现"健康中国"战略，就要让个体实现"病有所医"的目标。政府必须通过社会医疗保险制度之外的医疗救助等制度对贫困阶层进行帮助，将贫困人群的医疗费用降低到社会平均水平。

5.3.3　达成度标准

这里主要考察社会医疗保险制度的达成度，同时要考虑到影响社会医疗保险制度达成度的外在制度环境，即"健康中国"战略的实现。

第一，社会医疗保险制度达成度标准。从社会医疗保险制度设计来看，出于分散疾病风险的需要，我国提出了社会医疗保险基金筹资的要求，那么，在社会医疗保险制度成立之后，社会医疗保险支付也应该能够满足期初所承诺的化解疾病风险的程度目标。但是，也应该看到社会医疗保险制度的成立具有历史性原因，考虑到"扩面阶段"以及参保人退休阶段存在着社会医疗保险报销权利的主张，因此，需要把社会医疗保险基金年度结余率看作制度达成度的标准，其目标值为 0％。也就是说当期社会医疗保险基金筹资即支付，充分体现了医疗风险的横向分担以及医疗制度的短期项目特征。需要特别说明的是由于地区之间医疗保险制度不同，需要根据地区特点在维持一定区域基本基金的同时，调节地区之间的使用，为统一的国民健康保险制度的形成奠定基础。同时还需要说明的是该结余率目标值为 0％，不是一个时点的概念而是一个时段的概念，也就是

---

① 不同收入群体医疗费用负担程度相同，只不过高收入群体可以根据自身的收入状况选择更加高昂的医疗服务。为了让不同收入的群体这一负担相同，适当提高到对低收入群体的医疗补助显得尤为必要，同时扩大基本药物的使用范围，降低低收入群体因为突发性疾病而陷入收入困顿的局面。

说在同一年度可以有结余或者有赤字,但是在 30 年间,则需要做到零结余,让社会医疗保险基金筹资全部花出去是社会医疗保险制度的要求,这一点必须做到。

第二,"健康中国"达成度标准。也就是从"健康中国 2030"的目标要求检测社会医疗保险制度的达成度,即政府支出达成度标准。作为 2030 健康中国战略的指标安排,要将个人卫生支出控制在一定的比率,那么,在不改变甚至提升居民卫生需求的同时,要求做到降低个人卫生支出,势必要提升社会支出和政府支出的比重,而政府支出又是包括社会医疗保险制度在内的各项健康制度顺利运行的必要条件。社会卫生支出在 2016 年达到了 41%,暂且不再提高。达成度标准可以设为 2020 年政府卫生支出占卫生总费用之比为 31%,2030 年政府卫生支出占卫生总费用之比为 34%。

5.3.4　基金补偿标准

这里主要考察社会医疗保险基金支付和结余情况。如果社会医疗保险基金支付过少,意味着社会医疗保险基金的保障水平较低,产生了过高的社会医疗保险基金结余,从而导致社会医疗保险基金制度目标无法达成;如果社会医疗保险基金支付过度,意味着社会医疗保险基金的保障水平较高,出现了社会医疗保险基金"收不抵支"的局面,导致社会医疗保险制度难以长期持续发展,所以,适度的社会医疗保险基金收支水平需要设定适度的社会医疗保险基金补偿标准。按照常规的统计标准,社会医疗保险基金结余水平应该维持在 3～6 个月,以应对社会医疗保险基金支出的不时之需。考虑到我国城镇职工医保并不是单纯的短期项目,以及城镇职工在退休后依然享受到医疗保险基金的补偿的情况,因此,需要把退休职工纳入社会医疗保险基金结余支付中来。值得注意的是,这里的社会医疗保险基金结余水平是指累计社会医疗保险基金结余支出维持在 3～6 个月,依据社会医疗保险基金收支中"略有结余"的原则,按 3 个月的支付需求计算,不考虑历年社会医疗保险基金积累状况,则社会医疗保险基金使用率(也称为基金补偿率)应该在 75%。

5.3.5　综合标准

综合标准主要是在上述标准的基础上,通过指标的整合,计算出社会医疗保险基金收支水平适度标准的系数。根据各个标准在系统中所占的权重,将规模标准、公平标准和达成度标准综合衡量,确定总的适度标准。社会医疗保险基金收支受到历史条件的制约,在政策实践中具有一定的动态性。所以,对社会医疗保险基金收支平衡是否适度的考察，不能观察单一系列指标的高低状况。因为，规避符合数量标准的社会医疗保险基金收支，但缺乏了平等权利的保障；防止满足参保人健康需求的指标体系加重了保险人负担，难以保障经济社会长远目标；符合平等权利的社会医疗保险基金收支平衡，丧失了社会医疗保险制度的效率，将政府拖入福利病的泥潭。正如美国医疗费用支出较高，但是美国卫生公平性和这种投入度不成比例。所以，综合标准关键要考察这几个指标体系之间的协同和耦合，如果耦合协调状况较好，那么，在当时的历史条件下，社会医疗保险基金收支能够发挥积极作用；如果耦合协调状况较差，那么，在当时的历史条件下，社会医疗保险基金收支政策发挥的效果较弱，还需要对政策和标准进行调整和反思。

　　总之，所确定的标准既要有前瞻性，也要有即时性，不仅要根据当前所处的阶段和经济社会特点，而且要立足长远，结合社会医疗保险基金保障水平与"健康中国"目标实现。

5.4　契约与机理：帕累托原理的应用

　　社会医疗保险基金水平标准的确定旨在根据内外部条件确立社会医疗保险基金收支适度水平的目标，但从社会医疗保险基金收支参与主体来看，其实现程度又受到参与主体的行为约束，即各个利益主体在追求自身效用最大化的同时，达到社会医疗保险基金收支水平目标的可能性。这就有必要分析各个主体的微观行为，本书根据社会医疗保险制度参与主体不同的特点划分为三个部分，即参保人、社会和保险人，根据各个主体追求帕累托最优为目标，在交易的基础上达到整体帕累托最优。

5.4.1　基于参保人需求的帕累托最优

1）交易类型

社会医疗保险基金收支过程中，存在着三种交易决策行为。

第一种交易决策是个体是否参保的交易决策，行为人主要根据保险缴费多少和保险补偿的多少决定自己是否参加医疗保险。如果行为人参加保险后的效用大于未参保后的效用，那么行为人决定加入医疗保险，反之，行为人则选择不参保。

第二种交易决策是两个交易主体之间，在这种关系中行为人不仅是一个固定保险计划的接受者，更是保险方案的决策者。在两个行为人的交易中，只要有一个行为人做出不参保决策，另一行为人就无法获得保险项目带来的效用增加。因此，两个不同的交易主体做出的决策不仅要考虑自己的效用，而且要考虑另一个主体的效用，在两者的交易中达到帕累托最优。

第三种交易决策是参保人和保险人之间，这里把保险人，纳入医疗保险项目的交易中，考虑到保险人也是一个利益主体，也有自己的利益所在。参保人与保险人之间形成一个保险契约。一般来说，参保人缴纳社会医疗保险基金的过程，也是保险人筹集社会医疗保险基金的过程，意味着参保人与保险人之间就保险标的确立了某种契约关系。如果在投保期内，参保人由于某种保险覆盖范围内的疾病产生了社会医疗保险药品目录或诊疗项目目录中的支付时，保险人有义务给予相应的费用补偿。

2）基本假设

考虑这三种交易中存在两个基本假设。

假设 1：参保人自愿参加社会医疗保险。尽管社会医疗保险是一种强制性的法律安排，但是究其内在的机理不难发现，这是风险规避与保险原理的制度演进的必然结果。[①] 政府的介入、强制性手段的实施，充其量只是推动了制度的建设。

假设 2：保险人是医疗保险基金收支契约的提供者，保险人依据保险的原理提供合同，所涉及的保险业务开销由政府其他预算资金负担，这里的保费为纯保费。

3）参保决策

参保人依据参保前后效用水平的变化，来做出是否参加医疗保险的决策。如果参保人未参保的效用水平高于参保时的效用水平，则参保人选择不参保；如果参保人未参保的效用水平低于参保时的效用水平，则参保人选择参保。

首先，当参保人选择不参保时，参保人的期望效用取决于疾病风险的概率，如式（5.1）所示：

$$W = (1-p)u(w) + pu(w-c) \tag{5.1}$$

W-wealth，参与人的财富（收入）水平或者期望效用。

C-cost，疾病损失发生的成本，为了治愈疾病所需要支付的医疗费用。

① 正如前面所描述，在这里我们把居民参加社会医疗保险的决策过程看成是一种自选择过程，不是迫于政府威权手段而实现的制度体系，这种理念有利于还原社会医疗保险制度的设计的初衷，观察社会医疗保险制度长期发展的轨迹与目标。

P-probability，损失（风险发生）的可能性。

由式（5.1）可知，在这里参与人做出不参保的决定，如果疾病发生则其会遭受 $w-c$ 的损失，如果疾病不发生，则参保人不会遭受损失，其财富即为 w ，由于风险的不确定性，以及风险厌恶性假设可知，保险人的期望效用函数，即式（5.1）是一个严格凹函数。

接着，考虑参与人选择是否参保，根据参保前后的期望效用的对比决定，参保人的福利（期望效用）加入了保费 π 的多少。参与人参保的效用函数可表示为：

$$\widetilde{W} = u(w-\pi) \tag{5.2}$$

π -premium，保险人支付的保费。

由式（5.2）可知，如果参与人做出参保的决策，那么无论疾病是否发生，参与人只需要支付一个固定保费 π ，即使发生了疾病参保人也可以通过医疗保险报销全部的医疗保险费用支出。这里可以理解为在没有费用控制机制的情况下，参保人发生的医疗负担与其承担的成本无关，在医疗体制改革之前的劳保医疗、公费医疗阶段，企业事业单位承担了医疗保险的支付，个人不仅不需要支付保险费用，而且生病了也能够免费看病，从而导致了道德风险盛行，医疗费用的快速上涨。

在医疗体制改革之后，我国设计了起付线、共付段和封顶线等社会医疗保险费用补偿手段，旨在控制医疗费用不合理上涨和规避道德风险的发生。即参保人发生疾病风险后，保险人只是补偿所发生医疗费用的一部分，而另一部分则由参保人自己承担，这一点体现在基金筹集时加以考虑一个补偿系数 δ ，根据实际发生的医疗费用的一个比率 δ,c 采取了部分报销的手段，那么式（5.2）可以改写为：

$$\widetilde{W} = (1-p)u(w-\pi) + pu[w-\pi-(1-\delta)c] \tag{5.3}$$

由此可以看出，π 取决于风险发生概率 p 、风险发生后的损失 c 与补偿系数 δ 的乘积即 $\pi = \delta pc$ ，$(1-\delta)c$ 是指保险人承担部分补偿后，由参保人自己承担医疗费用。补偿系数 δ 越小，需要由参保人自身承担的医疗费用越多，补偿系数 δ 越大，需要由参保人自身承担的医疗费用越少。

对比式（5.1）和式（5.2），或者式（5.1）和式（5.3），可以看出，参保人是否参保的条件为：

$$\widetilde{W} > W \tag{5.4}$$

由式（5.4）可知，如果参与人参保后的效用大于其风险自留的效用，那么参保人即做出参保的决策。

5.4.2　基于交易公平的帕累托最优

1)两个参保人参保契约的形成

以上的参与决策只是考虑到均衡保费，而这种均衡保费是已知的，基于这个参保费率，个人选择是否参与。但是，这种保费又是如何形成的？能否找到最优的保费？这个最优保费既可以看作医疗保险人筹资的依据，也可以看作一个适度的医疗保险筹资水平标准。

假设 1：在医疗保险市场中有两个参与主体 A 和 B。如果有一个人选择不参加医疗保险，那么，另外一个人也无法购买医疗保险项目，保险市场中的交换关系就无法实现。

假设 2：假设两个参与主体都能够从参保中获得收益，无论 A 还是 B，参保后的效用水平（福利水平）都要高于不参保的效用水平，即 $\widetilde{W}_A > W_A$；$\widetilde{W}_B > W_B$。

假设 3：两个参与主体生病后的偏好相同，如果生相同病医疗成本相同，即发生 c 的医疗费用。

假设 4：假设 A 为低收入者，B 为高收入者，他们的初始财富 w 不同，$w_B > w_A$。

如果对所发生的医疗费用全部报销补偿，那么，低收入者 A 选择参保的效用为：

$$\widetilde{W}_A = u(w_A - \pi_A) \tag{5.5}$$

高收入者 B 选择参保的效用分别为：

$$\widetilde{W}_B = u(w_B - \pi_B) \tag{5.6}$$

如果保险人采取了共付保险，则需要考虑一个补偿系数 δ，那么，低收入者 A 选择参保的效用为：

$$\widetilde{W}_A = (1-p)u(w_A - \pi_A) + pu[w_A - \pi_A - (1-\delta)c] \tag{5.7}$$

高收入者 B 选择参保的效用分别为：

$$\widetilde{W}_B = (1-p)u(w_B - \pi_B) + pu[w_B - \pi_B - (1-\delta)c] \tag{5.8}$$

2)社会医疗保险基金筹资水平决定的健康生产可能性边界

社会医疗保险基金的筹资意味着考虑投入多少资源在医疗保险项目的生产上，抑或看作医疗保险项目的生产问题。决定医疗保险项目应该满足参保人规避何种程度的医疗风险。在这里，如果参保人缴纳的社会医疗保险基金就越多，也就意味着社会医疗保险项目的保障水平较高；如果参保人的缴费积极性不高，仅仅提供较少的医疗保险基金，那么也就意味着参保人生产的医疗保险项目的水平较低。所以，我们把社会医疗保险基金的筹资看作一种由参保人（厂商）相互之间决定的生产医疗保险项目的行为。根据生产理论，这种生产也有一个可能性边界。如图 5-1 所示。

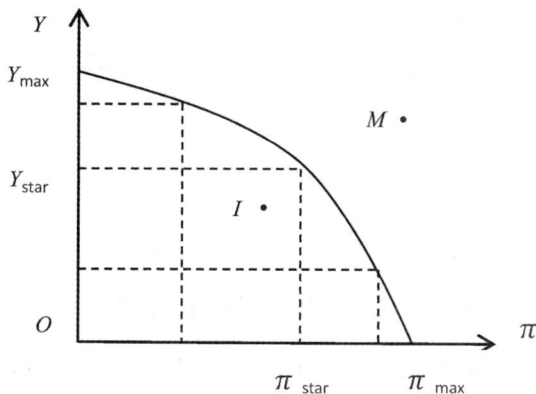

图 5-1　社会医疗保险基金缴费（社会医疗保险项目生产）的可能性曲线

假设任何自然人只有 π 和 Y 两种商品被生产出来。在这里 π 代表社会医疗保险项目（社会医疗保险基金缴费），Y 代表除了社会医疗保险项目筹资外的其他和健康无关，但是可以提高效用的商品（包括各类产品和服务）。

图 5-1 的经济含义如下。

第一，任何自然人可供生产的资源是有限的，M 点代表现有的制度环境中不可能实现的产品量的组合。而 I 点代表缺乏效率。

第二，任何自然人必须做出选择，生产可能性曲线意味着最大可能的产品产量组合点的轨迹。

第三，选择具有一定的机会成本，增加一种产品（社会医疗保险项目或其他商品）的生产，必然以减少另一种产品生产为代价。

第四，远离远点的曲线，意味着机会成本递增法则。同时，这种资源配置的技术效率被称之为帕累托效率。

由图 5-1 中曲线可知，当 π 的生产达到 π_{max} 的时候，那么 Y 的产量就为零；这说明，参与人所有的资源被投入到医疗保险项目的购买上；反之，当 Y 的生产达到 Y_{max} 的时候，那么 π 的产量就为零；这说明参与人没有投入任何资源到医疗保险项目的购买上。

3）筹资的帕累托最优条件

在筹资阶段，需要确定的是社会医疗保险基金的筹资水平标准，即到底应该为了这个均衡的社会医疗保险基金筹集多少保险金。假设两个参与人可以做出购买两种商品的选择，分别是参加医疗保险（π）和购买其他产品（Y），而这两个人到底决定购买何种数量的医疗保险与何种数量的其他产品，取决于这两种商品的购买给其带来的效用。

假设：低收入者 A 和高收入者 B 的效用是他们所购买的这两种商品数量的函数：

$$U_A = U_A(\pi_A, Y_A) \tag{5.9}$$

$$U_B = U_B(\pi_B, Y_B) \tag{5.10}$$

π_A 表示低收入者购买医疗保险的数量，Y_A 表示低收入者购买其他产品的数量；π_B 表示高收入者购买医疗保险的数量，Y_B 表示高收入者购买其他产品的数量；给定另一个人的效用 $U_B = \bar{U}_B$ 并且给出约束条件，低收入者和高收入者所购买的两种产品的总量必须等于可以获得的产品数量，即：

$$\pi_A + \pi_B = \pi \tag{5.11}$$

$$Y_A + Y_B = Y \tag{5.12}$$

这里低收入者的效用水平 U^A 达到最大值。为了使约束条件下的函数达到最大值，约束条件可以写成 $f(\pi, Y) = 0$ 的形式，这样可以得到拉格朗日函数：

$$L(\pi, Y) = U_A(\pi_A, Y_A) + \lambda [U_B(\pi_B, Y_B) - \bar{U}_B] + \alpha(\pi - \pi_A - \pi_B) + \beta(Y - Y_A - Y_B) \tag{5.13}$$

λ, α, β 是各个约束条件相关联的乘数，一般也可把 λ 看作是其他个人效用水平相对于 U_A 的权数，α, β 分别解释为两种商品的影子价格。

求 $L(\pi, Y)$ 对 π_A, π_B, Y_A, Y_B 的一阶偏导数，令它们等于 0，可以得出：

$$\partial U_A / \partial \pi_A = \alpha \tag{5.14}$$

$$\partial U_A / \partial Y_A = \beta \tag{5.15}$$

$$\partial U_B / \partial \pi_B = \alpha \tag{5.16}$$

$$\partial U_B / \partial Y_B = \beta \tag{5.17}$$

由此可知，

$$\frac{\partial U_A / \partial \pi_A}{\partial U_A / \partial Y_A} = \frac{\alpha}{\beta} = \frac{\partial U_B / \partial \pi_B}{\partial U_B / \partial Y_B} \tag{5.18}$$

则表示低收入者 A 购买 π、Y 两个商品的边际效用的比率（MRS_A）与高收入者 B 购买 π、Y 两个商品的边际效用的比率（MRS_B）相等时，达到社会医疗保险基金筹资水平的帕累托最优值。

这里社会医疗保险基金遵循完全补偿原则，即保险人所筹集上来的医疗保险费用，按照疾病风险化解的需要全部的支出给了参保人，即使考虑了补偿系数，参保人承担了一定的自付额，保险人在筹资中也有所体现补偿系数，减少了名义的筹资水平。实现了筹资和补偿对等的公平问题，即缴费者享受到医疗保险待遇，未缴费者不能享受医疗保险待遇，这既是制度结构的公平，也是社会医疗保险基金的补偿公平。

5.4.3 保险人承诺兑现的帕累托最优

1）保险人承诺变量的嵌入对需求模型的扩展

以上分析有两个重要的假定：第一，筹集的保险费以纯保费设计，保险人不以营利为目的（保险人利润为零），管理成本由其他部门提供（管理成本为零）；第二，如果疾病发生，政府选择完全兑现"期初承诺"，即百分之百支付基金筹集时所承诺支付的医疗费用补偿。居民面对疾病风险，选择参加医疗保险来化解风险，当遇到疾病时可以维持其一定水平的补偿。责权对等原则和补偿原则是保险的基础原则，而"过低"补偿，显然违背了保险原理。所以，保险人在制度供给之前，一个隐性的制度目标承诺是参保人可以获得与其缴费相对等的补偿。在这个承诺支付中，主要包括：与社会医疗保险基金筹资水平相对应的支付水平；与契约订立时所承诺化解风险对应的保障项目；与契约订立时的筹资人群对应的保障人群。

如果放开第二个假定，那么，函数关系将发生变化。实际上，在社会医疗保险基金筹集之后，保险人有理由不完全履行与参保人之间的合同。这种不履行合约的行为可以理解为：提供的补偿系数 δ 低于期初设计的支付目标；契约订立时所承诺化解风险无法全部实现保障；没有缴纳保费的人群享有保险待遇，使得参保人的待遇减少。因此，有必要考虑参保人面临疾病风险，即参保人需要医疗保险费用补偿时，保险人是否兑现了这种承诺。

根据式（5.2）可知，在补偿系数 $\delta=1$ 的情况下，考虑保险人兑现承诺的补偿程度，式（5.2）可以改写为：

$$\widetilde{W} = (1-p)u(w\text{-}\pi) + p[qu(w\text{-}\pi) + (1-q)u(w\text{-}\pi\text{-}c)] \quad (5.19)[1]$$

根据式（5.3）可知，在补偿系数 $0 < \delta < 1$ 的情况下，考虑保险人兑现承诺的补偿程度式（5.3）可以改写为：

$$\widetilde{W} = (1-p)u(w\text{-}\pi) + p[qu(w\text{-}\pi\text{-}(1-\delta)c) + (1-q)u(w\text{-}\pi\text{-}c)] \quad (5.20)$$

q ——保险人对于保险合同所作承诺的兑现程度（或者简称："承诺兑现程度""目标偏移程度"），如果参保人没有获得完全补偿，即 $q < 1$，则意味着保险人违约。在全部兑现承诺时，风险厌恶型的参保人愿意购买保险，保险提高了参保人在境况糟糕（发生疾病风险）时候的产出（从 $w\text{-}c$ 到 $w\text{-}pc$ ），降低了境况好（不发生疾病风险）的时候的产出（从 w 到 $w\text{-}pc$ ）。

2）保险人目标偏移程度对参与人行为的影响

以上分析可知，参保人的行为不仅取决于风险特征（风险厌恶型的参保人更愿意参加保险，而风险中性或者风险偏好的参保人则不愿意参加保险），而且取决于"期初承诺"的兑现程度或者目标偏移程度 q 。以上的模型在结构上与多尔蒂（N.Doherty）和施莱辛格（H.Schlesinger）的模型相类似，前者主要假设参保人可以选择保险覆盖的程度（即一种部分保险），后者则排除了这种部分保险，参保人可以选择参加保险，或者不参加保险。而我国的基本医疗保险体系中，同时包含了这两种可能性：对于城镇职工基本医疗保险，参保人可以选择少缴保险费[2]，类似于多尔蒂（N.Doherty）和施莱辛格（H.Schlesinger）的部分参保；对于城镇居民基本医疗保险和新农合，参保人可以选择不参加保险或者参加保险。

比较式（5.1）和式（5.2）可知，参保人做出是否参保的决定取决于风险发生的概率 p ，分别考虑 $p=0$、$p=1$、$0 < p < 1$ 三种情况：

如果 $p=0$，则 $W = (1\text{-}0)u(w) + 0 \times u(w\text{-}c) = u(w)$
$$\widetilde{W} = u(w\text{-}\pi) = u(w\text{-}0) = u(w)$$
$$\Rightarrow W = \widetilde{W}$$

如果 $p=1$，则 $W = (1\text{-}1)u(w) + 1 \times u(w\text{-}c) = u(w\text{-}c)$
$$\widetilde{W} = u[(w\text{-}\pi) + (1\text{-}\delta)c] = u[(w\text{-}\delta c) + (1\text{-}\delta)c] = u(w\text{-}c)$$

---

① 在式（5.2）中，为了简化模型不考虑起付线、共付段和封顶线的制度设计，只要参保人遭受到保险范围内的损失，就可以获得完全的补偿，即 $\delta = 1$。这里补偿系数 δ，不同于后面的补偿可能性 q，也就是说即使补偿系数 $\delta = 1$，补偿的可能性 q 也可以小于1，即 $q < 1$。补偿系数 δ 主要根据起付线、共付段等制度设计给予确定；而补偿可能性 q 取决于保险人（或政府）的支付意愿。

② 用人单位可以通过降低缴费工资基数，或者少报参保人员来实现。本书在 2018 年的一次调查中也发现了一桩某保安公司未曾给其员工缴纳社会医疗保险的案例，由此可见一斑。

$$\Rightarrow W = \widehat{W}$$

如果 $0 < p < 1$,则 $\widehat{W} > W$。

当 $p=0$,表示疾病风险一定不发生,保险人由于无须提供损失补偿,保费 $\pi=0$,参保人是否投保的效用相同,即 $w = \widetilde{w}$;当 $p=1$,表示疾病风险一定发生,保险人由于要提供完全补偿,所以需要征收与之相对应的疾病支出的保费即 $\pi = \delta c$,而在疾病风险发生后,参保人需要支付保费补偿之外的医疗费用即 $(1-\delta)c$,那么参保后的保险支付与自付之和为实际产生的医疗费用 c。所以,在这两点上参保人是否参保的期望效用相同 $W = \widehat{W}$。

在 $0 < p < 1$ 时,意味着疾病风险是否发生是不确定的。在这里,假设保险人全部兑现承诺($q=1$),风险厌恶型的参保人愿意购买保险,参加保险后的期望效用大于未参加保险的期望效用即 $\widehat{W} > W$。

如果考虑 $q < 1$,参保人参保必须满足的条件是 $q > q^*$。那么根据式(5.1)和式(5.19)求解 $W = \widehat{W}(q)$,则

$$(1-p)u(w) + pu(w-c)$$
$$= (1-p)u(w-\pi) + p[qu(w-\pi) + (1-q)u(w-\pi-c)]$$
$$\Rightarrow$$

$$(1-p)u(w) + pu(w-c)$$
$$= (1-p)u(w-\pi) + pqu(w-\pi) + pu(w-\pi-c) - pqu(w-\pi-c)$$
$$\Rightarrow$$

$$q^* = \frac{(1-p)u(w) + pu(w-c) - u(w-\pi) + pu(w-\pi) - pu(w-\pi-c)}{p[u(w-\pi) - u(w-\pi-c)]}$$
$$\Rightarrow$$

$$q^* = 1 - \frac{u(w-\pi) - [(1-p)u(w) + pu(w-c)]}{p[u(w-\pi) - u(w-\pi-c)]} \tag{5.21}$$

所以,q^* 被看作是参保人可以接受的承诺兑现系数。如果保险人的实际承诺兑现系数 $q > q^*$,意味着参保人获得参保的效用,做出参保的决策。这里的参保人可接受的承诺兑现系数仅仅可以看作保险人单方面决策和单项制度安排的最优,并没有把保险人整个社会目标的实现考虑进去。一方面,保险人需要考虑投资健康对经济增长的长期影响[1],另一方面,社会医疗保险制度是保证居民

---

[1] JACK W, LEWIS M. Health investments and economic growth: Macroeconomic evidence and microeconomic foundations [M]. Washington, DC: World Bank, 2009.

的健康需求的重要手段,短期做到"病有所医",长期实现"全民健康"。[①]

3)参保人与保险人之间的帕累托最优

首先,保险项目生产的帕累托最优。

在完全竞争的筹资市场中,保险人和参保人都是价格的接受者。在这里参保人和保险人的效用分别为:

$$U^P = U^P(\pi^P, Y^P) \tag{5.22}$$

$$U^G = U^G(\pi^G, Y^G) \tag{5.23}$$

筹资的帕累托最优可知:

$$MRS^P_{\pi Y} = K_\pi / K_Y \tag{5.24}$$

$$MRS^G_{\pi Y} = K_\pi / K_Y \tag{5.25}$$

$$从而,MRS^P_{\pi Y} = K_\pi / K_Y = MRS^G_{\pi Y} \tag{5.26}$$

其中:π——保险项目;Y——其他商品;P——参保人;G——保险人;K_π——保险项目的价格;K_Y——其他商品的价格。

其次,保险项目交易的帕累托最优。

在完全竞争的社会医疗保险基金支付市场中,保险人和参保人都是价格的接受者。

支付的帕累托最优可知:

$$MRTS^\pi_{C(p)C(G)} = K_P / K_G \tag{5.27}$$

$$MRS^Y_{C(p)C(G)} = K_P / K_G \tag{5.28}$$

$$从而,MRTS^\pi_{C(p)C(G)} = K_P / K_G = MRS^Y_{C(p)C(G)} \tag{5.29}$$

其中:$C(p)$——参保人投入的资本;$C(G)$——保险人投入的资本;K_P——参保人投入资本的价格;K_G——保险人投入资本的价格。

需要指出的是,这里参保人投入的资本 $C(p)$ 与上述 w 有关,是 w 的增函数,即个人财富收入越高其可能投入的资本也越多,而保险人投入的资本 $C(G)$ 主要基于保险人的财政收入状况,保险人财政收入越充裕,可供保险人投入的 q 越多。

最后,在两个市场均为完全竞争条件下,生产一个单位的保险项目 π ,所放弃的其他商品 Y 的数量:

$$MRT_{\pi Y} = |\triangle Y / \triangle \pi| \tag{5.30}$$

$$从而,MRS^P_{\pi Y} = MRS^G_{\pi Y} = MRT_{\pi Y} = K_P / K_G$$

① 刘国恩.经济增长与国家医改——关于"中国梦"的实质[J].卫生经济研究,2014(01):4-7.

由此可知,在加入保险人与参保人共同决定的医疗保险基金收支均衡中,保险人围绕 q 决定医疗保险基金的筹集和支付数额,不仅取决于 q^* ,即保险人医疗保险政策目标,而且与保险人的其他政策目标有关。保险人需要在社会医疗保险项目目标和其他项目目标之间找到平衡,并依据实际状况来决定新的 q^*_{new} 。

而保险人也有三种情况:

$$q^*_{new} < q^* \tag{5.31}$$

$$q^*_{new} = q^* \tag{5.32}$$

$$q^*_{new} > q^* \tag{5.33}$$

不可否认的是,式(5.21)为社会医疗保险基金收支平衡的适度水平给出了一个简单的标准。尽管这种标准是以保险人为视角给出的,但值得注意的是,社会医疗保险制度最优化收支水平的适度标准,需要以保险人制度建构的形式实现出来。保险人实际给出的标准可高于这个标准,也可以低于这个标准,而最为理想的状态是达到这个标准。在这里保险人和参保人同时被纳入医疗保险基金的筹集和支付中,既有可能保险人实际支付超过承诺支付水平挤占参保人的医疗保险基金,也有可能保险人维持一个合理的承诺支付水平挤占参保人的医疗保险基金;而基于公平嵌入必须进一步思考,在保险人不挤占参保人基金的基础上,如何更好地体现自身在维持健康目标和社会安全方面的责任,不仅不挤占参保人的社会医疗保险基金筹资,甚至加入更多的资源,来帮助医疗保险项目体系的构建,乃至整个国民健康体系的建立。这一目标的达成,需要依据一系列影响决策的因子来实现。

5.5　本章小结

这部分主要对社会医疗保险基金收支适度水平标准设计、适度水平标准确立原则、适度水平标准内容和适度水平标准达成的微观机理进行了分析:

(1)在适度水平标准的设计方面,主要探讨了标准的定义和适度水平标准的释义,并从发达国家经验、我国医改实践和"健康中国"战略中找到了水平适度标准的确立依据。

(2)在适度水平标准的确立方面,主要分析了有限需求满足原则、筹资承受能力原则、保障机会平等原则、经济发展水平原则四个方面。

(3)在适度水平标准的内容方面,主要基于《"健康中国 2030"规划纲要》确立了以个人卫生支出和人均预期寿命为基础的社会医疗保险基金收支规模标准；从深化新医改的角度分析了社会医疗保险制度覆盖率、基本卫生服务可及性等筹资公平与支付公平标准；从"健康中国"的实现出发，对保险人支出目标提出了达成度标准；从基金使用率维度提出了基金补偿标准；同时，探讨了各项指标综合协调和耦合标准。

（4）在确立适度标准达成的微观机理方面，讨论了符合参保人需求的帕累托最优的参保决策过程；基于交易公平的帕累托最优，分析了参保人契约形成、筹资水平决定的健康生产边界、筹资的帕累托最优条件；基于保险人承诺兑现的帕累托最优，分析了嵌入保险人承诺变量对需求模型的扩展、保险人目标偏移程度对参与人与保险人行为的影响、参保人与保险人之间的帕累托最优模型。

第6章 测量与评价：医保基金收支平衡的量与质

　　城镇职工基本医疗保险制度建立以来的二十多年时间里，我国医疗保险基金收支状况发生了巨大的变化，在改变了人们的就医习惯和就医行为的同时，也留下了许多亟须解决的改革难题。社会医疗保险基金收支筹资标准是否合理？社会医疗保险基金支付水平是否足够保障参保人需求？社会医疗保险基金结余水平是否过高或收不抵支？社会医疗保险基金维护健康平等权利的程度如何？面对党的十九大提出"实施健康中国战略"目标，政府的健康战略目标是否能达成？这就需要对社会医疗保险基金收支的数量平衡和质量平衡进行数量观察，探讨一个真实的社会医疗保险基金收支的数量水平和各项质量指标量化后的水平状况。本章对近二十年来有关影响社会医疗保险基金收支的数据进行了整理和分析，旨在根据社会医疗保险基金收支标准，结合社会医疗保险基金收支所处的不同历史阶段，对我国社会医疗保险基金收支的数量平衡与质量平衡作出客观评价。

6.1　数量初探：描述性统计

6.1.1　社会医疗保险基金筹资水平分析

　　由于传统劳保医疗和公费医疗主要覆盖国有企事业单位和政府工作人员，只被部分群体享受，而改革开放后新设立的个体私营企业、外资企业被排除在制度之外。1993 年 4 月 14 日，国家体改委、财政部、劳动部、卫生部共同制定了《关于职工医疗制度改革的试点意见》，在镇江市、九江市进行社会医疗保险制度改革试点，正式启动了"统账结合"的城镇职工基本医疗保险。制度要求建立基本医疗保险费由用人单位和职工分别按照 6% 左右和 2% 缴费。由此可以列出社会医疗保险基金收支缴费方程为：

$$MI = \sum_{i=1}^{n} w_i^e * 6\% + w_i^p * 2\% \qquad (6.1)$$

由式(6.1)可以看出，MI 为一个国家或者地区社会医疗保险筹资总额，w_i^e 为企业人均缴费工资基数，w_i^p 个人缴费工资基数。根据我国医疗保险基金实际筹集数据可以看出，我国城镇职工基本医疗保险基金收入自 1994 年以来，呈现出不断增长的曲线。如图 6-1 所示，从 1993 年的 1.4 亿元，上涨为 2016 年的13 084.3 亿元。这不仅与参保人数 n 的增加有关，而且与工资基数上涨相关。

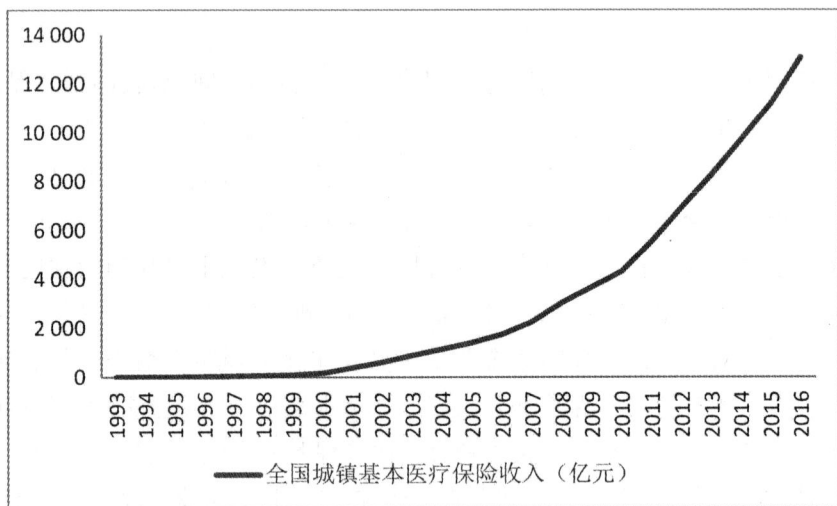

图 6-1 全国城镇基本医疗保险收入

由于我国社会医疗保险基金尚属于省市级统筹，一般缴费率为 6%，也往往根据地区不同有所浮动，如上海市规定，单位缴费为 8% 的城镇职工基本医保和 2% 的地区医疗费用附加，这样单位综合负担率就是 10%，加上个人缴费的 2%，实际城镇职工基本医保的基金缴费率达到了 12%。为了减轻用人单位缴费压力，这一缴费比率有着下调的趋势。所以，实际缴费水平往往与地区缴费人口和征缴率有关。同时，上海市还规定了 300% 的缴费上限与 60% 的缴费下限。如图 6-2 所示，可以看出上海市自 2003 年到 2016 年社会医疗保险基金筹资的数据。

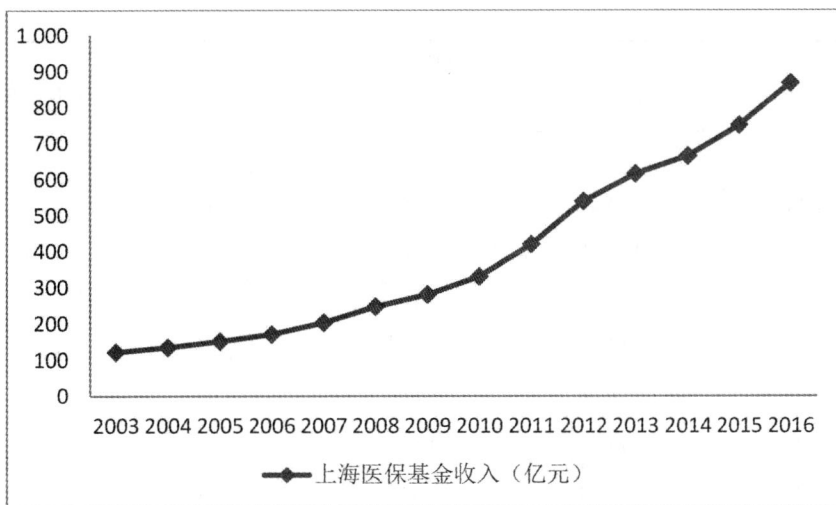

图 6-2　上海基本医疗保险基金收入

比较全国与上海的数据可以看出,无论是全国还是地方,我国社会医疗保险基金收入在不断增长,与上海相比,全国的数据更为平滑。

为了计算社会医疗保险基金筹资水平,就需要确定一个实际的缴费率。这个缴费率可以用个人实际缴费占工资收入的百分比来计算,则实际缴费公式可以写为:

$$RR = \frac{MI/PI}{AW} \times 100\% \qquad (6.2)$$

其中 MI 是社会医疗保险筹资总额,PI 是缴费人数,AW 是平均工资,根据上海市历年社会医疗保险缴费的数据和工资收入,可以得到上海市实际缴费率 RR 如表 6-1。

表 6-1　上海市历年社会医疗保险基金筹资水平

年份	参保在职职工（万人）	平均工资（元）	基金收入（亿元）	实际缴费率
2003	459.06	22 160	121.56	0.12
2004	453.26	24 398	134.29	0.12
2005	452.70	26 823	151.08	0.12
2006	453.60	29 569	170.57	0.13

（续表）

年份	参保在职职工 （万人）	平均工资 （元）	基金收入 （亿元）	实际缴费率
2007	456.83	34 707	202.80	0.13
2008	460.07	39 502	246.59	0.14
2009	476.72	42 789	280.11	0.14
2010	608.41	46 757	329.77	0.12
2011	937.95	51 968	419.70	0.09
2012	954.46	56 300	539.67	0.10
2013	955.70	60 435	615.64	0.11
2014	967.64	65 417	664.74	0.11
2015	980.54	71 268	750.15	0.11
2016	991.60	78 045	867.59	0.11

从表 6-1 可以看出，上海市总体筹资水平较高，根据全国数据对比分析可知，上海市筹资水平多出全国平均水平 1 倍左右。从上述上海市维持较高缴费率的原因分析可以看出，作为全国经济发展的龙头和桥头堡，上海市具有良好的管理优势，社会医疗保险基金筹资的征缴率较高，由于从 2010 年 4 月 1 日开始，上海市将从事自由职业和个体经济组织的从业人员纳入城镇职工基本医疗保险，导致了 2010 年和 2011 年上海市社会医疗保险基金筹资水平下降。2013 年上海市开始降低企业医疗保险基金缴费率，企业缴费从 12％降低到 11.5％，因此，2013—2016 年上海市城镇职工基本医疗保险缴费率维持在 11％左右，和名义缴费率基本相当。

表 6-2　全国历年社会医疗保险基金筹资水平

年份	参保在职职工 （万人）	基金收入 （亿元）	平均工资 （元）	实际缴费率
1994	400.3	3.2	4 538	0.018
1995	745.9	9.7	5 500	0.024
1996	855.7	19	6 210	0.036
1997	1 762	52.3	6 470	0.046

（续表）

年份	参保在职职工（万人）	基金收入（亿元）	平均工资（元）	实际缴费率
1998	1 877.6	60.6	7 479	0.043
1999	2 065.3	89.9	8 346	0.052
2000	3 786.9	170	9 371	0.048
2001	7 285.9	383.6	10 870	0.048
2002	9 401.2	607.8	12 422	0.052
2003	10 901.7	890	14 040	0.058
2004	12 403.6	1 140.5	15 920	0.058
2005	13 782.9	1 405.3	18 200	0.056
2006	15 731.8	1 747.1	20 856	0.053
2007	18 020	2 257.2	24 721	0.051
2008	19 995.6	3 040.4	28 898	0.053
2009	21 937.4	3 671.9	32 244	0.052
2010	23 734.7	4 308.9	36 539	0.050
2011	25 227.1	5 539.2	41 799	0.053
2012	26 485.6	6 938.7	46 769	0.056
2013	27 443.1	8 248.3	51 483	0.058
2014	28 296	9 687.2	56 360	0.061
2015	28 893.1	11 192.9	62 029	0.062
2016	29 531.5	13 084.3	67 569	0.066

对比而言，全国数据中社会医疗保险基金筹资率为5%～6%。由表6-2可知，从全国数据来看，自1997年以来，全国社会医疗保险基金筹资率维持在4%以上，并且有进一步提升的趋势，到2016年增长为6.6%。但是上海市总体筹资水平有下降的趋势，2018年社会医疗保险基金缴费率下降为11.5%，由此可见一斑。从全国数据可以看出，导致实际缴费率上升的一个重要因素是征缴率的提高。随着2011年《社会保险法》的出台，缴纳包括医疗保险在内的各项社会保险的规范性发生了质的变化，如果过去的瞒缴、漏缴医疗保险费用只是一种违反政策的行为，随着法律体系完善，瞒缴、漏缴医疗保险费用将是一种违法行为。

对比全国与上海数据,可以发现由于上海市工资水平较高,就业状况较高,以及管理措施比较健全,社会医疗保险基金的征缴率较高,所以,实际缴费率也要远远高于全国。而全国社会医疗保险基金筹资率的提高,也反映了我国社会医疗保险基金的规范性正在被越来越多的企业和个人认同,征缴手段也越发有效。未来随着我国社会医疗保险基金缴费纳入税务统一征收,其征缴力度还会进一步加大,这也为降低社会医疗保险基金缴费率留出了一定的空间。

6.1.2 医疗保险支付水平分析

对于医疗费用支付而言,不仅需要考察医疗保险费用的实际支出,而且需要考虑到社会医疗保险基金支付对于患者整体医疗费用的分担能力。医疗保险基金、医疗费用等支出,既取决于保险人公共支出的多少,也取决于人民收入水平增长释放了多少医疗保险需求和医疗卫生需求。社会医疗保险基金支付水平可以用社会医疗保险基金支出占社会医疗保险基金筹资的比重来衡量。社会医疗保险基金支付率指标反映了在既定的社会医疗保险基金筹资水平下,有多少份额的基金被用来补偿参保人疾病风险支出。如果基金支付率较高,那么可以从数量上说明保险人社会医疗保险基金承诺兑现程度较高;反之,如果基金支付率较低,那么也从数量上说明保险人社会医疗保险基金承诺兑现程度较低。

表 6-3　1997—2016 年全国医疗保险基金支出

年份	医疗保险基金支出(亿元)	社会医疗保险基金支付率	年份	医疗保险基金支出(亿元)	社会医疗保险基金支付率
1997	40.5	77.4%	2007	1 561.8	69.2%
1998	53.3	88.0%	2008	2 083.6	68.5%
1999	69.1	76.9%	2009	2 797.4	76.2%
2000	124.5	73.2%	2010	3 538.1	82.1%
2001	244.1	63.6%	2011	4 431.4	80.0%
2002	409.4	67.4%	2012	5 543.6	79.9%
2003	653.9	73.5%	2013	6 801	82.5%
2004	862.2	75.6%	2014	8 133.6	84.0%
2005	1 078.7	76.8%	2015	9 312.1	83.2%
2006	1 276.7	73.1%	2016	10 767.1	82.3%

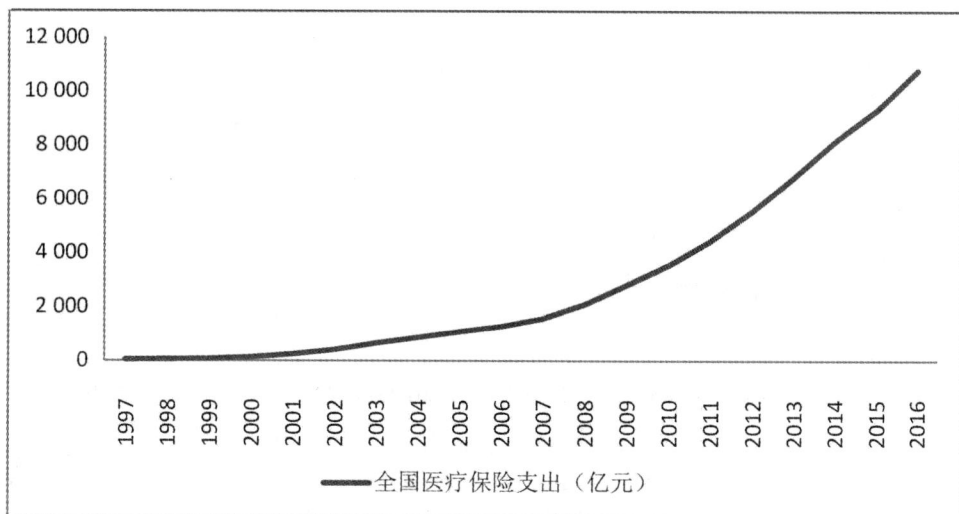

图 6‐3　1997—2016 年全国社会医疗保险基金支出

从表 6‐3 可以看出，我国社会医疗保险基金支出率低于 85％，在 2001 年仅有 63.6％，处于较低水平，但同时能够看出随着人口老龄化的来临、收入增长带来参保人有效医疗需求的释放，使得社会医疗保险基金支付率有进一步上升的趋势。而图 6‐3 中的全国社会医疗保险基金支出数据反映出医疗保险的需求情况。但是，这一支出增长在地区之间会有所不同。如表 6‐4 和图 6‐4 所示。

表 6‐4　2003—2016 年上海医疗保险基金支出

年份	社会医疗保险基金支出(亿元)	社会医疗保险基金支付率	年份	社会医疗保险基金支出(亿元)	社会医疗保险基金支付率
2003	117.06	96.3％	2010	300.08	91.0％
2004	119.45	88.9％	2011	326.49	77.8％
2005	146.44	96.9％	2012	363.33	67.3％
2006	156.12	91.5％	2013	409.19	66.5％
2007	179.60	88.6％	2014	468.07	70.4％
2008	222.13	90.1％	2015	518.94	69.2％
2009	242.77	86.7％	2016	571.92	65.9％

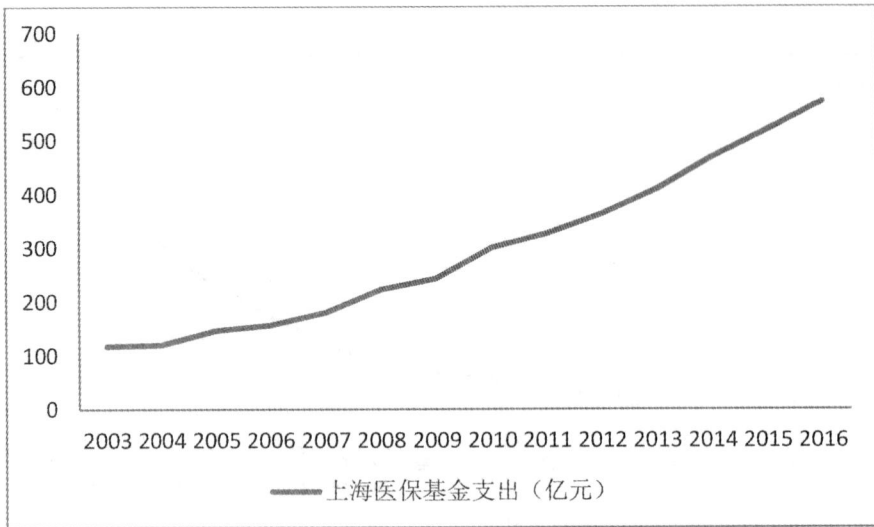

图 6‑4　2003—2016 年上海市社会医疗保险基金支出

从图 6‑4 可以看出，十多年来，上海市社会医疗保险基金支付总额在逐步增长，说明上海市社会医疗保险基金支付不断满足参保人的需求。但如表 6‑4 所示，上海社会医疗保险基金支出总额上涨的背后，却是社会医疗保险基金支付率下降的事实。自 2011 年 7 月 1 日起，上海市根据《社会保险法》的精神调整了城镇职工基本医疗保险的覆盖人群，规定将与本市用人单位建立劳动关系的外来从业人员纳入本市城镇职工基本医疗保险的覆盖范围。这一政策出台降低了社会医疗保险制度负担，降低了社会医疗保险基金的支付率。

与社会医疗保险基金支出相对应的指标是社会卫生支出和个人卫生支出水平，个人卫生支出水平可以用人均医疗卫生费用支出占个人工资性收入的比重来衡量。

表 6‑5　政府、社会、个人卫生支出占卫生总费用比例

年份	政府	个人	社会	年份	政府	个人	社会
1997	16％	53％	31％	2007	22％	44％	34％
1998	16％	55％	29％	2008	25％	40％	35％
1999	16％	56％	28％	2009	27％	37％	35％
2000	15％	59％	26％	2010	29％	35％	36％

（续表）

年份	政府	个人	社会	年份	政府	个人	社会
2001	16%	60%	24%	2011	31%	35%	35%
2002	16%	58%	27%	2012	30%	34%	36%
2003	17%	56%	27%	2013	30%	34%	36%
2004	17%	54%	29%	2014	30%	32%	38%
2005	18%	52%	30%	2015	30%	29%	40%
2006	18%	49%	33%	2016	30%	29%	41%

数据来源：根据《中国统计年鉴 2017》整理

　　如表 6-5 所示，近年来，个人卫生支出水平占比有所降低，社会卫生支出占比上升。尽管从费用负担结构看，个人支付医疗费用负担比重有所下降，但 2013 年到 2016 年期间，居民医疗费用消费占总医疗费用的比重不降反升。

表 6-6　2013—2016 年全国城乡居民人均医疗保健支出占消费支出比例

年份	城镇人均医疗保健消费支出占消费支出比例	农村人均医疗保健消费支出占消费支出比例
2013	6.14%	8.92%
2014	6.54%	8.99%
2015	6.75%	9.17%
2016	7.07%	9.17%
2017	7.27%	9.66%

数据来源：根据《中国统计年鉴 2017》整理

　　由表 6-6 可以看出，农村居民的个人医疗保健支出水平高于城镇居民人均医疗保健支出水平。为了能够了解不同收入群体的医疗费用负担状况，本书采集了 2002 年至 2012 年之间，不同收入群体分组数据，对比观察了城镇不同收入群体居民家庭人均医疗保健消费占现金消费之比。如表 6-7 所示。

表 6-7　不同收入群体居民家庭人均医疗保健消费占现金消费比例

年份	城镇最低收入户(10%)	城镇较低收入户(10%)	城镇中等偏下收入户(20%)	城镇中等收入户(20%)	城镇中等偏上收入户(20%)	城镇较高收入户(10%)	城镇最高收入户(10%)
2002	4.8%	6.9%	6.8%	7.0%	7.4%	7.4%	7.2%
2003	6.9%	6.7%	7.1%	7.1%	7.4%	7.9%	7.4%
2004	6.5%	6.9%	7.0%	7.2%	8.0%	7.6%	7.2%
2005	7.5%	7.2%	7.3%	7.7%	8.1%	8.2%	6.7%
2006	6.9%	7.3%	7.0%	7.5%	7.5%	7.7%	6.2%
2007	7.0%	6.7%	7.0%	7.1%	7.4%	7.2%	6.3%
2008	7.1%	7.4%	7.4%	7.2%	7.3%	7.0%	5.9%
2009	7.4%	7.5%	7.2%	7.4%	7.2%	6.9%	6.0%
2010	7.4%	6.5%	6.6%	6.9%	6.6%	6.3%	5.8%
2011	7.5%	6.8%	7.0%	6.5%	6.3%	6.3%	5.6%
2012	7.5%	7.0%	6.8%	7.0%	6.3%	6.1%	5.2%

数据来源：根据《中国统计年鉴 2017》整理

注：从 2013 年起，国家统计局开展了城乡一体化住户收支与生活状况调查，与 2013 年前分城镇和农村住户调查范围、方法和指标口径有所不同。

从表 6-7 可以看出，不同人群之间的医疗费用负担不同。城镇中等收入户医疗保健消费占比变化不大，具体包括：城镇中等偏下收入户(20%)、城镇中等收入户(20%)从 2002 年到 2012 年支出占比围绕 6.8%上下波动。城镇中等偏上收入户(20%)、城镇较高收入户(10%)、城镇最高收入户(10%)的家庭医疗保健消费占比下降，分别从 7.4%、7.4%、7.2%下降为 6.3%、6.1%、5.2%。而城镇较低收入户(10%)、城镇最低收入户(10%)的医疗费用负担不降反升，分别从 4.8%、6.9%上升为 7.5%、7.0%。如果以结果公平作为评价社会医疗保险基金支出公平性的标准，那么，不同收入群体之间医疗费用支出差异，展示出我国社会医疗保险基金支付中存在着一定的不平等状况，相对高收入而言，社会医疗保险基金支付并没有减轻低收入者的整体医疗负担，而是增加了该群体的医疗负担。

6.1.3　社会医疗保险基金结余水平分析

从全国社会医疗保险基金收支结余来看，平均年度结余率达到了 20%，其中大多数月份大于 20%，但自从 2013 年之后社会医疗保险基金收支结余率下降到 20% 以内。维持社会医疗保险基金收支有一个合理的结余水平，不仅是医疗保险分散疾病风险的需要，更是减轻居民医疗费用负担的重要途径。一般而言，更多的社会医疗保险基金支付，有利于提升医疗保障水平，从而减轻居民的医疗费用负担。

表 6-8　中国城镇基本医疗保险基金结余水平

年份	年度结余率	累计结余率	年份	年度结余率	累计结余率
1997	22.56%	31.74%	2007	30.81%	109.73%
1998	12.05%	33.00%	2008	31.47%	112.87%
1999	23.14%	64.07%	2009	23.82%	116.45%
2000	26.76%	64.59%	2010	17.89%	117.13%
2001	36.37%	65.95%	2011	20.00%	111.57%
2002	32.64%	74.15%	2012	20.11%	110.17%
2003	26.53%	75.35%	2013	17.55%	110.53%
2004	24.40%	83.99%	2014	16.04%	109.89%
2005	23.24%	90.95%	2015	16.80%	112.06%
2006	26.92%	100.30%	2016	17.71%	114.37%

由于我国城镇基本医疗保险制度还没有实行全国统筹，因此，不同地方依然可以根据其实际需要，适当地调整社会医疗保险基金的结余水平。

通过上海和全国结余水平的分析比较可以看出：上海市基本社会医疗保险基金收支结余呈现出增长趋势。2011 年是一个关键性的时间节点，在 2010 年以前，上海市基本社会医疗保险基金收支年度结余率维持在 10% 上下，自 2012年开始的随后五年中，上海市的结余水平跃入 30% 以上。究其原因可以看出，外来从业人员纳入城镇职工基本医疗保险基金增加了上海市社会医疗保险基金的筹资能力，尽管 2012 年上海市调整了城镇职工基本医疗保险门急诊医疗费用支付办法，准许历年账户资金用于个人自付部分，并于 2013 年降低了职工基本医疗保险缴费比例（由原来的 14％调整为 13％），但由于实施了社会医疗保险基金支付管理和社会医疗保险基金总额预付制度等有效的控费手段，加上外来人员重缴费轻补偿等原因，使得上海市基本社会医疗保险基金结余水平较高。

而纵观全国社会医疗保险基金收支结余率却正好相反，2002 年至 2009 年全国结余率保持在 20％～35％的区间内，保持了较高的结余水平，但是自 2010年开始全国社会医疗保险基金结余率下降到 16％左右。全国社会医疗保险基金结余率低于上海既与缴费率低、征缴率低的因素相关，也与经济发展中不存在外来人员缴费等因素有关。

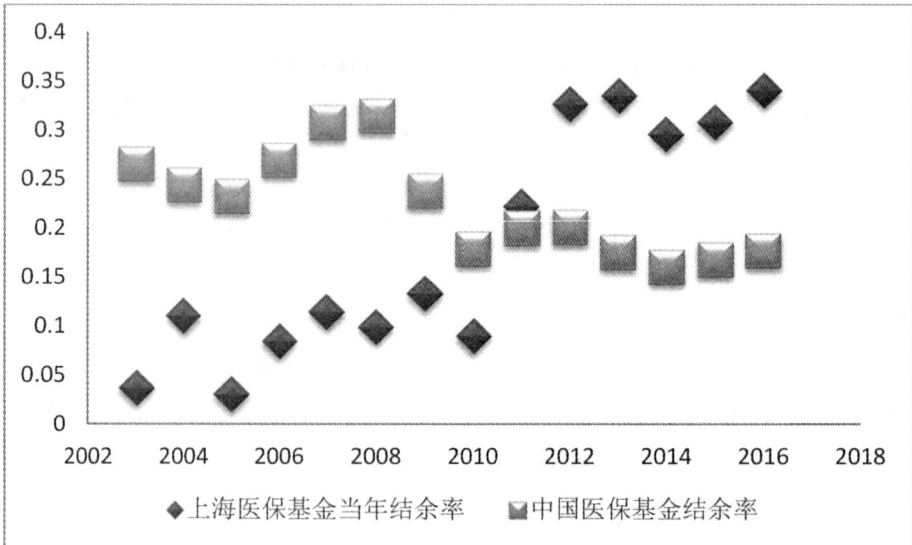

图 6-5　上海社会医疗保险基金结余率与全国的比较

结余率既反映了社会医疗保险补偿水平和保障能力，也反映了保险人的管理水平和能力。在假设保险人有足够的管理水平和能力的前提下，不考虑代际风险转嫁，则结余率就应该越低越好。如果说社会医疗保险基金收支结余，是由城镇职工这样的长期保险项目所导致的，或是为了解决老年人不缴费的问题，并应对人口老龄化的来临的话，那么，具有完全短期项目的城乡居民医疗保险结余就显得有点牵强。

表 6 - 9　2016 年主要省份城乡居民医疗保险收支结余　　　（单位:亿元）

	收入	支出	累计结余	结余支付时间(月)
全国	2 810.5	2 480.4	1 992.6	9.6
北京	25.8	17	34.3	24.2
天津	47.4	29.4	49.9	20.4
上海	53.8	55.5	7.8	1.7
江苏	122.4	109.7	75.4	8.2
重庆	145.9	135.4	84.8	7.5
湖北	56.0	42.3	88.8	25.2
广东	400	342.6	344.0	12.0
海南	10.5	9.0	13.2	17.6

　　从表 6 - 9 可以看出,除了上海市城乡居民医疗保险基金结余水平可以满足 1.7 个月支付外,有 2 个地区的结余水平超过了 6 个月支付(如重庆为 7.5 月、江苏为 8.2 月),3 个地区的结余水平可以支付 12~24 个月的支付(如天津为 20.4 月、广东为 12 月、海南为 17.6 月),甚至还有两个地区超过了 24 个月的支付(如湖北为 25.2 个月,北京为 24.2 个月)。很明显可以看出,大部分地区城乡居民社会医疗保险基金的结余水平已经超过了"略有结余"的政策设置目标,也远远高过了 3 个月到 6 个月的国际通行标准。

6.2　质量初探:单指标测量

6.2.1　公平指标的测量与评价

　　公平既有客观性,也融入了一定的主观评判。客观的公平性可以通过均值、方差、离差指数等进行测量,但是公平的主观感受却远不能用相对指标获得。为了能够更加实际地反映出不同指标对于社会医疗保险制度公平性的衡量,本书采用德尔菲法设计客观指标的权重,试图做到客观评价和主观评价的统一。在公平指标的选取中主要包括:社会医疗保险覆盖率指标、收支公平性指标和服务可及性指标三个指标内容。各指标赋权分别为 0.25、0.5 和 0.25。运用等分法、回归分析法和综合指数法进行计算。总评价值在 0.8~1 为优秀,在 0.6~0.79 为中,小于 0.6 为差。

首先,覆盖率指标。

我国基本医疗保险制度经历了部分人群覆盖(城镇职工)到广覆盖,再到制度全覆盖的演变过程。有几个关键性的制度节点需要注意,一是 1998 年我国推出《城镇职工基本医疗保险制度》,该制度将非国有单位城镇职工纳入了基本医疗保险,实现了国有单位和非国有单位享受基本社会医疗保险的制度公平;二是我国于 2007 年开始实行《城镇居民基本医疗保险》试点,制度将城镇居民纳入基本医疗保险,实现了城镇职工和城镇居民享受基本社会医疗保险的制度公平;三是国务院于 2016 年 1 月 12 日印发《关于整合城乡居民基本医疗保险制度的意见》,该制度将城镇居民基本医疗保险制度与新农合进行了整合,旨在实现城乡居民享受基本社会医疗保险的制度公平。在制度变革中,我国社会基本医疗保险制度的覆盖率也在不断提高,从 1997 年的 4.5％的覆盖率,增加到 2017 年的 94％的覆盖率,如图 6－6 所示。

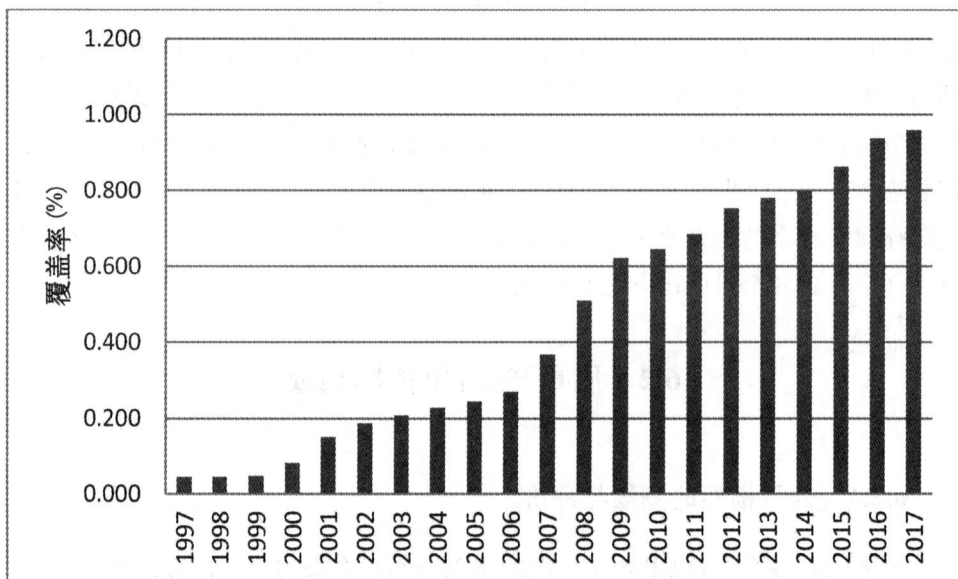

图 6－6　社会基本医疗保险制度覆盖率

从图 6－6 可以看出,我国社会医疗保险制度覆盖率增长逐步提高,已经接近了全覆盖的制度目标。随着社会医疗保险制度覆盖面的提高,我国医疗保险制度的公平性也随之上升。给更多的人提供医疗保障不仅是起点公平的开端,而且是机会公平所必需的制度设计。

其次,收支公平性。

衡量公平的指标有很多,如单因素分析、极差法、洛伦兹曲线与基尼系数、泰勒指数(Theil Index)、差异指数(ID)与集中指数等。为了能够简易化问题,本书采取了类似于洛伦兹曲线的设计思路。原始洛伦兹曲线公式如下:

$$L(s/n)=L_{(P)}=\frac{\sum_{i=1}^{s} y_{(i)}}{\sum_{i=1}^{n} y_{(i)}} , (s=0,1,2,\cdots,n;p=s/n) \quad (6.3)$$

根据城镇不同收入人群的数据,本书设 $P=0.2$,即将 $L_{(0.2)}$ 定义为最低20%个体总费用负担除以全社会费用负担。由于数据值为缴费率,所以把原始洛伦兹曲线变换为概率密度分位数函数形式:

$$L_{(P)}=\frac{\int_{q=0}^{p} Q(q)\,dq}{\int_{q=0}^{1} Q(q)\,dq} \quad (6.4)$$

在式(6.4)的基础上求得公平指数 $L_{(0.2)} / L_{(0.5)}$ 。2002—2012 年的公平指数图 6-7 所示。

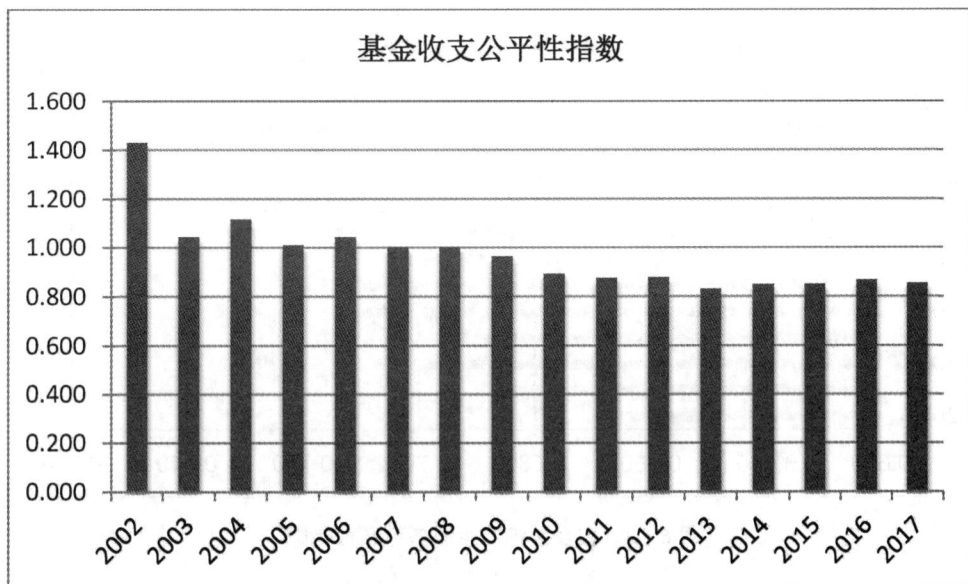

图 6-7　城镇社会医疗保险基金收支公平指数

从图 6-7 可知,该指标反映了城镇不同收入居民医疗费用占收入的比例,2007 年之前城镇职工基本医保公平值较高,并非因为制度的公平性较高,而是因为职工基本医保的内部公平性,掩盖了"城镇职工"与"非城镇职工"之间不公的问题。由于居民收入水平较低,尤其是城镇较低收入阶层,在没有医疗保险覆盖的情况下,社会医疗保险基金的需求未能满足,医疗卫生支出受到限制。同时,由于医疗卫生供给有限,人们在面对疾病风险时,无奈地选择了"大病拖、小病扛"。随着国民收入的提高,这种状况得到了改善,个体有了更多的收入来支付医疗费用,从而刺激了医疗卫生消费。

再次,医疗服务可及性。

这里的医疗服务可及性主要采用城乡之间每千人医疗卫生机构床位数据,以城乡合计每千人医疗卫生机构床位数为分母,用农村每千人医疗卫生机构床位数为分子,可以得到大致的城乡之间医疗卫生服务可及性指数,如图 6-8 所示。从 2017 年国家统计年鉴数据显示,从 2001 年以来我国农村千人医疗卫生机构床位数有了较大幅度的增长。并且自 2009 年以来农村医疗卫生床位数也有了较多的增长,但是与城市床位数的增长速率相比,其上升趋势放缓。

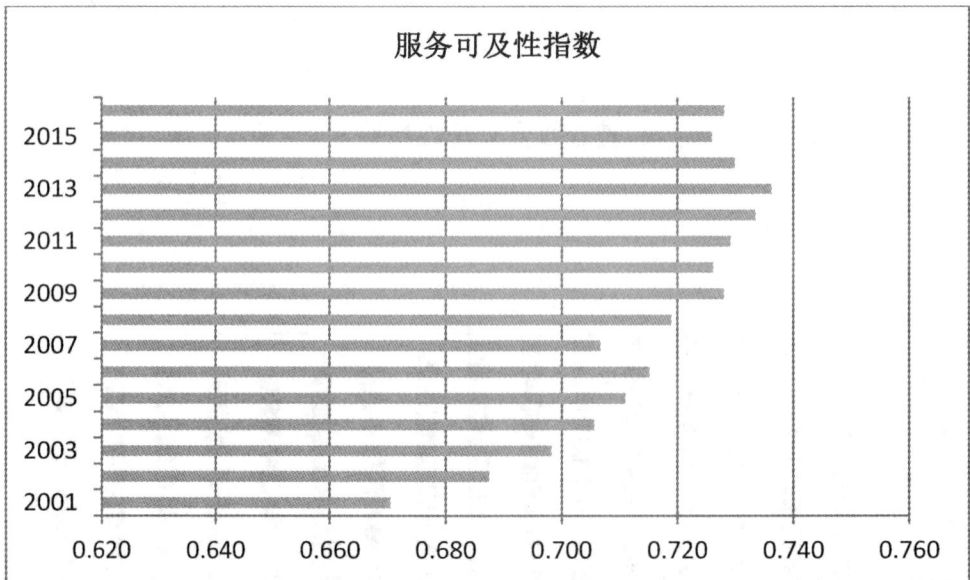

图 6-8　城乡医疗卫生服务可及性指数

最后,基于公平指标的综合测量。

根据社会医疗保险覆盖率、待遇公平性和服务可及性指数的测量结果,并采用德尔菲法分别赋予各项指标的权重为 0.25、0.5 和 0.25,可以看出我国社会医疗保险基金收支公平指数正在逐步提高,如图 6-9 所示。

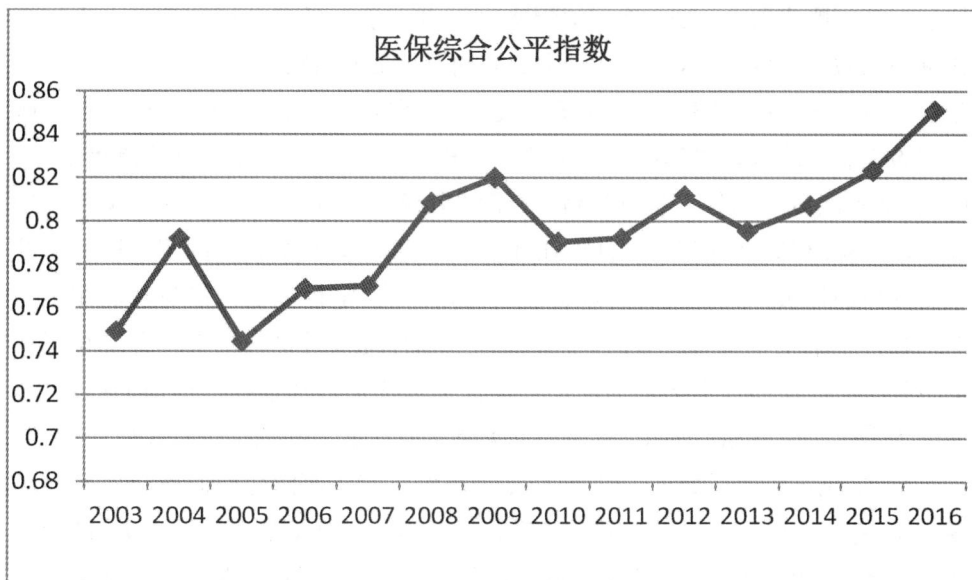

图 6 - 9　社会医疗保险公平综合测量指标

由图 6 - 9 可知,社会医疗保险公平综合指标从 2003 年的 0.749 提高到 2016 年的 0.85,超过了医疗保险客观公平值 0.8 的水平,整整提高了 0.11 之多。由此,可以认为我国社会医疗保险基金覆盖面扩大的作用功不可没,但是也应当看到,随着社会医疗保险基金覆盖率逐步接近 100%,带动社会医疗保险制度公平性的力量也在减少,医疗服务可及性指标以及社会医疗保险基金收支结构公平性指标方面还存在着较大的改善空间。

6.2.2　承诺兑现度的测量与评价

保险人是否兑现了承诺可以从两个方面进行测量,一个指标是社会医疗保险基金的使用状况,即社会医疗保险基金是否按照社会医疗保险基金的筹资水平进行了足额使用,可以从社会医疗保险基金年度结余率指标进行观测;另一指标是政府卫生支出比重,或者个人医疗卫生费用承担状况,在满足医疗需求的前提下,政府卫生支出的减少势必会增加社会卫生支出和个人卫生支出的比重。无论是社会筹资还是个人筹资其最终承担者都将与个体的劳动贡献相关。

第一,社会医疗保险基金目标使用率指标。学界专家认为社会医疗保险基金结余主要是由于个人账户累积造成,一般来说统筹账户是没有或者较少出现基金结余的,而个人账户属于具有私有产权性质的账户,个人可以根据自身的身体状况使用账户资金，无须统一调配使用。由于个人账户是帮助参保人应付个体纵向风险的制度安排，这种具有生命周期特点的制度安排，使得社会医疗保险基金具备了长期项目特征。针对这种观点，笔者在专家访谈中发现，由于社会医疗保险基金从现收现付到部分积累的制度转变中，不可避免地出现了制度老人、中人，即不缴费的退休人员，或者没有足额缴费的待退休人员，同样占据并使用社会医疗保险基金的情况。所以，在社会医疗保险基金筹资中，除了在职职工的基金支付还提供了退休人员的基金支付，这样在一定程度上可以与在职职工的个人账户结余相互抵消。考虑到人口老龄化的冲击，需要根据人口老龄化系数调节社会医疗保险基金结余的使用。在社会医疗保险基金收支平衡的测算中，保险人做了类似的精算安排，本书对此类制度安排的实际效果进行评价。

首先，制度赡养系数 α。在 2007 年之前城镇基本医疗保险制度主要覆盖城镇职工，那么制度赡养系数主要是离退休人员数除以在职职工缴费人数，即制度赡养系数 α＝离退休人员/缴费人数。2007 年之后，由于城镇基本医疗保险不仅包括了城镇职工，还包括了城镇居民，那么，制度赡养系数则由离退休人员数除以在职职工缴费人数与城镇居民缴费人数之和确定，即职工缴费人数，即制度赡养系数 α＝离退休人员/（在职职工缴费人数＋城镇居民缴费人数）。计算结果如图 6-10 所示。

其次，社会医疗保险结余平衡系数 β。如果说制度赡养系数是为了测量社会医疗保险基金需要对多少离退休人员（非缴费人员）提供社会医疗保险支付，那么社会医疗保险结余平衡系数则是为了在社会医疗保险基金筹集时，同时考虑到离退休人员及其自身疾病风险化解所需筹集资金的平衡系数。2007 年社会医疗保险基金筹集主要考虑到城镇职工，社会医疗保险结余平衡系数主要是在职缴费职工人数除以全部参保人数，即社会医疗保险结余平衡系数 β＝在职职工人数/参保职工人数；2007 年之后城镇基本医疗保险基金中包括了城镇居民，那么社会医疗保险结余平衡系数为缴费职工与缴费居民之和除以参保总人数，即社会医疗保险结余平衡系数 β＝参保城镇在职职工人数＋城镇居民人数/参保总人数。系数如图 6-10 所示。

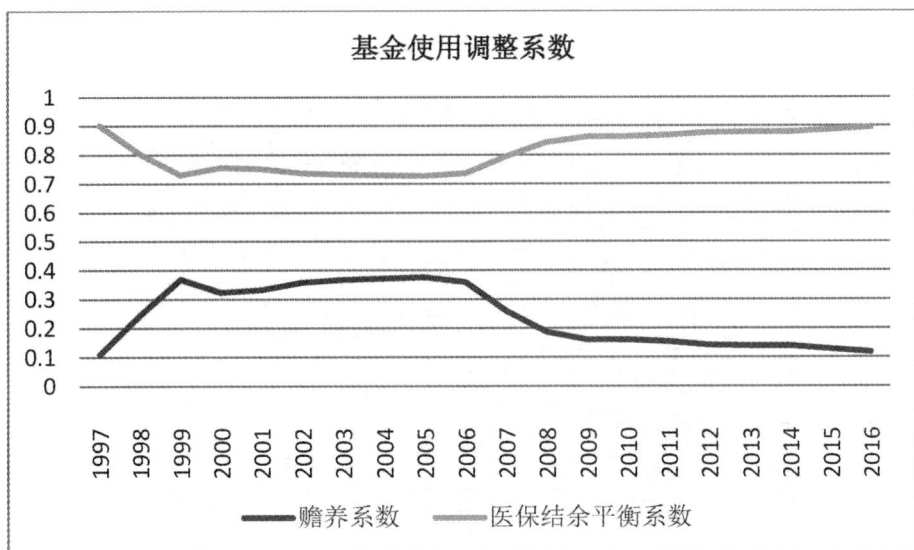

图 6‑10　社会医疗保险基金使用调整系数

　　最后，社会医疗保险基金补偿率指标。2007 年之前人均社会医疗保险支出为社会医疗保险基金支出总额除以城镇职工基本社会医疗保险基金覆盖人数，即人均社会医疗保险支出＝社会医疗保险基金支出总额/城镇参保职工人数；2007 年之后人均社会医疗保险支出为社会医疗保险基金支出总额除以城镇社会医疗保险基金覆盖人数，即人均社会医疗保险支出＝社会医疗保险基金支出总额/（城镇参保职工人数＋城镇参保居民人数）。人均社会医疗保险基金筹资也进行了分年核算，其中 2007 年之前人均社会医疗保险基金筹资额为社会医疗保险基金筹资总额除以城镇在职职工人数，即人均社会医疗保险筹资额＝社会医疗保险基金筹资总额/城镇参保在职职工人数；2007 年之后人均社会医疗保险基金筹资为城镇社会医疗保险基金筹资总额除以城镇社会医疗保险基金筹资人数，即：人均社会医疗保险筹资额＝（社会医疗保险基金城镇职工筹资总额＋社会医疗保险基金城镇居民筹资总额）/（城镇参保在职职工人数＋城镇参保居民人数）。根据公式转换可以求得，目标补偿率＝人均支出/人均筹资＝（支出总额/筹资总额）*β，具体计算结果如图 6‑11 所示。

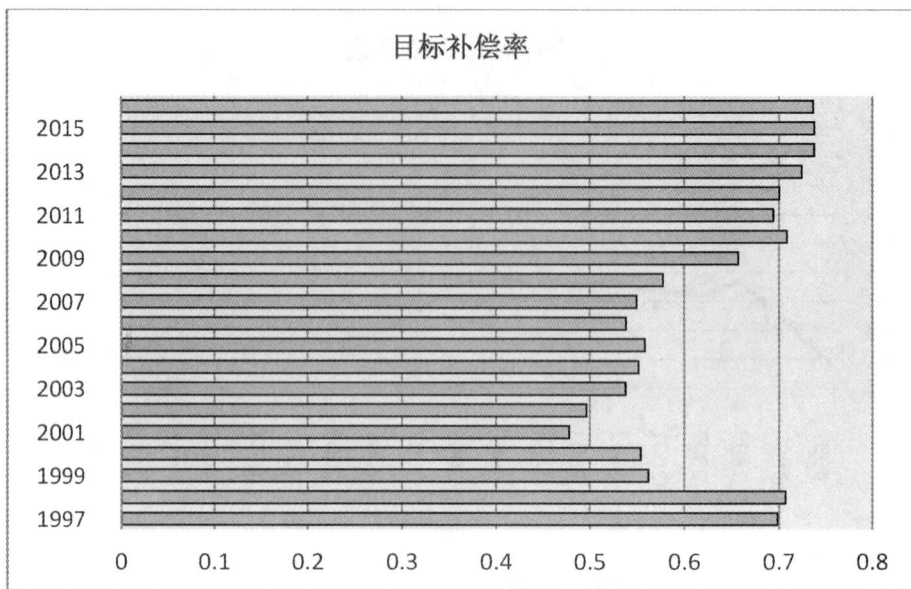

图 6－11　社会医疗保险基金补偿率指标

　　从图 6－11 可以看出 1997—2016 年社会医疗保险基金的年度补偿状况。在 2007 年之前我国社会医疗保险基金补偿状况偏低，除了在 1997、1998 年制度设计伊始，补偿率达到了近 70％，后面一路走低，甚至在 2001 年、2002 年降低到 50％以下，大部分社会医疗保险基金筹资未能较好地补偿和化解疾病风险。除城乡之间的医疗可及性差异尚存以外，在社会医疗保险制度建立后，社会医疗保险制度也未能实现补偿公平。但随后我国启动的新医药卫生改革，逐步使得目标补偿状况得到明显改善，补偿系数在 2005 年之后提高到 55％左右。社会医疗保险基金补偿系数真正得到改善应该从 2007 年开始算起，随着城镇居民基本医疗保险制度的推出，保险人更加注重社会医疗保险基金的补偿公平，从 2011 年开始社会医疗保险基金补偿率达到了 70％，2014—2016 年社会医疗保险基金补偿率达到 73％左右，这充分说明在提升社会医疗保险质量的总框架下，我国社会医疗保险基金支付承诺兑现程度也明显提高。但即便如此，社会医疗保险基金补偿率还没有达到 75％的水平，尤其是考虑到累计结余，社会医疗保险基金补偿率更是明显偏低。

　　第二，政府卫生支出测量。政府卫生支出可以从两个方面进行测量：一个是政府卫生支出占国民生产总值的比重，这个指标主要用来衡量政府用于投入医疗卫生事业的财政资金在其他公用事业中的比重；另一个是政府卫生支出占整个医疗卫生支出的比重,这个指标旨在衡量政府、社会、个体之间医疗卫生费用的分担情况。

　　首先,是政府卫生支出占国民生产总值的比重。从图 6－12 可以看出,我国政府卫生支出占国内生产总值的比重相对较低,尤其在 2007 年之前,这项支出一直低于 1%。究其原因不难发现,我国长期以来执行的是以药养医的卫生政策,这种政策有着特殊的历史条件。在改革开放初期,出于经济发展的需要,我国更多的资源集中到市场领域,在民生领域关注较少。但是随着经济的发展,社会主义和谐社会理念的提出,更加公平可持续的社会保障制度的出台,我国政府开始把更多的资源投入到民生领域。2007 年之后,我国推进了城镇居民基本医疗保险制度建设,对参保居民实行了补贴,公共卫生支出也随之提高,2016 年政府卫生支出占国内生产总值比重达到了 1.8%。其次,是政府卫生支出占整个卫生支出的比重,如图 6－13 所示。

图 6－12　政府卫生支出占国内生产总值的比重

　　从图 6－13 中可以看出,近 20 年来,我国政府卫生支出的比重在逐步提高,从 1997 年的 16% 提高到 2016 年的 30%。而个人现金支出也在进一步减少,从 1998 年的 55% 降低到 2016 年的 29%。从《"健康中国"2030 规划纲要》来看,到 2020 年个人现金支出要降低到 28%,到 2030 年降低到 25% 左右。个人现金卫生支出占比的减少,体现了我国社会医疗保险制度的进一步健全。我国居民看病就医正在从直接支付为主的个人卫生费用支出,转向以第三方支付为主的社

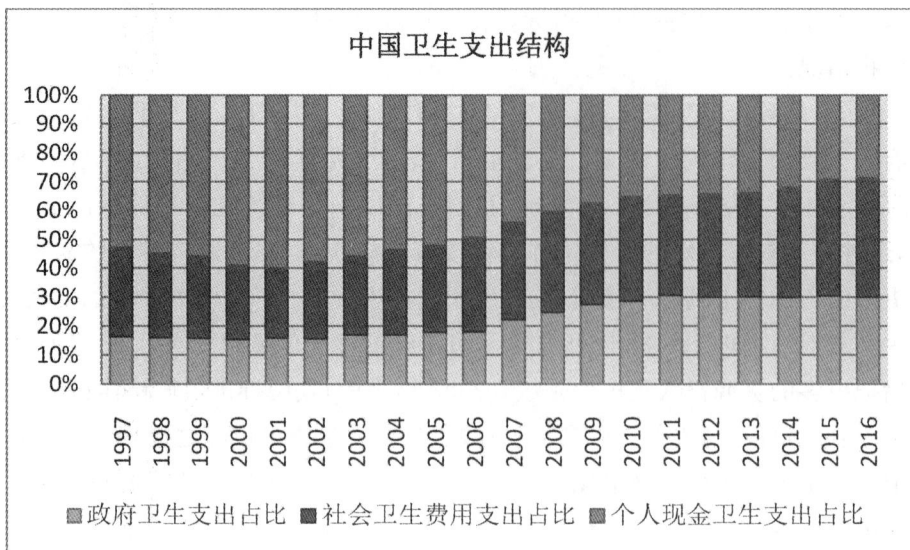

图 6-13 政府卫生支出占卫生总支出的比重

会卫生费用支出，由此可知，社会医疗保险制度带来的红利较为明显。这不仅是因为社会医疗保险制度带来了规范的医疗卫生市场和服务，更为重要的是城乡居民医疗保险制度的出台提升了政府卫生支出的比重。从而不仅提高了保险人的目标支付率，同时，也让保险人通过在保险筹资阶段的补贴兑现了民生保障承诺，推动了医疗卫生体制的改革。根据"实施健康中国战略"的要求，本书认为未来政府卫生支出占医疗总费用的比重，也需要进一步增加，到 2020 年至少存在1%～3%的提升空间，而 2030 年也存在 4%～6%的提升空间。

6.2.3 个体需求的测量与评价

医疗保险需求是个体卫生需求的函数，即个体卫生需求的变化对医疗保险的需求产生影响，而实际上，我国医疗保险制度的需求似乎很难观测。一方面，城镇职工基本医疗保险，这是一个强制性的制度安排，无论个人是否存在参保意愿、身体状况好还是差，往往都应该参加医疗保险；另一方面，由于城居保和新农合存在着政府和集体的补贴，个人实际缴费占筹资总额的比例约为 30%，所以，在被低估的保险价格面前，参保需求往往会被放大，个体面对巨大的参保福利，没有理由选择不参保。因此，这里考察医疗保险需求，主要从个体卫生需求层面来进行。个体卫生需求至少受到三个方面的因素影响，即个体收入、卫生产品供给和医疗保险覆盖。

首先，变量选取。根据影响因素主要选取包括覆盖率、医疗卫生机构床位数（万张）、执业医师数（万人）、平均工资（元）、人均卫生费用（元）等变量。基于保险促进医疗支出的假设，根据大量实证研究的结论显示医疗保险支出促进了医疗消费；基于供给创造需求理论，医疗卫生床位数、医生数目的增加促进了医疗消费；基于需求理论，选取了人均卫生费用指标，因为收入的增加释放了医疗卫生需求。选取统计年鉴数据，并对数据进行皮尔逊检验，每个统计显著相关（$p < 0.05$）的相关用 * 标注，如表 6 - 10 所示。

表 6 - 10　变量的皮尔逊相关矩阵

	FGL	CWS	YSS	JGZ	JWF
FGL	1.0000				
CWS	0.9468 *	1.0000			
	0.0000				
YSS	0.9454 *	0.9941 *	1.0000		
	0.0000	0.0000			
JGZ	0.9803 *	0.9866 *	0.9846 *	1.0000	
	0.0000	0.0000	0.0000		
JWF	0.9602 *	0.9958 *	0.9929 *	0.9947 *	1.0000
	0.0000	0.0000	0.0000	0.0000	

其中：FGL——覆盖率；CWS——医疗卫生机构床位数（万张）；YSS——执业医师数（万人）；JGZ——平均工资（元）；JWF——人均卫生费用（元）。

其次，基于多元回归方程的测量。

根据影响因素和变量选取建立公式为：

$$JWF = f(FGL; CWS; YSS; JGZ) \tag{6.5}$$

将变量纳入传统的需求方程，表示为具体的函数表达式：

$$JWF_y = C + a_1 FGL_y + a_2 CWS_y + a_3 YSS_y + a_4 JGZ_y + \varepsilon \tag{6.6}$$

其中：C 为常数，a_1、a_2、a_3、a_4 为系数；ε 为随机扰动项；y 为年份，表示从 1997—2016 年的数据。

根据式(6.6)，运用反向剔除法对选取变量进行逐步回归，直到保留的预测变量都在 0.05 水平上显著,见表 6‐11。

表 6‐11　个体卫生费用支出的实证分析

自变量	系数	标准差	t 统计量	p 值
C	-812.3138	132.4393	-6.13	0.000
JGZ	0.0373964	0.0071645	5.22	0.000
GFL	-533.1476	231.5944	-2.30	0.035
CWS	2.731487	0.5906312	4.62	0.000
修正后的 R^2	0.9976			
F 统计值	2593.30			

最后,卫生需求测量结果评价。从表 6‐11 可以看出,回归方程剔除了变量 YSS 执业医师数量,而这一变量与 CWS 医疗卫生机构床位数量一起,构成了医疗卫生供给类变量,旨在测量卫生供给对卫生需求的影响,这两个变量之间存在着多重共线性,而模型自动剔除符合假设预期。

从系数数值来看,医疗卫生机构床位数与平均工资对医疗需求产生了正向影响,这符合模型假设,可以解释为居民收入增加将会带动卫生需求的增长,医疗卫生资源供给的增加不仅会正向影响卫生需求,而且影响幅度较大,即每增加 1 万张床位会导致人均卫生费用增加 2.73 元,供给创造需求的假设成立,这也可以解释为卫生床位数的增加释放了医疗卫生需求。

覆盖率指标为负数,即医疗保险覆盖率的增长并没有正向推高医疗卫生费用。这里有三种解释:一是医疗保险覆盖率提高并没有真正解决"看病难""看病贵"的问题,没有刺激到居民的医疗卫生需求;二是医疗保险覆盖率的提高,要求居民缴费,削弱了居民医疗卫生支出的能力,降低了居民医疗卫生整体支出;三是覆盖率指标只反映了整体覆盖状况,并未能从结构上显示不同群体的医疗费用负担状况,解释能力不足。

总之,通过以上数据可以分别测量出我国社会医疗保险基金社会公平、政府目标、个体需求状况,对各项指标之间的关系及其对社会医疗保险基金收支水平适度的影响,还需要通过综合性的指标进行评价。

6.3　系统耦合：综合性评价

6.3.1　综合指标系统耦合协调评价指标体系

由前面分析可知，社会医疗保险基金收支适度性的平衡由数量和质量两个系统组成，在数量系统中，主要包括城镇基本医疗保险基金收入、城镇基本医疗保险基金支出、城镇职工基本医疗保险基金实际缴费率、城镇社会医疗保险基金实际支付率四个指标。而在质量系统中，主要由社会医疗保险基金收支质的平衡性三个维度构成：个体需求、平等权利、目标实现。在个体需求维度主要选取医疗卫生机构床位数、预期寿命（考虑到预期寿命数据不连续，这里用老年抚养比指标替代）、平均工资、人均卫生费用指标；平等权利维度主要选取社会卫生支出占比、服务可及性指标、城镇基本医疗保险覆盖率、医疗卫生费用分担系数；目标实现维度主要选取城镇基本医疗保险基金年度结余率、政府卫生支出占比、政府财政收入增长率、政府财政收入。

表 6 - 12　综合指标系统耦合协调评价指标

指标簇	指标层	单位
收支数量	城镇基本医疗保险基金收入	亿元
	城镇基本医疗保险基金支出	亿元
	实际缴费率	%
	社会医疗保险基金支付率	%
个体需求	医疗卫生机构床位数	万张
	老年抚养比	%
	平均工资	元
	人均卫生费用	元
平等权利	社会卫生支出占比	%
	医疗服务可及性	%
	城镇基本医疗社会医疗保险覆盖	%
	医疗卫生费用分担系数	%

（续表）

指标簇	指标层	单位
目标实现	城镇基本医疗保险基金年度结余率	％
	政府卫生支出占比	％
	目标补偿率	％
	政府财政收入	亿元

表 6-12 中的数据主要来源于《中国统计年鉴 2017》，以及根据年鉴数据进行处理后获得，处理过程已经在前面的章节分别呈现。

6.3.2 基金收支平衡指标耦合研究方法

首先，数据的预处理。

在指标体系中，数据单位和数据属性可能不同，在对指标进行综合评价时需要对拟使用数据进行预处理，本书决定采用极差标准化方法，对原始数据进行无量纲化处理：

$$\begin{cases} q_{ij} = \dfrac{x_{ij} - x_{ij\min}}{x_{ij\max} - x_{ij\min}} （正项指标） \\ q_{ij} = \dfrac{x_{ij\max} - x_{ij}}{x_{ij\max} - x_{ij\min}} （负项指标） \end{cases} \tag{6.7}$$

式(6.7)中：q_{ij} 为社会医疗保险基金收支平衡系统 i 指标 j 标准化后的数值，$x_{ij\max}$ 为社会医疗保险基金收支平衡指标系统 i 指标 j 最大值，$x_{ij\min}$ 为社会医疗保险基金收支平衡指标系统 i 指标 j 最小值，x_{ij} 为指标原始值。q_{ij} 反映了各指标达到目标的满意程度，q_{ij} 趋近于 0 为最不满意，q_{ij} 趋近于 1 为最满意，且 $0 \ll q_{ij} \ll 1$。

其次，突变级数法。

突变级数法是在突变理论基础上发展起来的综合评价方法，突变理论是 20世纪 70 年代发展起来的一门新的数学学科，其特点是根据系统的势函数将系统的临界点分类，研究分类临界点附近非连续性态的特征，从而归纳出若干初等突变模型，它们依次为基础探索自然和社会中的突变现象。[1] 突变级数法的核心是根据突变理论分歧方程推导出归一化公式，建立递归运算法则，基于指定时间

① 李陈，沈世勇，孟兆敏.长三角城市群人居环境系统的耦合协调关系研究[J].上海经济,2018(02):59-71.

内在逻辑关系对其重要程度进行排序,给出底层指标的突变模糊隶属度值。[①]最常见的突变系统类型有尖点突变系统、燕尾突变系统、蝴蝶突变系统,其数学模型分别为[②]:

尖点突变系统模型:$f(x) = x^4 + ux^2 + vx$　　　　　　　　　(6.8)

燕尾突变系统模型:$f(x) = \dfrac{1}{5}x^4 + \dfrac{1}{3}ux^3 + \dfrac{1}{2}vx^2 + wx$　　　(6.9)

蝴蝶突变系统模型:$f(x) = \dfrac{1}{6}x^6 + \dfrac{1}{4}ux^4 + \dfrac{1}{3}vx^3 + \dfrac{1}{2}wx^2 + tx$　(6.10)

以上突变模型中,x 为突变系统中的状态变量,$f(x)$ 为状态变量 x 的势函数,u、v、w、t 为状态变量的控制变量。通过计算,不同突变模型的归一化公式为:

尖点突变系统:$xu = u^{1/2} \quad xv = v^{1/3}$　　　　　　　　(6.11)

燕尾突变系统:$xu = u^{1/2} \quad xv = v^{1/3} \quad xw = w^{1/4}$　　　(6.12)

蝴蝶突变系统:$xu = u^{1/2} \quad xv = v^{1/3} \quad xw = w^{1/4} \quad xt = t^{1/5}$　(6.13)

如果一个指标的下一层指标个数多余 4 个,则需要运用主成分方法对指标进行合并,使得指标个数不超过 4 个,社会医疗保险基金收支平衡指标体系的耦合协调度利用的是突变级数法测算指标簇,每个指标簇指标为 4 个,所以,不需要进行主成分分析处理。[③]

再次,耦合协调度模型方法。我国对耦合度和协调度的研究方法有:王毅应用耦合模型分析了现代服务业与城市化之间的协调关系;毕国华用耦合模型分析了我国生态文明建设与城市化的耦合协调发展;周成等分析了生态环境与旅游产业耦合协调,并做了预测。[④] 由于社会医疗保险基金收支涉及数量平衡和质量平衡两个方面,同时在质的平衡性中又包括了政府目标导向、社会公平认知、个体内在需求三个层面,综合考虑我国医疗体制改革、新医药卫生事业改革的情况,为了便于对比研究,本书借鉴耦合协调度模型,来全面反映这四大系统之间的耦合协调关系,以观测社会医疗保险基金适度性,社会医疗保险基金适度性耦合协调模型表示如下:

$$L = \left\{ \frac{M_1 \times M_2 \times M_3 \times M_4}{[(M_1 + M_2 + M_3 + M_4)/4]^4} \right\}^k \qquad (6.14)$$

① 李陈,沈世勇,孟兆敏.长三角城市群人居环境系统的耦合协调关系研究[J].上海经济,2018(02):59-71.

② 李陈,沈世勇,孟兆敏.长三角城市群人居环境系统的耦合协调关系研究[J].上海经济,2018(02):59-71.

③ 李陈,沈世勇,孟兆敏.长三角城市群人居环境系统的耦合协调关系研究[J].上海经济,2018(02):59-71.

④ 李陈,沈世勇,孟兆敏.长三角城市群人居环境系统的耦合协调关系研究[J].上海经济,2018(02):59-71.

式(6.14)中：L 为社会医疗保险基金收支质量平衡指标与数量平衡指标的耦合度,取值区间为 $[0,1]$, L 值越大说明社会医疗保险基金收支系统相互作用越强,彼此适度性越好；M_1、M_2、M_3、M_4 分别为收支数量指标、政府目标指标、社会公平指标、个体需求指标经突变模型计算后各自的综合得分；k 为调节系数,在实际运用中应该使 $k \geqslant 2$,本项目 k 取2。

耦合度可以描述社会医疗保险基金收支质、量指标之间的相互作用和影响程度,但无法反映社会医疗保险基金收支水平的高低。因此,本书引入了耦合协调度模型测度指标之间的协调程度,即计算公式为：

$$H = \sqrt{L \times S}, S = \alpha M_1 + \beta M_2 + \gamma M_3 + \delta M_4 \qquad (6.15)$$

式(6.15)中：H 为耦合协调度,L 为耦合度,S 为社会医疗保险基金收支平衡4大指标体系经突变级数测算的综合得分值,α、β、γ、δ 为待定系数。由于本书认为4大指标体系处于同等地位,故 α、β、γ、δ 皆取值0.25。

根据耦合度 L 和耦合协调度 H 的取值,参考已有文献划分标准,结合近20年来我国社会医疗保险基金收支改革政策变革的具体情况,本书对社会医疗保险基金收支平衡指标系统耦合度和耦合协调度的标准进行划分,见表 6-13。

表 6-13　社会医疗保险收支指标系统耦合度和耦合协调度等级划分

耦合度	耦合阶段	耦合水平代表值	耦合协调度	耦合协调等级	耦合协调水平代表值
$L = 0$	最小耦合		$D = 0$	不协调	
$0 < L \leqslant 0.3$	低水平耦合	理想状态值 0.25	$0 < D \leqslant 0.3$	低度协调	理想状态值 0.25
$0.3 < L \leqslant 0.5$	拮抗阶段	理想状态值 0.50	$0.3 < D \leqslant 0.5$	中度协调	理想状态值 0.5025
$0.5 < L \leqslant 0.8$	磨合阶段	理想状态值 0.75	$0.5 < D \leqslant 0.8$	良好协调	理想状态值 0.75
$0.8 < L < 1$	高水平耦合	理想状态值 1.00	$0.8 < D < 1$	高度协调	理想状态值 1.00
$L = 1$	最大耦合		$L = 1$	极度协调	

根据指标耦合度和耦合协调度指标值,可以看出各个指标之间的关系,耦合度指标取值越高说明耦合度越好,耦合协调等级越高说明指标之间协调度越高,

反之亦然。

6.3.3 基金收支平衡指标耦合协调结果及评价

1)社会医疗保险基金收支平衡指标综合评价

根据突变系数法测到近 20 年来收支数量、个体需求、平等权利、目标实现指标的得分情况,对其取均值,可以观察出近 20 年来我国社会医疗保险基金收支质、量平衡各项指标平均水平。从数据得分来看,尽管数值越高意味着耦合度越高,但是本书更倾向于不同指标耦合度之间的比较,无论是动态变动趋势的比较,还是指标均值之间的比较,更能够从社会医疗保险基金收支质、量平衡两方面进行综合观察。如表 6-14 所示。

表 6-14 收支平衡指标综合评价表

年份	收支数量得分	个体需求得分	平等权利得分	目标实现得分	综合得分
1997	0.3733	0.0000	0.1604	0.5035	0.5289
1998	0.2828	0.2874	0.1733	0.4375	0.6711
1999	0.4673	0.3522	0.1790	0.5709	0.7335
2000	0.4516	0.3521	0.1992	0.5064	0.7297
2001	0.2773	0.4001	0.1470	0.4906	0.6875
2002	0.5030	0.4152	0.6723	0.6079	0.8165
2003	0.5931	0.4638	0.6592	0.6475	0.8405
2004	0.6200	0.5037	0.7222	0.6518	0.8557
2005	0.6332	0.5336	0.7296	0.6741	0.8638
2006	0.6218	0.5779	0.7820	0.6962	0.8730
2007	0.6114	0.6174	0.7850	0.7877	0.8820
2008	0.6479	0.6697	0.8337	0.8395	0.9002
2009	0.7075	0.7176	0.8493	0.8390	0.9155
2010	0.7372	0.7592	0.8320	0.8246	0.9220
2011	0.7818	0.8049	0.8207	0.8622	0.9342
2012	0.8293	0.8515	0.8430	0.8655	0.9470
2013	0.8748	0.8890	0.6982	0.8515	0.9448

（续表）

年份	收支数量得分	个体需求得分	平等权利得分	目标实现得分	综合得分
2014	0.9189	0.9265	0.8324	0.8411	0.9637
2015	0.9469	0.9645	0.8494	0.8529	0.9724
2016	0.9870	1.0000	0.8818	0.8650	0.9835
均值	0.6433	0.6043	0.6325	0.7108	0.8483

　　从表 6-14 指标簇的平均得分可以看出，目标实现指标簇的得分最高，平均得分为 0.71，其次为收支数量指标簇平均得分，再次为平等权利指标簇平均得分，最后为个体需求指标簇平均得分。可以看出，尽管满足个体需求一直是社会医疗保险基金收支制度设立的原点和初衷，但是由于经济增长目标和保险人自身的其他目标，使得这一指标簇的结果有所偏移，从均值来看反而成了最低的耦合度指标。从指标簇的变动趋势看出，目标实现指标簇得分起点较高，变动幅度最小，是由于目标实现指标中，年度结余率、目标补偿率指标较为稳定，收入增长、政府卫生支出占比持续平稳所致。保险人目标的实现一直是维持社会医疗保险基金收支平衡的重要因素。平等指标簇变动幅度最大，增长速度较为明显，可以看出服务可及性、社会卫生支出占比指标的稳步提升、社会医疗保险覆盖范围的增长提升了平等权利的实现程度。医疗卫生机构床位数和平均工资的上涨、人口老龄化程度加剧，带动了人均医疗卫生消费，使得个体需求指标簇得分增长较快。社会医疗保险基金实际缴费率、社会医疗保险基金支付率较为平稳，基金收入与支出同步增长，使得数量平衡指标簇得分上涨平稳。

　　2）社会医疗保险基金收支指标耦合协调评价

　　从社会医疗保险基金收支指标耦合度看，除 2001 年为 0.47 之外，其余时间段都在 0.5 以上，说明社会医疗保险基金收支质量平衡系统在研究期间内平均水平处于高水平阶段，收支数量、个体需求、平等权利、目标实现系统交互影响、相互作用，从波动中可以看出，社会医保基金收支平衡系统耦合度经历了"下降—上升—再下降—再上升"的螺旋上升过程，向逐步位于高水平的耦合阶段过渡。从耦合协调度来看，其数值处于 0.39～0.86，说明社会医疗保险基金收支指标耦合协调度经历了从中度协调到高度协调的过程，收支数量、个体需求、平等权利、目标实现系统的上下变动，导致了社会医疗保险基金收支耦合协调度的波动。研究期间系统运行轨迹经历了两次下降，2001 年的下降是由于收支数量、平等权利、目标实现指数簇得分下降所致,而 2013 年的下降则是由于平等权利指标簇下降所致。尽管 2006 年、2007 年收支数量簇指标得分下降,2011 年平等权利指标簇得分下降,但由于其他指标簇增长较快,因此并没有拉低耦合协调度,如表 6 - 15 所示。

表 6 - 15　收支平衡指标耦合协调评价表

年份	耦合度	耦合协调度	耦合阶段与协调发展类型
1997	0.6574	0.3941	磨合阶段中度协调
1998	0.6574	0.3941	磨合阶段中度协调
1999	0.5038	0.3977	磨合阶段中度协调
2000	0.6260	0.4347	磨合阶段中度协调
2001	0.4694	0.3513	拮抗阶段中度协调
2002	0.8752	0.6203	高水平耦合良好协调
2003	0.9275	0.6621	高水平耦合良好协调
2004	0.9351	0.6835	高水平耦合良好协调
2005	0.9495	0.6986	高水平耦合良好协调
2006	0.9484	0.7127	高水平耦合良好协调
2007	0.9410	0.7261	高水平耦合良好协调
2008	0.9441	0.7515	高水平耦合良好协调
2009	0.9715	0.7778	高水平耦合良好协调
2010	0.9893	0.7898	高水平耦合良好协调
2011	0.9949	0.8066	高水平耦合高度协调
2012	0.9990	0.8229	高水平耦合高度协调
2013	0.9641	0.7993	高水平耦合良好协调
2014	0.9904	0.8349	高水平耦合高度协调
2015	0.9865	0.8444	高水平耦合高度协调
2016	0.9833	0.8569	高水平耦合高度协调

从表 6 - 15 的类型划分可知,社会医疗保险基金收支质、量平衡系统耦合度和耦合协调度经历了磨合阶段中度协调、拮抗阶段中度协调、高水平耦合良好协

调、高水平耦合高度协调四种类型的耦合协调时期[①]。

　　磨合阶段中度协调类型分布在 2000 年之前，这一阶段的特点是，目标实现、收支数量指标簇得分较高，个体需求、平等权利指标簇得分较低。这在一定程度上表明社会医疗保险制度设立之初的特点是制度覆盖面、预期寿命和医疗床位供给等偏低所致；拮抗阶段中度协调类型主要分布在 2001 年，这一阶段的特点是收支数量指标簇得分偏低，同时，平等权利和目标实现指标簇得分下降也对耦合度和耦合协调度产生了一定的影响；高水平耦合良好协调阶段类型主要分布在 2002 年到 2010 年以及 2013 年，这一阶段，各项指标簇得分上升，尤其是个体需求得分、平等权利指标簇得分上升较为迅速；高水平耦合高度协调类型主要分布在 2011 年、2012 年以及 2014 年以后，这一阶段，各项指标簇维持了较为平稳的得分水平，在稳定目标实现指标簇得分的同时，收支数量、个体需求、平等权利三项指标簇得分增加。

　　3)社会医疗保险基金收支水平适度性评价的结论

　　公平价值理念正逐渐融入社会医疗保险基金收支平衡中来。可以看出从十五大之后，公平被看作收入再分配领域的一个重要因素，党的十五大报告提出的"提高医疗保健水平"、党的十六大报告提出的"探索建立农村医疗保险制度"、党的十七大提出的"建立基本医疗卫生制度，提高全面健康水平"、党的十八大提出的"人人享有基本医疗卫生服务"、党的十九大提出的"实施健康中国战略"等都体现了公平理念正逐步被纳入社会医疗保险基金收支指标中来，并有着进一步提高的趋势。

　　社会医疗保险基金政策目标更加注重整体协调，从政策目标切合度明显较高，到平等指标、个体需求耦合值和耦合协调度的增加，都说明了我国社会医疗保险基金收支正从数量引导、单一目标为导向，向质量提升、多重目标为导向发展。随着公共卫生服务均等化要求、社会平等认知度的提升，个体收入状况改善、教育程度提高、预期寿命延长等因素的综合作用，将成为社会医疗保险基金收支适度水平重新定义的内在推力和外部拉力，影响着我国医疗卫生制度改革的进程。

　　适度的社会医疗保险基金收支平衡能力和水平需要从医疗卫生领域供求两侧发力，但关键是在供给侧。一方面医疗保险市场、医疗卫生市场、健康市场的

---

① 　李陈，沈世勇，孟兆敏.长三角城市群人居环境系统的耦合协调关系研究[J].上海经济，2018(02)：59-71.

供方占据了信息优势，使得供方具有创造和引导需求的能力；另一方面，也由于新医药卫生体制改革、公立医院改革等需要从供给侧发力，来维持保险人目标实现、社会平等预期的平衡，来帮助参保人从社会医疗保险基金需求，到医疗卫生需求，直至健康需求满足的全过程目标的实现。

6.4　本章小结

本章主要从社会医疗保险基金收支数量、水平适度标准单项质量指标、综合指标系统耦合的水平适度性评价三个方面对社会医疗保险基金收支质量平衡做了测量和评价：

（1）在收支数量简单统计方面。结论显示，全国社会医疗保险基金收支缴费率在逐渐上升，上海由于基数较高以及降率政策，其缴费率在逐渐下降；近年来无论是全国还是上海社会医疗保险支付率都相对稳定，结余率也不低，可以看出社会医疗保险基金使用还有一定的增长空间；对比城市不同收入人群以及城乡居民社会医疗保险支出占消费支出之比可以看出，低收入群体、农村居民的医疗支出比重正在上涨，而高收入群体、城镇居民则相反，可以认为医疗需求正在释放，与此同时，低收入群体的负担也值得关注。

（2）单项质量指标测量与评价。结论显示，覆盖率提升改善了平等状况，但也应该注意到筹资和支出之间的公平指数正在下降，医疗服务可及性指标值不高使得社会医疗保险基金的收支平等状况亟须进一步改善；基金目标使用率、制度赡养系数、社会医疗保险结余平衡系数、社会医疗保险基金补偿指标变动的客观现实说明，保险人亟须改善社会医疗保险基金补偿水平；从政府、个体和社会三者卫生支出结构的变动趋势可以看出，近年来政府支出比重有所增加，但是还具有一定的提升空间。

（3）综合指标系统耦合的适度性评价，分四类指标簇进行耦合与协调评价。本书运用极差标准化方法对数据做了无量纲化处理，并运用突变级数法进行了综合评价，从而建立了耦合协调度模型，结论显示四类指标簇得分都有所提升，说明这四类指标的契合度在不断上升，但也看到平等指标和个人需求指标仍然处于均值的低位，还有进一步提升的空间。适度社会医疗保险基金收支平衡需要从医疗体制改革供求两侧发力，而关键在于供给侧，关注目标实现的同时，也是改进医疗服务可及性，提高目标基金补偿率，从而推进供给侧医疗卫生改革，提升指标耦合度的一个理念被提出。

第 7 章　相机抉择：制度变革的动力与趋势

　　社会医疗保险基金的适度水平往往会受到制度变化的影响。尤其是随着深化新医改方案的进一步实施，"实施健康中国"战略的重大举措持续推进，势必会影响到社会医疗保险基金收支的质量平衡。人力资源和社会保障部的数据显示2018 年 6 月，全国社会医疗保险基金收入同比增长率为-3.6％，出现负增长。实际上早在 2017 年 11 月份，城镇职工基本医疗保险基金实现收入 1 207.61 亿元，支出 1 257.67 亿元，首次出现了单月结余为负的情况。究其原因不难发现，自2017 年以来地方就下发通知降低职工社会医疗保险缴费率，如上海于 2017 年将单位缴费从 10％下调到 9.5％，天津自 2018 年 1 月 1 日起将单位缴费从 11％下调到 10％，杭州从 2018 年 1 月 1 日起将单位缴费从 11.5％降到 10.5％。除了企业"减负"影响到社会医疗保险收入，在社会医疗保险支出方面，政府也对社会医疗保险管理部门进行了调整，2018 年 5 月 31 日新成立了国家医疗保障局；加快推进了抗癌药纳入社会医疗保险基金支付的专项谈判，2018 年 7 月已经有 12家企业的 18 个品种纳入社会医疗保险支付专项谈判范围之中。由此可以看出社会医疗保险制度的变化对社会医疗保险基金适度水平标准影响甚远，因而，有必要了解其制度变化的内在动力、路径结构，为中国特色社会医疗保险制度适度水平的发展方向做出正确的把握。

7.1　动力来源：变化因何而生

　　在社会医疗保险基金收支制度结构中，政府的供给、居民的需求和社会的非正式制度约束，在这三种力量相互作用下，导致医疗保险基金的收支水平处于一个相对稳定的均衡状态。但这种均衡状态却不是一成不变的，随着各类制度性因素的变化,原本处于相对稳定中的供需契约,也会因为权利汲取而产生再谈判现象。

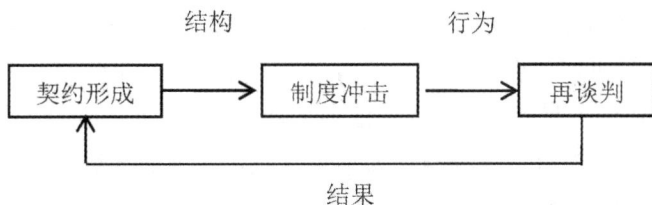

图 7 - 1　社会医疗保险基金适度水平标准调整图

如图 7 - 1 所示,医疗保险市场中三种力量相互作用形成了医疗保险基金的收支契约,但随着时间的变化,原有的制度结构受到了冲击,比如技术条件的变化、公民主体权利意识的提升等,增加了参与主体改变制度结构的动力,制度结构受到冲击,原有制度下的平衡状态被打破,参与主体受到了激励产生了再谈判的行为,最终形成了新的制度契约。一般来说,制度变迁的动力来源于技术、成本和资源稀缺性,而社会医疗保险基金收支制度变迁也可以从信息技术的发展、政策路径的变化和社会价值理念的变迁进行观察。

7.1.1　信息技术的发展

尽管社会医疗保险基金收支契约的形成具有一定的稳定性,社会医疗保险市场参与主体就社会医疗保险基金收支适度水平的确定也呈现出一定的长期性特征,但是不可否认的是,随着信息技术的发展,改变了参与主体的行为。电子病历的推广和健康档案的建立有利于对医生的用药行为进行监督;互联网技术带来的信息革命和现代化的手段都提升了保险人的费用控制能力;交流平台的信息化,使得参保人能够获得更多的专业资讯,并将其传播到更加广阔的世界,这不仅影响到参保人行为,而且对保险人行为产生压力。事实上从本研究的案例可以看出,针对一些常见疾病,医患双方的信息开始呈现出趋同特征。患者根据长期疾病所形成的信息资料,利用互联网等新兴传播媒介所获得的关于自身疾病的信息量也越来越多,这无疑会影响到此类疾病的治疗结果。由此看来,患者信息量的增加减少了诱导需求的数量,影响了社会医疗保险基金的使用。

信息技术的变化促进了保险人对于保险的监控作用的实现。保险人作为社会医疗保险制度的提供者和个体利益的代表者,在获得了各种关于医疗机构、参保人医疗基金使用的信息后,会对异常使用社会医疗保险基金的情况作出反应,对社会医疗保险基金的正确合理使用起着积极的影响。以笔者曾经挂职的上海市某区社会医疗保险局的情况中可以看出，社会医疗保险中心有专门科室对社会医疗保险基金的异常使用情况进行监测。如果发现某个人账户发生异常，那么社会医疗保险机构就会根据其异常程度，对此社会医疗保险账户采取暂停使用措施，必须由参保人亲自带上身份证到区社会医疗保险中心进行确认和说明，并且在满足一定的条件后才能解冻。信息化技术的发展无疑加强了对保险人的监控，对不合理的社会医疗保险资金使用起到了抑制作用。

这种信息技术的变化不仅体现在社会医疗保险基金支付阶段，而且对社会医疗保险基金的筹集阶段也产生了一定的影响，工资收入的透明化，信用信息的网络平台化，使得社会各界对个人收入的掌握变得更加容易，在社会医疗保险基金筹集中、缴费基数的采集中也往往能够根据这种变化做到足额缴纳。毫无疑问，收入的透明化和财产信息的公开化，不仅将使得缴费基数的确定更加合理，而且也能够为社会医疗保险基金的筹集获得更多的资金保障。

7.1.2　政策路径的变化

1）保险人执政理念的变化，影响了社会医疗保险基金适度水平标准

在医疗机构市场化改革和"以药养医"的背景下，政府的执政理念主要是减轻负担，必须要由所有参保人来承担，出现了参保人之间对于社会医疗保险负担的转嫁现象，这样一来，社会医疗保险的适度水平标准就要偏低，更容易发生"看病难""看病贵"的现象。随着保险人更加重视民生问题，提升医疗保障水平和居民的健康标准成为民心所向。所以各个地方政府，把提升社会医疗保险水平作为工作的重心任务，那么，社会实际的适度水平标准也往往会有所提高。

2）政策路径的变化影响了社会医疗保险基金的使用

公立医院改革的进程中，政府主动承担更多的公共卫生预防功能，各种维护健康的政策安排、卫生政策的变化也使得社会医疗保险基金的使用回归应有方向，公立医院公益性、卫生资源配置的均等化等政策目标的实施势必会进一步释放参保人的实际社会医疗保险需求，增加社会医疗保险基金的使用。同时很多地区还实行了全科医生制度，改变了人们的就医理念和就医行为，从而影响到社会医疗保险基金的使用。尤其是部分地区在大力推进的社区医院建设和养老机构建设将会对医疗保险基金的收支平衡产生新的影响。

总之，这些政策环境的变化，无疑体现了参保人和保险人之间对于双方在健康的权利和义务之间、医疗卫生支付的权利和义务之间以及社会医疗保险基金

收支的权利和义务之间正在进行着责任的重构,个体、政府和社会三方在这种制度冲击下,对于社会医疗保险基金的权利和义务进行重新谈判,从而打破原有的制度结构,形成新的制度安排,为社会医疗保险基金收支适度水平标准的改变创造条件。

7.1.3　社会价值理念的变迁

这种社会价值理念的变迁有利于对社会矛盾做深入剖析。在人们的意识中,如果把生、老、病、死看作自身遭遇风险的不幸,那么,对待这种不幸更多的人选择默默地承受这种风险所导致的各种伤害;但如果人们意识到这种责任并不仅仅是因为天灾使然,而是由某种人为因素所导致的,那么,人们在寻找责任主体的时候,至少会把一部分责任归咎为地方政府治理能力缺陷,如此一来,由地方政府承担一定的责任就成为一种社会价值目标。

1)健康权利的价值理念

社会公众对健康权利的价值理念在发生着变化。随着经济的发展和人们受教育水平的提高,使得社会普遍认为,政府有责任和义务为其国民提供最基本的健康保障。社会的这种价值理念势必会对社会医疗保险基金收支的适度水平产生影响,尤其是社会价值中产生了个体基本健康保障权的认知,也会影响到政府收入分配的结构。

2)公共服务均等化的理念

无论是农村还是城市,无论是西部欠发达地区还是东部发达地区,随着社会的进步,越来越多的个体认为都应该享受到基本均等的公共卫生服务。基于这种社会医疗服务供给均等化的认知理念,地方政府成了基本医疗服务提供的责任主体,这种责任势必会让地方政府在整个公共基本医疗服务中承担主要责任。这种价值力量迫使地方政府加大农村医疗设施的投入,强调地方政府在新农合、城居保缴费中要承担起应有的责任。

7.2　上海案例:家庭医生制度冲击

既然制度冲击对于社会医疗保险基金收支水平的变迁不可避免,这就有必要建立一个制度变量,考察这种新的制度形成后对于参与人行为的影响,从而观察社会医疗保险基金收支平衡中适度水平标准的变化。在发达地区,地方政府在拥有了较为充沛的财政资源后,往往比较重视对参保人的医疗需求的满足,而家庭医生制度的推进有助于改善就医结构和就医行为，从而会影响社会医疗保险基金的使用。本节以社会医疗保险基金收支质量平衡中参保人需求的变化为依据，对社会医疗保险基金收支平衡的适度水平标准的影响展开分析。主要考察家庭医生制度对医患双方医疗行为所带来的变化、对医疗保险费用支出状况的影响，进而探究对医疗保险基金收支需求的影响情况。

7.2.1　家庭医生制度的推进和影响

国务院于 2011 年出台《关于建立全科医生制度的指导意见》，同年 4 月起，上海市在闵行、长宁、静安、徐汇等 10 个区启动了家庭医生制度试点。上海市于 2013 年正式发布《关于本市全面推广家庭医生制度的指导意见》（以下简称《意见》），据测算到 2013 年末全市共有 70％以上的社区卫生服务中心推行了家庭医生制度，预计到 2020 年基本实现每个家庭与一名家庭医生签约。上海市家庭医生制度试点基础扎实，多年以来，家庭医生与签约居民之间已经建立起相对固定的卫生服务关系，既积累了宝贵的经验，也暴露了不少问题。签约居民作为家庭医生服务的对象，对家庭医生制度实施效果具有最直接的感受，了解签约居民的评价对于完善家庭医生制度、更好地满足居民的医疗需求具有十分重要的意义。本调查选取上海市有代表性的部分社区居民，着重了解居民对于家庭医生制度的认知、动机、需求、行为、结果评价五个方面。[①]

7.2.2　研究对象与方法

1）研究对象

本次调研对象为上海市签约家庭医生的居民，计划重点选取八个区，在每个区分别选取 3 个街道，每个街道访谈 40 位签约对象，预计发放问卷 960 份，实际选定徐汇区、静安区、长宁区、虹口区、闵行区、松江区、宝山区、浦东区 8 个区，21 个街道的社区卫生服务中心（比预计少了三个街道），涉及 70 多个社区卫生服务站点，共计访谈 844 人[②]，如表 7 - 1 所示。

---

① 沈世勇，吴忠，张健明，等.上海市家庭医生制度的实施效应研究[J].中国全科医学，2015，18（10）：1132-1137.

② 沈世勇，吴忠，张健明，等.上海市家庭医生制度的实施效应研究[J].中国全科医学，2015，18（10）：1132-1137.

表 7 - 1 上海市家庭医生制度调查居民抽样分布表

区	街道	问卷数	区	街道	问卷数
虹口区	广中	30	宝山区	杨行	40
	江湾	30		高境	40
	曲阳	60		吴淞	40
静安区	曹家渡	40	松江区	方松	40
	静安寺	42		九亭	40
	南京西路	40		小昆山	40
浦东区	潍坊	40	闵行区	古美	40
	周家渡	40		江川	40
	大团	40	长宁区	江苏	40
徐汇区	徐家汇	40		北新泾	40
	康健新村	42	共计 8	21	844

2)调查方法

依据上海市家庭医生制度施行的预期目标设定问卷,分别在上海市松江区和宝山区各选取两个街道社区卫生服务中心,对服务中心的负责人、签约医生团队代表、签约居民进行预调研,共访谈 4 位社区卫生服务中心负责人、20 位家庭医生团队成员和 80 位签约居民,根据预调研和征集专家意见后形成正式的调查问卷。[①] 除了基本调研信息外,还从签约居民的认知、动机、需求、行为、结果五个维度,考查上海市家庭医生制度的实施效应。[②] 主要内容包括:居民对家庭医生政策的认知状况及提供服务内容的认知状况;居民签约家庭医生的动机;家庭医生服务方式期望、上门服务对象、形式和收费等签约居民的需求状况;签约家庭医生后居民的就诊行为、预约行为和转诊行为等情况;居民对看病费用减轻、医患关系改善的评价和签约服务满意度的反应等内容。[③]

3)质量控制

本次调查的调研员均为学校社会保障专业研究生二年级学生,调研员全都

---

① 沈世勇,吴忠,张健明,等.上海市家庭医生制度的实施效应研究[J].中国全科医学,2015,18(10):1132-1137.

② 沈世勇,吴忠,张健明,等.上海市家庭医生制度的实施效应研究[J].中国全科医学,2015,18(10):1132-1137.

③ 沈世勇,吴忠,张健明,等.上海市家庭医生制度的实施效应研究[J].中国全科医学,2015,18(10):1132-1137.

接受过系统的社会调查方法课程的训练。根据本次调研的需要，着重围绕家庭医生政策、家庭医生制度的实施概况、调研方式、引导用语、数据录入等内容，对调研员进行统一培训。[①] 为了保障调研问卷质量，严格控制调研员每日问卷的数量，每位调研员用5天时间，完成40份签约居民的问卷调研，要求调研员每天做不少于500字的调研总结。数据采取双人录入处理，交换核查，确保数据真实有效。[②]

4）统计学方法

利用EpiData3.1软件建立数据库并录入数据，采用SPSS19.0软件进行统计学分析，调查结果采用描述性统计分析，对于计数结果采用皮尔逊卡方检验（Pearson），以$P<0.05$为差异有统计学意义，$P<0.001$为差异极显著。[③]

7.2.3　调研结果

1）基本情况

共计发放问卷844份，实际回收844份，回收率100%；有效问卷844份，有效率100%。[④] 调查对象中男性为39.7%（335人），女性为60.3%（509人）；66岁以上为48%（413人），61～65岁为16.5%（139人），56～60岁为10%（84人），46～55岁为9.1%（77人），45岁以下为15%（126人）；在受教育程度中，小学为13.4%（113人），初中为24.1%（203人），高中或者中专为32.8%（277人），大学（含大专）为26%（224人），研究生为0.8%（8人）；在婚姻状况中，已婚为83.8%（707人），未婚为4.7%（40人），离异为1.4%（12人），丧偶为8.5%（72人）；在从事职业中，党政机关、事业单位人员为28.7%（242人），职业经理人为1.2%（10人），私营业主2.4%（20人），国企职员为37.4%（316人），外企职员为0.5%（4人），私企职员为7.5%（63人），自由职业者为5%（42人），务农者为6.5%（55人），无业者为10%（84人）；在家庭月收入中，1 620元以下为7.7%（65人），1 621～2 815元为19.1%（161人），2 816～4 692元为38.6%（326人），

① 沈世勇,吴忠,张健明,等.上海市家庭医生制度的实施效应研究[J].中国全科医学,2015,18(10)：1132-1137.

② 沈世勇,吴忠,张健明,等.上海市家庭医生制度的实施效应研究[J].中国全科医学,2015,18(10)：1132-1137.

③ 沈世勇,吴忠,张健明,等.上海市家庭医生制度的实施效应研究[J].中国全科医学,2015,18(10)：1132-1137.

④ 沈世勇,吴忠,张健明,等.上海市家庭医生制度的实施效应研究[J].中国全科医学,2015,18(10)：1132-1137.

4 692~14 076 元为 30.1%（254 人）,14 076 元以上为 3.4%（29 人）;家庭每月看病开销 300 元以下为 32.8%（277 人）,301~700 元为 37.3%（315 人）,701~1 200 元为 17.7%（149 人）,1 201~1 500 元为 4.3%（36 人）,1 501 元以上为 7.5%（63 人）;在参保情况中,参加城镇职工基本医疗保险的居民为 73.6%（621 人）,参加城镇居民基本医疗保险的居民为 12%（101 人）,参加新农合的居民为 6.9%（58 人）,参加小城镇失地农民医疗保险的居民为 3.2%（27 人）,没有参加任何基本医疗保险的居民为 2.4%（20 人）;购买商业医疗保险的居民为 16.2%（137 人）,未购买任何商业医疗保险的居民为 78.4%（662 人）。[①]

2）认知状况

这部分主要考察居民是否了解签约家庭医生后可以享受到多项优惠政策,这里列出的优惠政策主要包括:家庭医生团队长期跟踪评价健康状况、通过预约优先获得家庭医生门诊服务、通过家庭医生绿色转诊通道优先转诊、获得家庭医生健康咨询服务,慢性病居民在家庭医生指导下,获得更加便捷的用药政策、优先建立家庭病床、65 岁以上老人免费健康筛查,并由家庭医生实施干预指导等。[②] 基线调查时 16.3%（137 人）居民表示很了解,其中非签约居民 7.9%（10 人）、签约居民 16.7%（117 人）;68.8%（581 人）居民表示了解一些,其中非签约居民 50.1%（64 人）、签约居民 72%（516 人）;两者共计为 85.1%（710 人）,其中签约居民 88.7%（636 人）、非签约居民 58.7%（74 人）。两组比较具有统计学意义,且差异极显著（$t=74.54, P=0.000$）。

在了解家庭医生服务信息并签约的信息来源分布中 10%（72 人）为新闻媒介、0.8%（6 人）为网络、4%（30 人）为报纸、1%（6 人）为杂志、53%（377 人）通过医务人员推介、21%（148 人）为居民区宣传栏、8%（54 人）为邻居亲戚朋友介绍、1%（10 人）为其他;在对于家庭医生应该提供服务内容的认知中,53%（445 人）认为家庭医生应该提供健康教育和健康促进服务、70%（585 人）认为应该提供慢性病管理服务、35%（290 人）认为应该提供家庭病床护理服务、10%（83 人）认为应该提供孕产妇保健管理服务、12%（96 人）认为应该提供婴幼儿保健服务、12%（98 人）认为应该提供残疾人康复服务、48%（400 人）认为应该提供健康体检服务、39%（321 人）认为应该提供出诊与送药服务。

---

① 沈世勇,吴忠,张健明,等.上海市家庭医生制度的实施效应研究[J].中国全科医学,2015,18(10):1132-1137.
② 沈世勇,吴忠,张健明,等.上海市家庭医生制度的实施效应研究[J].中国全科医学,2015,18(10):1132-1137.

3）签约动机

在调查样本中共有 83.6％（706 人）为签约居民，14.9％（126 人）为非签约居民，另有 1.4％（12 人）数据缺失。在回答不签约的原因时，29％（37 人）对家庭医生政策不了解、31％（39 人）不知道怎么签约、34％（43 人）认为家人健康而没有必要签约、7％（9 人）因为经济原因选择放弃签约、2％（2 人）因为社区就诊条件差选择放弃签约、2％（2 人）不信任家庭医生的医疗水平、6％（8 人）担心签约后不能自由就诊、其他 3％（3 人）。在回答签约居民为什么签约时，86％（605 人）为了方便，有问题可以随时向家庭医生求助；23％（164 人）想结交朋友或健康顾问；12％（85 人）出于试试看的态度，想看看家庭医生的优惠政策是否真能实现；12％（81 人）因为别人推荐所以选择签约[①]；还有 1％（7 人）选择其他。

4）医疗需求

对于家庭医生的能力，签约居民最看重并处于前三位的有：59％（496 人）看重服务态度、47％（395 人）看重技术水平、15％（124 人）看重签约医生的专业背景。而医生的年龄、学历、职称则分别为 2％（16 人）、4％（33 人）、4％（37 人）。对于家庭医生提供服务的形式，63％（533 人）希望得到家庭医生提供的门诊就诊服务、51％（427 人）希望得到电话咨询服务、60％（504 人）希望获得上门就诊服务、22％（186 人）希望提供健康宣讲服务、17％（144 人）希望获得家庭护理服务、8％（66 人）希望获得电脑咨询服务。对于家庭医生提供上门服务的对象，83％（704 人）选择特殊人群，如腿脚不便利、独居老人等；23％（191 人）选择急诊人群；23％（197 人）认为普通患者也可以享受上门服务；2％（15 人）选择其他，包括工作繁忙的年轻人、慢性病重病人群、大病老人等。[②] 对于家庭医生提供上门服务的形式，59.1％（499 人）认为家庭医生应该按需要提供上门服务、35.1％（296）认为家庭医生应该定期上门随诊、2.8％（25 人）认为三者应该结合起来。在正常的工作时间外家庭医生提供医疗服务应该如何向服务患者收费，59.7％（504 人）认为按照服务项目收费[③]、12.8％（108 人）认为按照人次收费、3.2％（27人）认可家庭包干收费方式、21.3％（180 人）认为应该不收费；还有 1.2％（11 人）

---

① 沈世勇,吴忠,张健明,等.上海市家庭医生制度的实施效应研究[J].中国全科医学,2015,18(10)：1132-1137.

② 沈世勇,吴忠,张健明,等.上海市家庭医生制度的实施效应研究[J].中国全科医学,2015,18(10)：1132-1137.

③ 沈世勇,吴忠,张健明,等.上海市家庭医生制度的实施效应研究[J].中国全科医学,2015,18(10)：1132-1137.

选择几种收费方式相结合或者视情况而定。

5）居民行为

这里主要考查签约居民的就医行为、预约行为和转诊行为三个方面。

首先，就医行为。在签约居民中，98%（692 人）做出回答，2%（14 人）无回答。在回答者中，82.3%（570 人）找过家庭医生就诊，17.7%（122 人）没有找过家庭医生就诊；对于签约居民为什么没有去找过家庭医生就诊，3%（4 人）表示对家庭医生的水平信不过，还是找大医院看病放心，15%（18 人）表示担心麻烦有病直接去大医院了，10%（12 人）认为目前家庭医生不能转诊三级医院还不如直接去三级医院，67%（81 人）当前还无此需要，5%（7 人）选择其他，如：依照旧习惯就诊、信任原来的医生、选择离家近的医院等；对于签约后就医行为的变化，47.2%（327 人）只要生病首先找家庭医生，比以前更愿意去社区卫生服务中心了，42.8%（296 人）生"小病"找家庭医生就诊，"大病"还是去大医院就诊，8.9%（61 人）保健找家庭医生，生病还是去大医院就诊，0.4%（3 人）不信任家庭医生，生病还是去大医院就诊。[①]

其次，预约行为。在接受过家庭医生服务的签约居民中，67%（388 人）未曾进行过预约服务，33%（195 人）进行过预约服务；在享受家庭医生预约服务的居民中，50%（51 人）居民认为预约服务很方便，39%（40 人）认为预约服务比较方便；在未享受家庭医生预约服务的居民中，35%（31 人）居民认为预约服务很方便，38%（33 人）认为预约服务比较方便；无论是否进行过预约服务，没有签约居民回答很不方便，如表 7 - 2 所示。

表 7 - 2　预约服务方便程度[%(n)]

		您认为家庭医生进行预约服务是否方便				
		很方便	比较方便	一般	比较不方便	很不方便
是否进	有	50(51)	39(40)	11(11)	1(1)	0
行过预	没有	35(31)	38(33)	22(19)	6(5)	0
约服务	共计	43(82)	38(73)	16(30)	3(6)	0

表 7 - 2 显示，是否进行过预约服务，对于预约服务方便程度的评价存在差

① 沈世勇,吴忠,张健明,等.上海市家庭医生制度的实施效应研究[J].中国全科医学,2015,18(10):1132-1137.

异，二者的差异具有统计学意义，且差异极显著($t=138.046$，$P=0.000$)。

最后，转诊行为。在享受过家庭医生服务居民中，25%(141人)未接受过转诊服务，75%(431人)接受过转诊服务。其中，56.6%(78人)认为转诊服务很方便，29.9%(42人)认为转诊服务比较方便，12.8%(18人)认为一般，1.7%(2人)认为比较不方便。由此可知，尽管接受过家庭医生服务的居民中，接受转诊服务的签约居民有限，但是从接受转诊居民的评价来看，大多数居民(86.5%)认为转诊服务很方便或者比较方便。

6)结果评价

首先，看病费用减轻的评价。家庭医生制度的实施，还具有引导就医行为、改善健康习惯以及缓解居民就医支付的压力的功能。通过家庭医生就诊，看病医疗费用是否有所减少，认为有所减少的占大多数，原因为：11.3%(66人)因为就医项目免费，40%(239人)因为可以有社会医疗保险支付，17.2%(100人)因为家庭医生制度改变了居民的健康习惯，3.8%(22人)因为其他因素，如不收挂号费、药品价格低、有特定的用药等；认为没有什么变化的32.1%(187人)；认为费用增加的1%(6人)。

其次，医患关系改善的评价。签约家庭医生后，88.5%(533人)认为医患关系有所改善，11.5%(66人)认为医患关系没有什么变化。对于医患关系改善的原因中，73%(394人)认为就医关系稳定，医生熟悉自己病情；36.7%(198人)认为家庭医生提供个性化诊疗服务和健康咨询；55.8%(302人)认为家庭医生服务态度好；24.8%(134人)认为家庭医生可上门服务；14.9%(74人)认为家庭医生可预约，不需排队；0.4%(3人)认为一些其他因素也会影响到医患关系的改善。

最后，签约服务满意度评价。本调查主要从医药收费、医务水平、上门服务、服务态度、服务效果、服务设施、治疗范围、交流时间、等待时间和预约转诊等方面[1]，对签约家庭医生服务的满意度进行评价，具体回答见表7-3。

表7-3　签约居民家庭医生服务满意度[%(n)]

项目	很满意	满意	一般	不太满意	不满意
医药收费	29.1(177)	48.6(296)	17.7(120)	2.1(13)	0(3)

---

① 沈世勇，吴忠，张健明，等.上海市家庭医生制度的实施效应研究[J].中国全科医学，2015，18(10)：1132-1137.

（续表）

项目	很满意	满意	一般	不太满意	不满意
医务水平	37.4(229)	50.9(311)	11.5(70)	0(1)	0
上门服务	34.4(180)	43.7(229)	20(105)	1.7(9)	0(1)
服务态度	53.2(323)	42.5(258)	4.1(25)	0(1)	0
服务效果	42.9(260)	47(285)	10(61)	0	0
服务设施	28.1(168)	45.3(271)	24.6(147)	1.8(11)	0(1)
治疗范围	28.8(172)	46.2(276)	23.4(140)	1.7(10)	0
交流时间	34.4(207)	53.7(323)	11.5(69)	0(3)	0
等待时间	30.2(180)	49.7(297)	16.2(97)	3.4(20)	0(3)

7.2.4　上海市家庭医生制度冲击的评述

1）就医习惯的非正式制度冲击

在医疗资源的使用上，参保人选择去何种医院接受服务往往影响社会医疗保险基金的支付水平。一般而言，患者在三级甲等医院所花费的医疗保险基金资源要多于一级社区医院，地方政府在实施中为了鼓励参保人优先选择社区医院看病，往往对在不同等级医院就医的参保人设定不同的报销比率。如上海规定，2001 年 1 月 1 日后参加工作的职工，个人账户用完后，在支付 700 元的起付线后，门急诊部分由地方医疗费用附加报销，报销比率分别为：一级医院报销 55％、二级医院报销 50％、三级医院报销 45％。

家庭医生制度正在逐步改变居民的就医习惯，缓解大医院医疗资源紧张的局面。上海市对家庭医生制度的开展工作较为重视，确立了"社区首诊、逐级转诊"，同时，对不同层级的医疗机构设定了不同等级的报销比例，在条件相同的情况下，选择社区卫生服务中心进行首诊，更能够减轻居民的医疗费用负担。上海市施行家庭医生制度之后，居民的诊疗行为发生了明显的变化，98.9％的签约居民小病往往首选家庭医生，这在一定程度上说明，签约居民对于家庭医疗服务的整体满意度较高。在签约居民对于家庭医生相关服务的满意度评价中，服务设施的评价最低（73.4％的居民认为满意或者很满意），服务态度的评价最高（95.7％的居民认为满意或者很满意），由此可知，家庭医生正在影响着居民的诊疗习惯，改变着居民的健康生活方式。

2)诊疗中医患关系的制度冲击

在家庭医生制度的推广过程中，就诊医生发挥着重要的作用。医务人员的推介是居民选择是否签约家庭医生的主要影响因素，在签约居民中，53%（377人）通过医务人员推介而成功签约。因此在后期家庭医生的推进中，就需要更好地发挥医务人员的引导作用；同时，社区仍然承载着服务信息传递的重要功能，社区的宣传栏起到了很好的信息传递作用，21%（134人）认为社区宣传栏在社区居民生活中具有不可或缺的影响力。扎根社区居民的家庭医生制度，有利于改善医患之间的关系。医生对于居民的身体状况有着信息的优势，可以引导居民的诊疗行为，签约家庭医生后，88.5%（624人）认为医患关系有所改善，这在一定程度上说明了家庭医生对于改善医患关系，缓解医患矛盾具有积极影响。

3)疾病预防与医疗支付关系的冲击

家庭医生承载着健康管理和健康咨询的重要功能，应以病人为中心、开展以社区为基础的可持续的慢性病综合干预，加强签约居民健康体检或筛检，提高人群疾病确诊率。[1] 居民普遍认为家庭医生应该立足社区，提供慢性病管理服务（70%），大多数居民认为家庭医生应该提供健康教育、健康促进服务（53%），在条件允许的情况下，希望能够提供体检服务（48%）、出诊与送药服务（39%）、家庭病床护理服务（35%）等服务内容。健康管理和健康咨询是家庭医生被签约居民看好的两个主要因素，但也有很多居民的签约选择较为被动，对于家庭医生制度的理解还存在一定的偏差，甚至把家庭医生看成了是西方国家的私人医生，应该提供"随叫随到"的服务。[2] 但随着家庭医生制度的深入开展，这种认知正在发生变化。同时，居民对于家庭医生服务内容也有了更多的期盼，在开放性的问题中，许多居民"希望医生周一到周五都来社区服务站，做好服务"，这也使得政府公共服务供给面临压力，也对政府提出了进一步完善家庭医生制度的新要求。

4)医疗服务提供的激励机制的冲击

夯实家庭医生制度的基础性工作，要求培训家庭医生的技术水平与服务能力，建立起有效的薪酬激励机制。在社区卫生服务中，服务态度好、技术水平高的医生更能获得居民的认可。访谈中，有不少签约居民提到了家庭医生的服务态度很好，相对于大医院来讲，家庭医生与居民之间的距离更近，并且相互熟悉，

---

① 沈世勇,吴忠,张健明,等.上海市家庭医生制度的实施效应研究[J].中国全科医学,2015,18(10):1132-1137.

② 沈世勇,吴忠,张健明,等.上海市家庭医生制度的实施效应研究[J].中国全科医学,2015,18(10):1132-1137.

具有信息优势。本次调查中95.7%的签约居民对于家庭医生的服务态度表示满意或者很满意，88.3%的签约居民对于家庭医生的医务水平表示很满意或者满意。尽管满意度的测量取决于居民的主观评价，受到很多因素的影响，但是作为医疗服务的接受者，对于服务提供者满意度的评价应该纳入对服务提供者的绩效管理中来，毕竟良好的医患沟通有助于建立起患者对医生的信任。而当前在对医务工作者的绩效管理中，服务态度、技术水平这些隐性指标所占据绩效工资的比重，却远没有学历、职称、年龄等获得的薪酬水平占比高。这也为改善家庭医生绩效评价体系和薪酬管理体系提供了一个思路。

5）社会医疗保险基金平等的制度期待

由被调查对象的回答可以看出，目前签约居民大多数为老年人群，主要因为：老年人群体更加注重身体的保养和疾病的预防，看重家庭医生的预防功能；老年人群体慢性病发生率较高，收入相对较低，医疗费用的负担较重，通过家庭医生制度签约，可以缓解医疗费用的负担。在家庭医生制度推行较好的区域较为成熟的中心城区如徐汇、静安等，这里人口老龄化的程度高，而且医疗资源的分布较为集中，有利于家庭医生制度的开展[①]；在新兴城郊或郊区如松江、浦东等，由于工业化的发展、大型居住区的建设，人口导入数量庞大，医疗资源的供给未能跟上辖区人口增长带来的医疗需求，不能够满足更多居民的需要。所以，一方面可以在中心城区继续深化家庭医生签约制度，改进服务内容和增加服务频次，另一方面，也需要在人口导入大区和偏远郊区，围绕公共服务均等化的目标，加大社区卫生服务中心的建设，增设社区卫生服务站点，招募更多的全科医生，提升全科医生的专业技术能力和服务水平，稳步提高签约率，切实提升卫生服务效能。

7.3　未来之路：变革趋势与制度瓶颈

7.3.1　制度变革的新趋势

除了家庭医生制度的变化可能对社会医疗保险基金收支平衡性产生影响外，在制度变化中，有几个新的制度冲击也可能会影响到社会医疗保险基金的适

---

① 沈世勇，吴忠，张健明，等.上海市家庭医生制度的实施效应研究[J].中国全科医学，2015，18（10）：1132-1137.

度水平。

1)统一城乡社会医疗保险制度

2016 年 1 月 3 日,国务院发布《关于整合城乡居民基本医疗保险制度的意见》,指出要以建立统一的城乡居民社会医疗保险制度为目标,来整合城居保和新农合。该《意见》从促进社会公平、增加人民福祉的层面,强调了统一城乡社会医疗保险制度在推动更加公平、更加持续健康的全面社会医疗保险体系方面的战略意义。同时,整合政策强调了统一覆盖范围、统一筹资政策、统一保障待遇、统一社会医疗保险目录、统一定点管理、统一基金管理等方面,旨在把分散的两种制度打造得更加标准,有利于推动省级统筹。统一城乡社会医疗保险制度的推出,为之后与城镇职工基本社会医疗保险制度的接轨提供了制度基础,为建立国民健康保险的目标指明了方向。尽管短期来看城乡社会医疗保险与城镇社会医疗保险之间尚存在很大差距,尤其在保障劳动者还是非劳动者之间相差甚远,前者主要依靠企业和个人缴费,后者主要依靠补贴和个人缴费。但是,两个制度的合并却是大势所趋,届时社会医疗保险基金收支平衡也将面临新的冲击。

2)长期护理保险制度

2016 年 6 月 27 日,人力资源和社会保障部发布《关于开展长期护理保险制度试点的指导意见》,该制度的实施有利于应对人口老龄化、保障失能人员基本生活权益。但也必须看到长期护理保险制度的出台,势必会对社会医疗保险基金收支平衡性产生一定的影响,进而影响到我国社会医疗保险制度的定位。在长期护理保险的资金筹集方面,《指导意见》明确提出,可以通过优化职工社会医疗保险账户结构、划转职工社会医疗保险统筹基金结余、调剂职工社会医疗保险费率等途径筹集资金。也就是说,原本用来化解职工疾病风险的社会医疗保险基金需要承担起一部分失能老人的健康维护需求,从而扩大了城镇职工基本医疗保险基金的使用范围。《指导意见》指出,要逐步探索建立起互助共济、责任共担的长期护理保险多渠道筹资机制。在长期护理制度完全推行或者完善后,不可避免的一个问题就是长期护理保险保障水平和医疗保险制度保障水平之间的衔接,而这个也是制度变革的一个重要决定变量。

3)生育保险制度

国务院办公厅于 2017 年发布《关于印发生育保险和职工基本医疗保险合并实施试点方案的通知》。同时在江苏泰州、广东珠海和重庆等部分省市展开合并试点。试点内容包括:统一参保登记、统一基金征缴和管理、统一医疗服务管理、统一经办和信息服务、职工待遇不变等方面,两种制度的统一也将对社会医疗保险基金的收支和制度的保障水平产生影响。由于生育保险覆盖人群较小，而医疗保险覆盖人群较广，两种制度的合并将调整制度之间的保障水平差，一方面，将会减少两种基金分开运行的管理成本；另一方面，在制度合并的过渡时期也会由于制度之间的磨合产生必要的运营费用。由于两项保险制度的合并会直接影响到社会医疗保险基金筹集与支出数额、享受对象等，所以，无论是对社会医疗保险基金收支的数量平衡还是质量平衡都会产生一定的影响。

总之，在变革中，医疗保险制度将不可避免地受到各种外围制度的影响，有些外围制度会间接地影响到社会医疗保险基金收支数量关系，有些却会直接影响到社会医疗保险基金的收支质量关系，这就需要根据医疗保险需求和政策供给变化，即时调整社会医疗保险基金收支水平。结合深化改革过程中提出的供给侧结构性改革的背景，党的十九大提出了实施"健康中国"战略，这就对医疗卫生领域的供给侧改革提出了新的课题，不可否认的是，保障中国居民享受到适度的医疗保险水平，与医疗卫生领域的供给侧改革息息相关。

7.3.2 医疗卫生制度的供给侧改革瓶颈及原因

我国公立医院改革、药品流通体制改革、医疗保险制度改革存在的根本性问题之一是混同了公益性的基本医疗卫生服务和营利性的非基本医疗服务。结果是一部分人占用了大量基本医疗服务资源，享受着高等级的非基本医疗服务，其余大部分人却被排除在基本医疗服务范围之外。这种混同均衡（pooling equilibrium）①导致公共基本医疗供给缺乏公平，私人非基本医疗服务供给缺乏效率。从医疗卫生领域的供求两侧思考不难发现，传统改革大都偏向于需求侧：一是改革费用支付方式，引导社会医疗保险资金需求，控制医疗费用的快速增长，改革药品付费制度，把按服务项目付费的后付制转变为按照人头付费或按病种付费的预付制；二是扩大医疗保险覆盖面，将城镇居民和农村居民纳入医疗保障体系中来，进一步满足患者的医疗需求；三是改变医疗需求主体划分依据，把依据机关事业单位、企业单位划分需求主体而形成的公费医疗、劳保医疗制度，改革为基于医疗需求方户籍特征、就业特征的城镇职工基本医疗保险、城居保、新农合。但是，针对医疗卫生领域供给侧的改革，进展相对缓慢，矛盾较为突出，从而带来了一系列问题：

---

① 这里的混同均衡（pooling equilibrium）意味着不同支付能力的人选择相同水平的诊疗服务，没有甄别出基本医疗服务和非基本医疗服务。

1)供给能力不足

一是医疗服务机构供给能力不足,直接表现为有限的供给潜能未得到充分发挥。在公立医院内部,三甲医院供给能力不足和低端医院供给能力不足的问题并存。三甲医院主要体现在供给数量不足,其排队现象较为普遍,即使在新医改实施近七年以来,上海市采取了家庭医生制度、分级诊疗制度,但看病难问题依然没有得到有效的解决。调查发现,在上海儿童医院门诊排队等待的时间平均超过 4 个小时,中山医院肛门科的门诊排队等待时间平均超过 5 小时,即使在级别为二甲医院的松江中心医院口腔科拔牙,也需要早上 5 点钟开始排队,才有可能获得 20 个专家门诊中的一个资源。而社区医院则是数量有余,供给质量不足。相对于三甲医院而言,一级医院、社区医院的排队现象有所好转,但是实际上"缺医少药"是社区医院的普遍特征,常见药物选择性有限,医疗设施简陋,难以满足最基本的医疗需求。不仅公立医院供给能力不足,私立医院供给能力同样不足。在非基本医疗服务领域,如口腔科、眼科、不孕不育等私立医院服务价格较高,为逐利的民营资本提供了较大的利润空间,在基本医疗服务领域,私立医院受到了来自公立医院的打压,发展空间和潜力有限。

二是医疗保险基金的供给能力不足,在"看病贵"存在的情况下,社会医疗保险基金仍然存在着大量结余。根据国家统计局数据显示,2016 年底城镇职工基本医疗保险基金年末滚存结余达到 1 万 4 千多亿元。保险人存在"惜付"行为,从而拉低了其"期初承诺"的补偿目标。面对我国社会医疗保险基金出现的过多结余,分析其原因不难发现,尽管城镇职工社会医疗保险基金名义报销率在 60%~80%,但扣除起付线、封顶线以及报销范围外的诊疗项目后,实际社会医疗保险报销比率不足 50%。同时,巨大的预防性储蓄规模与社会医疗保险基金分散疾病风险的能力不足也不无关系。这就解释了我国居民对于未来风险的担忧,这种现象可以解释为社会医疗保险的保障水平过低、支持力度不足,使得人们无法通过医疗保险分散风险,不得不选择风险自留。

三是限价背景下医药资源的供给能力不足。自新医改开始,中央政府开始限制医药价格,采取了药品加成定价法进行数量控制,但是控制药品加成对降低医疗费用支出效果并不明显,学界将其归结为公立医院逐利的结果,但是政府的不当价格管制,才是根本原因。在政府和市场的"夹板"中,药品销售多少直接关乎公立医院的利益,药品买卖环节,疗效和价格相比,价格不仅没有竞争优势,而且还存在竞争劣势。在药品加成政策的背景下,低价药、性价比高的药品由于利润总额低,无法成为医院、医生首选用药,而价格高的药品在药品加成后单次总额较高,往往受到医院、医生的青睐。为了迎合药品加成政策,药商通过把冲剂改片剂、片剂改针剂等手段,变相提高药品价格,提升医院、药商的利润,而原有的疗效稳定、价格低廉的药品却存在供给不足、短缺,甚至断货的现象。

2)供给方式不合理

一是医疗服务与药品收费结构不合理,医疗服务占比较低。在医疗费用结构中,医疗服务收费尤其是门诊挂号费用要远远低于检查费用,相较于医生服务付出和技能成本,医疗设备和药品更能给医院带来利润。对专业水平高的医生来说,性价比高的诊疗方案缺乏有效激励,势必会降低医生的职业获得感,影响医生的服务态度,也更容易影响到患者对于医生的满意度,导致患者把诊疗失败的责任转嫁给医生,催生出不必要的医患纠纷,形成医患矛盾。

二是公立医院供给方式不合理。大多数公立医院承担了非基本医疗项目,政府财政拨款和税收支持流向了三甲医院的高精尖设备,一方面,医生借助于这些检查设备过度提供服务,使得患者医疗服务获得感降低,医患矛盾突出。另一方面,这种公立医院垄断的供给方式,使得社区医院、农村卫生院的资源缺乏,医疗资源可及性低。医疗服务市场的两头,出现了逐利的私立医院,如莆田系医院,依靠市场推广起家的私立医院迅速崛起,带来了大量的负面效应。

三是医疗保险付费方式改革不合理。医疗保险付费方式采取由后付制向预付制模式的转变。本是为了消除医患合谋和医疗领域道德风险,但是随着医药体制改革的深入,这种预付制却控制了医疗卫生合理需求。研究发现,有些地方在年底来临之前,医疗保险账户无余额,则停止了社会医疗保险支付,把本应由医疗保险账户支付的客户推向了市场。这种医疗保险基金的"惜付"行为,不仅抑制了患者的有效需求,而且降低了社会医疗保险制度的保障水平,更违背了社会医疗保险制度的设计初衷。在社会医疗保险制度付费结构上,也因为存在着退休人员对于在职人员的挤占,进一步降低了医疗保险基金供给的效率。

3)供给水平不高

无论公立医院还是私立医院,提供直接供给服务的主体是医生,供给水平的高低直接取决于医生供给数量和质量。医生不仅提供医疗服务供给,而且决定着医药供给和医疗设施供给。从某种程度上说医生提供的精准诊断的卫生服务供给效能要优于医药供给和医疗设施供给。但是,分析供给水平不高的原因可以发现,不仅医生的费用引导功能没有得到有效发挥,也没有建立起医生的声誉机制。由于公立医院给医生提供了一套与诊疗技术相关性不高的评价体系,不是按照患者看病的成本收益比评价医生好坏,而是按照医生为医院带来收益的多少来判别,给医院带来收益多的医生获得较大的利益,给医院带来收益较少的医生获得较小的利益,使得对医生的激励机制产生了某种程度的扭曲。

一是私立医院,以营利为目的,缺乏有效监管,影响了供给的效果和水平。即使这种私立医院具有高水平的医疗设施和服务态度,但是难以掩盖其诱导需求的动机与医疗服务供给缺乏精准的事实。

二是社区医院,由于资源投入不足导致人员素质和整体医疗服务水平不高,而三甲医院虽然拥有高水平的医生资源,但也因为满负荷运转,严重影响了医疗服务的效果和水平(排队两小时只为两分钟,这两分钟还包括了要求检查、诊断问询的时间,医生过多借助检查设施,减少了其对疾病个体差异化的判断能力)。而全科医生、社区医生却得不到重视,这支队伍难以吸引到真正的人才,整体水平不高。但实际上全科医生比专科医生低一等级是个误区。家庭医生也是专科的一种,也是专家。

三是在药品的供给中,通过药品加成定价的模式,会出现医疗流通领域的劣币驱逐良币现象,价格高的药品充斥市场,而价格低的优质药品却踪迹难寻,降低了医药供给的水平。在社会医疗保险基金支付中,地方政府通过起付线、共付段、封顶线的费用控制手段,减低了社会医疗保险基金的支付水平。

4)供给动力不足

一是公立医院缺乏正确激励措施,医院服务有效供给的动力不足,公立医院薪酬激励制度对于医生的激励性不足,造成医生人才的流逝;二是医生服务缺乏激励,诊疗服务有效供给的动力不足,医生和患者在诊疗服务中的获得感较低,其中排队时间过长,诊断时间过短是患者"获得感"低的主要原因;工作时间过长,满负荷运作,休息时间少是医务人员"获得感"低的主要原因。深入分析不难发现,医患双方的获得感不高与医疗体制的低效率运作不无关系。常见病、慢性病占用了大量的医疗资源,优质医疗资源被过度开发,低端医疗服务资源得不到服务的机会、缺乏有效的管理和培训,呈现出医疗服务质量分层明显的特征,这就会进一步加剧医疗资源使用的不均衡。三是医疗产业缺乏有效供给,如果医疗消费只是为了看病就医,那么,医疗卫生产业化、市场化就成了众矢之的;如果医疗消费除了看病就医,还包含了生病前的预防、生病后的恢复与保养、维护,那么,医疗产业就有了分类实现的可能。

这就有必要把基本医疗卫生服务和非基本医疗卫生服务分离开来,赋予基本医疗卫生服务公益性、公平性、可及性等特征;赋予非基本医疗卫生服务私人性、盈利性、排他性等特征。

7.4　本章小结

本章主要从标准选择的动力机制,家庭医生制度案例、制度变革趋势与困境三个方面考察制度变革对适度水平标准变化的影响。

(1)制度变革的动力资源权利的再确定。本节运用契约理论,从契约形成、制度冲击、再谈判过程中,社会医疗保险基金收支适度水平的结构、行为、结果等方面,讨论了信息技术发展、政策路径变化、社会理念变迁对适度水平标准确定的影响。

(2)通过对上海市"家庭医生制度"实施效应的观察,挖掘上海市家庭医生制度实施以来的访谈、调查数据,探讨了居民面对制度冲击产生的理念认同、行为、结构之间的关系,讨论了家庭医生制度对医疗卫生需求变革的内在逻辑,评述了就医习惯、就医关系、医疗支付、医疗服务等制度冲击对医疗卫生需求、社会医疗保险基金制度的影响。

(3)提出了制度变革的趋势与困境。一方面,分别从当前正在进行的制度变革如:统筹城乡居民医疗保险制度、长期护理保险制度、生育保险纳入社会医疗保险制度等的制度变革新趋势进行了探讨;另一方面,也从供给能力、供给方式、供给水平、供给动力等方面,分析了我国医疗卫生领域供给侧改革瓶颈及原因。

第 8 章　目标与方案：促进质量平衡的有效路径

　　由于适度水平的动态性,社会医疗保险基金收支平衡将是一个从低级平衡向高级平衡过渡的过程,其关键点在于两者之间的适度与匹配。面对适度社会医疗保险基金收支水平的制度变革,党的十九大报告提出了"深化医药卫生体制改革"、全面建立中国特色基本医疗卫生制度、社会医疗保险制度和优质高效的医疗卫生服务体系,健全现代医院管理制度的目标。并在"健康中国 2030"规划纲要中提到了"可持续筹资和待遇水平调整机制,实现基金中长期精算平衡"。着力于提升健康服务质量和水平,到 2020 年人人享有基本医疗卫生服务、2030年基本实现健康公平、2050 年建成"健康中国"的三步走战略。由此可知,社会医疗保险基金收支水平的确定,不仅取决于社会医疗保险基金收支制度本身,而且涉及公立医院改革、医疗卫生领域供给侧结构性改革,乃至全面深化改革的进程。适度社会医疗保险基金收支水平的制度改革要求做到,以居民健康权利为逻辑起点,改善社会医疗保险基金收支的权利结构,推进医疗卫生领域的供给侧结构性改革。

8.1　健康权利:社会医疗保险制度设计逻辑起点

　　以人民为中心,保障人民的健康权益,是党的十九大提出的"实施健康中国战略"的内在要求和目标,更好地满足参保人的医疗需求作为社会医疗保险制度完善的政策抓手,要以保证健康权益为社会医疗保险制度设计的逻辑起点,可以在健康——卫生——医疗保险三个层面和框架内进行具体的责任设置和项目设置。一方面,构建需求导向的基金收支目标可以满足参保人的需要,从社会医疗保险基金的数量控制转向医疗服务的质量提升;另一方面,正确划分参与主体的责任,也可以为社会医疗保险制度的可持续发展提供新的思路。

8.1.1　医疗保险制度的需求层面

医疗保险需求是对医疗保险制度的供给效率和个体的参保能力的共同考察后的结果。一方面,这种需求与参保人的身体条件和缴费能力息息相关。如果参保人的收入条件允许,同时具有规避风险的要求,那么参保人对于社会医疗保险制度的需求量就大,反之,如果参保人的收入状况允许、风险偏好又不太明显,那么参保人对医疗保险的需求就低。另一方面,参保人对于医疗保险制度的实际需求量又往往受到供给曲线的影响。如果医疗保险制度的效率较低,在参保人的需求曲线不发生变化的时候,人们对于社会医疗保险制度的实际需求量就少;反之,如果医疗保险制度的效率较高,人们参保后所获得的消费者剩余就多,就会有更多的参保人选择参加医疗保险。因此,社会医疗保险基金的收支平衡应该全面考虑参保人对于社会医疗保险制度的需求状况。

1)把所有影响社会医疗保险制度需求的变量纳入需求曲线的确定中

参保人对于风险的态度是影响其选择的重要变量,直接决定了参保行为给其带来福利的多少,相比较而言,风险厌恶型的人比风险偏好的人,需要更多的医疗保险制度,同时,获得福利的多少还受到参保人的工资收入和财产收入的影响。一般而言,高收入群体和低收入群体参保获得的福利和剩余要少于中等收入群体,另外,影响社会医疗保险需求状态的还包含了年龄因素、健康状态、教育水平等,而教育水平和偏好之间有可能存在着某种程度的联系,即交叉项对于需求有着重要影响。

2)把供给的效率和手段纳入供给曲线的确定中

对于医疗保险制度的需求而言,供给手段和制度效率也会直接影响到实际参保人对于社会医疗保险制度实际需求量的高低。而这种与医疗保险相关的一系列的制度具有均衡行动选择规则的本质特征,这些规则能被该领域参与人普遍认可。[①] 在这里一系列的规则,既包括了与医疗保险相关的一切制度要素,即筹集、管理、使用的制度规定,也包括了具有间接影响力的财税制度,政策行政制度以及一系列的家庭观点、文化传统、社会价值标准等非正式的制度约束。

3)确定医疗保险制度供需关系的平衡点或者均衡区间

实际的社会医疗保险制度所设定的筹资水平和相应的支付水平应该是基于

---

① 科斯,诺斯,威廉姆森等.制度、契约与组织——从新制度经济学角度的透视[M].刘刚,冯健,等,译.北京:经济科学出版社,2003:24.

一个相对稳定的选择规则之下，参保人根据自身状况所选择的结果。因为，惟有行动选择规则的推断稳定下来，参与人的行动选择才能趋于稳定。[①] 短期来看社会医疗保险制度作为一种规则被确定下来，其需求的可能变动要素就是一个相对稳定的区间或者均衡值，而这种均衡值不仅决定了在实际制度约束下，参与人为了购买医疗保险所支付的价格即筹资水平和疾病风险发生后的补偿的基金即支付水平，而且决定了在此收支水平下，参保人对于医疗保险的需求量，即有多少人购买了多少数量的医疗保险产品。

4）从动态的角度考虑均衡点或者均衡区间的演化

医疗保险制度供需双方力量所形成的均衡点或者均衡区间并不是固定不变的，相反，随着制度环境如经济、社会、政治等的变化，选择规则会发生一定变化。不仅如此，参保人自身的偏好特征、收入特征、教育程度也随着时间的变化而改变。不可否认制度的变化具有一定的路径依赖，但是不难证实的是在制度现象不断变化时，参与人会对每一种规则进行"实验"，并在给定的环境状态下，选择其认为是最适合的一个（科斯等，2003）。正如赫兰德（Holland，J.H.）等把这种由于人的认知系统构建而成，从心理上控制或者操纵对环境预期的"问题空间模型（models of the problem space）"。[②] 所以，医疗保险制度的需求路径是基于这种环境和条件作用下的动态演化的均衡路径。

8.1.2　医疗卫生的需求层面

医疗卫生需求是指在一定的价格水平下，患者所愿意购买和能够购买医疗服务、医疗药品和使用医疗设备与床位等的总和。我们不难看出个体对于医疗卫生的需求，不仅包含了有形的产品，如药品、检查设备和床位，还包含了无形的服务，如诊断服务。一方面，面对疾病风险的不确定性，患者和医生之间对于诊疗方案可能还会有一定的争议，产生了医患矛盾；另一方面，面对信息的不对称性，利益驱动的医疗机构和医务人员可能会存在诱导需求的动机和行为，从而影响了患者对于医疗卫生的需求。而这些行为不仅会影响到患者的实际医疗费用负担，还会影响到参保人员的实际医疗保险费用支出，因此社会医疗保险基金收支的平衡应该全面考察参保人对于医疗卫生需求的影响。

---

① 科斯，诺斯，威廉姆森等.制度、契约与组织——从新制度经济学角度的透视[M].刘刚，冯健，等，译.北京：经济科学出版社，2003：24.

② HOLLAND J H, HOLYOAK K J, NISBETT R E, et al. Induction: Processes of inference, learning, and discovery [M]. Cambridge: MIT Press, 1989.

1)把疾病谱变量纳入患者医疗需求中

参保人选择去医院就诊最主要的因素还是因为其正在遭受，或者感觉正在遭受某种疾病的困扰。毕竟疾病的诊断和治疗才是参保人消费医疗卫生资源的最主要的动力。当参保人遭遇疾病困扰时，其选择就医或者消费药品，到最后的疾病稳定和消除的过程，也正是医疗卫生资源被不断使用和消耗的过程。所以，无论是医疗卫生支出，还是医疗保险费用支出，最核心的变量是疾病。尽管我们能够确切地知道某一个人为了治好他的疾病需要花费多少医疗卫生费用，但是针对某一类型的疾病，却是可以根据社会总体支出发生寻找到一个呈现出正态分布的医疗卫生资源使用状态，或者求一个均值确定某一类疾病所需要占据的医疗卫生资源所需要花费的医疗卫生支出。所以，对疾病谱的考察是考察医疗卫生支出方向和分布状态不可或缺的变量。

2)经济变量纳入医疗需求曲线移动中

尽管疾病的现实是患者选择看病问诊的必要条件，但是，如果患者的经济状况不允许，或者其难以承受昂贵的医疗卫生费用，那么患者也会更多地选择减少实际医疗卫生支出。即使患者有着对于医疗卫生的潜在需要，但是由于经济状况不允许，不得不放弃治疗，这也就意味着患者实际的医疗卫生支出也有一个预算约束线。而这种预算约束线和患者的收入息息相关，患者的收入越高那么预算约束线也会向右上方移动，而影响预算约束线斜率的正是患者的实际医疗卫生支出、食品消费支出之间的关系。从我国预防性储蓄的规模可以看出，当前医疗保险支付水平较低，还难以有效补偿参保人医疗卫生支出，影响着医疗卫生需求的曲线。

3)完善医疗卫生管理制度确保医疗服务可及性

医疗卫生供给可及性是决定医疗卫生支出的一个重要变量，也是发生医疗卫生支出的充分条件。即使不讨论医疗卫生产品的公平性供给的问题，由可及性所带来的医疗资源消费的差异，也不得不加以考虑。而政府决定了医疗资源的使用方向和配置效率。正是一系列医疗卫生的制度因素影响着人们获得医疗卫生服务的成本。改革开放后，我国不断重视对于城市大医院的资源投入，使得大医院看病问诊成了看病目的地的首选之地，那么随着大型疾病控制中心的建设、以社区家庭医生首诊、双向转诊制度的建立，势必会释放出一部分潜在的医疗需求，而这也影响着医疗卫生需求曲线的变化。

4)确定医疗卫生需求的平衡点及其演化路径

医疗卫生需求的均衡点或者均衡区间，是在一定时期医院、医生、药品供应商等主体对于医疗卫生供给与患者的需求曲线之间的交叉点或者均衡值。长期以来我国形成了"以药补医"的医疗卫生市场体系。在一定程度上把政府公共服务职能推向社会，随着社会医疗保险制度的变化，尤其是基层卫生对于信息问题的化解功能的发挥，医疗卫生需求数量和需求结构势必发生变化，正如德兰诺夫和怀特(Dranove, D. and Z. Ginger)指出医患之间的持续性关系为患者提供了越来越多的信息①，使其可以长期依赖此医生。而医患之间所形成的这种长期关系，有利于形成医患信誉机制，解决信息不对称所带来的博弈困境。同时，鼓励医生在无法独立提供服务时，进行合理的转诊。而通过演化所形成的新均衡点，不仅决定了居民医疗卫生需求支出，还影响了社会医疗保险基金支付水平的高低。

8.1.3 健康的需求层面

如果说居民对医疗保险制度的需求主要源于医疗卫生费用支付的需求，那么，医疗卫生费用的支付和实际医疗卫生的需求息息相关，其最终落脚点应该是人们对于健康的追求以及疾病状态的改变。所以，医疗卫生需求是医疗保险制度需求的引致需求或者派生需求，而健康需求又是医疗卫生需求的引致需求或者派生需求。格罗斯曼(Grossman, 1972a, 1972b)用人力资本理论解释了人们对于医疗卫生与健康的需求。他认为，追求健康是人类追求的目标，人们对于医疗卫生的需求只不过是由健康派生出的需求。由此可以把医疗卫生需求界定为人们追求生产健康时候所产生的一种派生性需求。所以姑且可以把健康需求看作社会医疗保险制度的双重引致需求或者双重派生需求。考察医疗保险基金的支出不仅要基于社会医疗保险制度的需求，而且要基于医疗卫生的需求，同时更要基于居民对于健康的需求。影响健康需要的因素有很多，比如：居民对于健康的理念和态度。传统上的健康主要是身体健康，但是随着社会的发展，人们对于健康的理解有了进一步的拓展，不仅包括了身体健康，而且包括精神健康、心理健康等，还有健康的生活态度和生活习惯。除了卫生保健外，健康状况还受到遗传、生活方式、环境、烟草和好的睡眠②、社会资本③、较好的收入、营养摄入、教育

---

① DRANOVE D, JIN G Z. Quality disclosure and certification: Theory and practice [J]. Journal of economic literature, 2010, 48(4): 935-63.

② COMANOR W S, FRECH H E, MILLER R D.Is the united states an outlier in health care and health outcomes? a preliminary analysis[J].International journal of health care finance and economics,2006,6 (1):3-23.

③ PUTNAM. Social capital: measurement and consequences [J]. Canadian journal of policy research, 2000. 2 (1): 41-51.

水平等方面因素的影响。

1)确定居民健康需求曲线的形状

影响需求曲线的因素有很多,包括个人健康的偏好和维持健康状态策略的偏好。健康的需求一定会引起就诊的需求吗?回答显然是否定的,就诊只是增加健康存量的一个重要条件,却不是必要条件,因为就诊本身也会带来一些非医疗或者不健康的结果。正如伊利赫认为,用医学方法处理非医学问题会使得个体忽视保持身体健康的保持,并丧失坚忍不拔的意志,这将导致医疗保健边际产出为负值(伊利兹、爱梵,1976)。那么当个体有了健康的需求后,也会不断寻求满足需求的途径。首先就是健康理念。比如当感到不适时,就会寻求医生帮助,但最好的办法可能还是通过加强锻炼,提升抵抗力,从而让身体达到新的平衡状态。如果一个人感觉心情不畅,心理有了一定的问题,而最好的办法也不一定是去医生就医问诊,可能一次愉快的旅行、一次热闹的聚餐就可以把一些心理的阴影一扫而空。另外还包括了一些健康的生活方式,如锻炼身体、科学饮食、睡眠习惯、是否吸入烟草等。健康的生活习惯也可以减少生病的次数,从而减少对医疗卫生商品的需求。

2)将经济变量纳入健康需求曲线移动

收入状况对于健康需求曲线的变动影响主要取决于两个因素。一方面,收入的增加使得居民有了改善健康状况的物质资本,居民可以用新增加的收入购买一些较好的营养品,使得身体更加健康,从而对于医疗卫生的需求减少;另一方面,居民由于财富增加有了更多的资本,增加了对医疗卫生产品的购买,从而增加了居民的医疗卫生需求,同时,低收入居民由于收入的增加,还会使得其对医疗保险的购买量上升。医疗保险需求的增加也会产生两种相反方向的结果:一部分人由于购买了医疗保险,则可以化解自身的疾病风险,而且只是实现了财富的转移,没有对总的医疗卫生消费产生影响;而另一部分人,却由于购买了医疗保险,使得其医疗行为或者健康理念和行为发生了变化,从而增加了或者减少了实际医疗卫生资源的消费。总之,这种经济的变量会从医疗卫生诊疗行为、居民参保行为、居民健康行为等方面综合影响着医疗产品的最终消费,从而影响着健康需求曲线的变化。

3)确定健康需求满足的平衡点及其演化的路径

由于健康需求直接对应的是医疗卫生产品的供给,而不是健康的供给,所以,对应健康需求的仍然是医疗卫生产品。而政府提供的医疗卫生产品与健康需求的结果是健康行为决策的均衡点以及均衡区间。长期以来人口的出生率、死亡率、预期寿命、营养摄入等一直是评价一个国家或者社会健康水平的总指标。一般来说,一国经济发展水平和健康水平往往呈正相关。除了这种总量上的关联,事实上,还取决于该国的收入分配制度。显然,更公平的分配制度有利于促进整个社会的保健水平。毕竟对于低收入群体而言,收入增加会直接转化为对于健康存量的投资,疾病风险的化解与营养的摄入会促进健康水平的提高。除了经济变量,人口年龄结构也会对健康产生影响。随着老龄化的来临,居民对于健康的需求会呈现增加趋势,从而影响到居民健康保健需求水平。而社会文化传统、健康理念、社会主流价值形态对于健康需求也有着重要影响。所以,健康需求水平是经济制度、社会传统等正式的制度和非正式的制度安排合力作用下演化的结果。

所以,居民健康需求是医疗保险制度需求的逻辑起点,是社会医疗保险基金收支质量平衡中不可或缺的部分,社会医疗保险基金收支中居民需求的不同满足程度,也决定了不同水平的社会医疗保险基金收支平衡层次。居民健康需求实现的程度越高,社会医疗保险基金收支平衡的水平层次越高,这可以看作高水平的社会医疗保险基金收支质量平衡;居民健康需求实现的程度越低,社会医疗保险基金收支平衡的水平层次越低,可看作低水平的社会医疗保险基金收支质量平衡。由此可以看出,居民健康需求是社会医疗保险基金收支质量平衡的重要指标之一。

8.2 协调权利义务关系:社会医疗保险制度可持续的重点

公民权利的实现基础应该基于基本健康水平,保证人人享有基本健康保障、医疗保障,实现公民权利,这就要求做到根据需要分配基本医疗卫生资源和服务,保证资源的公平分配。对于医疗费用补偿不公平与社会医疗保险基金转嫁的结果,很难简单地从社会医疗保险基金收支的数量平衡中观察出,但是这又必然会影响社会医疗保险基金收支平衡的实现,会动摇社会医疗保险制度运行的根基。《2008年世界卫生报告》指出,"卫生保健机会不公平、费用昂贵以及对卫生保健的信任遭到侵蚀等状况危及社会稳定"。社会基本医疗保险制度是维持社会稳定的减压阀,作为社会医疗保险基金收支中质量平衡要求,需要在社会医疗保险基金收支中体现出公平性,以找到缓解社会医疗保险基金收支中不公平的路径。

8.2.1　起点公平:基于收入能力的缴费

要做到医疗服务公平性和缴费系统公平性,每个人所负担的疾病风险应该根据个人的支付能力而不是疾病程度所决定的。在社会医疗保险基金缴费中低收入者和高收入者应该体现出各自能力的差异。在社会医疗保险基金的筹资中,低收入者的收入水平有限,缴费能力较弱,而高收入者的收入水平较高,费用承受能力强。可以通过适当增加高收入群体社会医疗保险基金缴费,这样就有足够的资金用来降低低收入群体的基金缴费水平,对于确实无力支付的群体,甚至可以免除社会医疗保险缴费义务。这不仅符合能力筹资原则,而且符合再分配中更加关注公平的政策宗旨,也符合党的十八届三中全会提出的更加公平的社会保障体系目标。

1)扩大社会医疗保险基金缴费基数

由于当前以非工资性收入为主要来源的劳动者承担的社会医疗保险基金缴费较轻,造成了不同性质收入人群的缴费不公平,并且在以工资性收入为主的劳动者中也存在着人为降低缴费工资的现象,所以需要做实缴费基数。由于低收入群体个人账户积累额较低,可以更早地使用社会医疗保险基金统筹账户的基金;高收入群体个人账户积累额较高,可以适当减缓使用社会医疗保险基金统筹账户的基金。这种"低收入者他保,高收入者自保"的原则符合基本社会医疗保险制度设计的初衷。同时,这也把正在丧失效率功能的个人账户,转变成了缓解社会医疗保险基金收支公平性的减压阀,这也体现了社会保险的互助共济功能。

2)降低社会医疗保险基金缴费费率

由于工资性收入为主要来源的劳动者承担较重的社会医疗保险基金缴费所导致的不公平,在配合扩大社会医疗保险基金缴费基数的改革时,可以降低社会医疗保险基金缴费费率。在保持社会医疗保险基金的缴费水平(或者缴费额)不变情况下,如果社会医疗保险基金缴费基数扩大一倍,则参保人的社会医疗保险基金缴费负担率就可以降低到一半,那么在表 2-1 中所示的 A 类人群和 B 类人群的缴费比率就由 12%、14% 降到 6%、7%,这大大降低了工资性收入为主要来源劳动者的缴费负担,从而保证社会医疗保险基金缴费的公平性。

3)从社会医疗保险基金的身份缴费过渡到收入缴费

在统筹城乡的制度整合中,把社会医疗保险基金缴费制度改革和收入分配改革协同思考,把社会医疗保险基金缴费的身份特征逐步过渡到收入特征中来。

当前我国社会医疗保险体系中两大制度即城镇职工基本医疗保险、城乡居民医疗保险，分别代表了城镇职工和城乡居民。这种以身份为特征的缴费模式有其历史发展的原因，但是不利于制度的整合和制度的可持续发展。所以，需要进一步优化，可以根据各类主体的真实劳动报酬来提取相应的缴费：工资性收入劳动者以单位劳动成本负担为缴费基数；农村居民根据农副业所得的合计收入为缴费基数；没有收入来源的城镇居民可免于缴费。

8.2.2　过程公平：切实履行"期初承诺"

政府在进行制度供给之前，会有些隐性的制度目标承诺，即承诺参保人在发生疾病风险后，可以获得与参保人缴费费率水平相对应的补偿。在这个承诺支付中，主要包括：与社会医疗保险基金缴费水平相对应的支付水平；与契约订立时所承诺化解风险对应的保障项目；与契约订立时的缴费人群对应的保障人群。

1）维持适度的社会医疗保险基金补偿水平

保险人在履行医疗保险项目时不应该承担无限的责任，设有医疗保险费用支出时的起付线、封顶线、共付段，并规定了不同等级医院的不同报销比率和医疗保险基金支付的限额，体现了适度的医疗保障水平。"以收定支、收支平衡、略有结余"的社会医疗保险基金收支平衡原理，不仅体现在数量上，更要体现在医疗保障水平上，这就需要根据社会医疗保险基金缴费水平确定相对应的社会医疗保险基金补偿标准。当前，可以从两个方面完善：一是减负，降低社会医疗保险基金缴费水平。我国社会保障的缴费率位居世界第一，因此引发了社会的广泛关注与质疑，虽然形成的舆论压力和学界的讨论论了社会保障政策调整的窗口期，但减负的理论依据却鲜有提及。实际上，医疗保险制度的减负有着重要的理论基础和现实意义，各地区政府基本上形成了一致意见，但是力度还需要因地区而异，分区域调整。二是增付，即提升社会医疗保险基金补偿水平。降低医疗保险基金的结余水平，不仅是补偿公平的内在要求，而且也是保证社会医疗保险制度筹集和支付的制度公平的必要条件。值得注意的是，提升社会医疗保险基金的补偿水平主要指社会医疗保险基金的实际补偿水平，其途径不仅包括社会医疗保险基金的支付比率，而且还包括降低报销门槛，通过增强医疗机构和社会医疗保险报销的可及性，另外，社会医疗保险基金的减负和增付的方法可以综合使用。

2）规范社会医疗保险基金补偿项目

社会医疗保险基金严格规定了社会医疗保险药品报销目录、社会医疗保险报销诊疗项目目录等。要明确社会医疗保险基金支出和公共卫生支出的区别，不能把公共卫生支出和预防支出的项目纳入社会医疗保险基金支出中，也不能将社会医疗保险基金支出的内容放在公共卫生支出中，应尽最大的可能区别医疗卫生的公共品性质和私人物品性质，明确补偿边界、提升补偿效率。如果将公共卫生支出纳入社会医疗保险基金支出，显然是将不属于"期初承诺"的范围项目纳入报销范围中来，这样会侵占本应补偿给其他疾病的资金，一来对参保人兑现疾病报销支出大打折扣，二来不利于社会医疗保险基金收支中实现过程公平。所以，对于医保报销范围内的项目应该给予足额报销，对超出范围内的项目则不能给予报销，充分体现了制度设计的目标期望。

3）提供政府财政补贴清偿历史债务

针对离退休参保者免于缴费的制度规定，造成统筹基金保持较高的结余率，应对离退休参保者因为老龄化所带来的支付压力，科尔奈、奈翁笙（2003）指出这在一定程度上加重了在职参保人社会医疗保险基金的缴费负担。[①]同时，更多的享受人群也降低了社会医疗保险基金的补偿水平。可以考虑从社会医疗保险基金中分离出退休但未缴费人群作为政府的隐性债务，由政府出资偿还。为政府财政补贴介入社会医疗保险基金补偿找到理论依据。政府实现社会医疗保险基金收支过程公平的重要目标，就是要改变这种高水平缴费和低水平支付的制度设计，兑现社会医疗保险基金的期初承诺。[②]

8.2.3　结果公平：有效履行政府责任

从社会医疗保险基金收支结果公平的角度看，需要体现政府责任，实现人人享有基本医疗卫生服务的目标。自 20 世纪 60 年代以来，基于维护健康的需要，国际上已经提出了衡量医疗卫生制度是否公平的参考标准，为了夯实新医药卫生体制改革的成果，保证社会医疗保险基金收支中底线公平标准的实现，2016年国务院出台了《"健康中国 2030"规划纲要》，提出了"2020 年人人享有基本医疗卫生服务"以及 2050 年建成"健康中国"等政策指引。2017 年党的十九大报告提出全面实施"健康中国"战略，根据这一系列政策，无论是城镇职工医保，还是城镇居民医保和新农合，都要保证个体享有最基本的医疗卫生服务，从而实现

---

①　雅诺什·科尔奈，翁笙和.转轨中的福利选择和一致性[M].罗淑锦，李绍光，译.北京：中信出版社，2003.

②　沈世勇，李全伦.我国医保基金收支中的公平性分析：基于制度可持续的视角[J].求实，2014(10)：58-64.

基本的健康权和医疗卫生权。

1）政府需要承担更多的社会医疗保险基金管理责任

政府可以从制度建构入手，为社会医疗保险基金补偿的结果公平提供更多的制度供给，如新医改制度的推进，社会医疗保险基金覆盖范围的扩大，说明了政府制度供给的成效。在此基础上，一方面，政府还应该进一步推进药品流通体制改革、深化公立医院改革等，增加医疗资源的可及性，从医疗资源的配置角度使得居民能够享受到适当的医疗补偿，从而减轻参保人的社会医疗保险负担；另一方面，政府应该改善社会医疗保险基金的支出结构和效率，从而实现医疗服务和享受待遇的结果公平。2018 年两会期间通过了《深化党和国家机构改革方案》规定："为提高社会保险资金征管效率，将基本养老保险费、基本医疗保险费、失业保险费等各项社会保险费交由税务部门统一征收。"①将社会保险费统一交由税务部门征收，这意味着职工缴费基数和纳税基数保持一致，体现了管理手段的进步，为提高社会医疗保险基金的征缴率打下了良好的基础。

2）从财政责任上，区域之间重新分配政府补贴

很多偏远地区的政府在提供新农合时出现了财政支付困难的问题，中央财政有能力为新农合提供更多的财政支持。政府需要补贴落后地区、补贴农村、补贴工作期间未缴费的退休人员等的医疗保险基金，这在一定程度上体现了缴费的横向公平性。与此同时，我国政府应该加强对卫生资源的合理规划与配置。针对偏远地区、农村居民、城镇弱势群体、部分退休人员提供社会医疗保险基金缴费补贴和补偿帮助，体现了政府的兜底责任和维护社会公平正义的政治决心。

所以，居民健康公平的价值理念是社会医疗保险基金收支质量平衡中不可或缺的因素，社会医疗保险基金收支中居民健康权利的实现程度不同，决定了社会医疗保险基金收支平衡层次。居民健康权利平等实现的程度越高，社会医疗保险基金收支平衡的水平层次越高，可以看作高水平的社会医疗保险基金收支质量平衡；居民健康权利平等实现程度越低，社会医疗保险基金收支平衡的水平层次越低，也可看作低水平的社会医疗保险基金收支质量平衡。由此可以看出，尽管以上两种状况中均可以实现社会医疗保险基金收支数量平衡，但很明显前者可以看作高质量的社会医疗保险基金收支平衡，后者可以看作低质量的社会

---

① 中共中央.深化党和国家机构改革方案［EB/OL］.新华社，2018-3-21［2019-10-3］. http://www.xinhuanet.com/politics/2018-03/21/c_1122570517.htm.

医疗保险基金收支平衡,决定的关键是社会医疗保险基金收支质量平衡指标的导入。

8.3　融入"健康中国"战略:社会医疗保险目标实现的改革基点

政府目标导向的社会医疗保险基金收支平衡,可以从能力——意愿——结构三个层面观察,就政府医疗卫生支付的供给水平而言,不仅取决于政府承诺的水平标准,更取决于政府是否具有实现承诺的能力。在提供医疗保障水平的目标与其财政能力发生冲突时,政府最优决策会是什么?同样重要的是政府具有了提供高水平医疗卫生保障的能力和意愿,原有的制度结构是否依然能够实现政府既定的目标。这种动态的适应模型将有助于解释社会医疗保险基金收支平衡中的目标选择和实现程度。

8.3.1　保险人兑现承诺的能力层面

社会医疗保险基金收支承诺的兑现程度,主要依靠政府是否具有兑现承诺的能力。而政府兑现承诺的分配权利的实现,则需要公库的支持。[①] 从我国建立医疗保险制度的背景来看,政府建立社会化的养老保险和医疗保险制度,不仅基于国有企业减负增效的需要,通过社会化的保险制度来让国有企业轻装上阵,而且也同样为了政府集中力量调动社会资源为经济发展服务。劳保医疗制度改革的直接结果就是把企业责任、政府责任推向社会。政府面临着多目标压力下,为了保持医疗保险基金的收支平衡的困境,维持社会医疗保险基金的财务可持续性显得力不从心。选择了由参保人承担较多的缴费,减少社会医疗保险基金支付比例,就显得十分自然。一方面,政府所提供的医疗保险项目与公共预防项目有着本质不同,另一方面,这些社会医疗保险基金的使用和政府医疗卫生支出都受到各级政府管辖和监督,给政府转嫁财政责任带来了可能。所以,在目标导向的社会医疗保险基金收支平衡中,不仅需要考察政府的承诺兑现能力,更要把经济发展水平和政府财税政策等重要变量纳入考察指标。

1)经济水平对兑现能力的影响

应当把经济发展水平纳入承诺兑现能力评估的范围之中,确保政府具备足

够的经济基础提供适当的保障水平。不仅要考察一个国家的经济发展水平，而且要考察不同地区的经济发展水平。在经济水平的考察中，既需要考察国民生产总值，更需要考察人均国民生产总值，把国民生产总值的潜在发展能力，作为未来时期医疗保障供给水平的依据。国民生产总值是一个重量指标，只有在总量取得一定的基础上，政府采用更多的可能从事收入的再分配。改革开放四十多年来我国经济获得了平均两位数的增长，2016 年我国国民总收入为 741 140.4 亿元，是 1978 年 3 678.7 亿元的 201.5 倍，是 1998 年 83 817.6 亿元的 8.8 倍，社会财富的增加使得我国有了可供分配的物质资本。[①]

2）政府财税政策对于目标影响

任何政府的能力要素都和政府财政收入有关，政府本身并不产生财富，而所需的一切花费都要从社会中汲取，而汲取的主要形式就是税收。2016 年我国的税收收入是 130360.73 亿元，比 1978 年的税收收入 519.28 亿元，上涨了 251 倍，比 1998 年的税收收入 9262.8 亿元，上涨了近 14.1 倍。[②] 政府财税收入的增加为政府提供医疗保险的补贴、回归政府责任乃至兑现社会医疗保险基金的承诺提供了可能。

8.3.2　保险人兑现承诺的意愿层面

1）税制征收变革彰显了保险人可置信承诺

政府通过强制性的手段对参保获得的福利剩余进行汲取，不仅包括了参保人福利增加的部分，也还包括了本应由参保人获得的福利部分，外部性强制常常被用来作为解决承诺的方案。[③] 政府作为一个重要的利益主体具有对于居民收入分配的挤占能力，而这种挤占行为如果不对其进行制度约束，则会对民生造成不利的影响。所以政府自身行为的控制，也有利于参保人权利的实现，能够帮助政府更好地兑现社会医疗保险基金支付中的承诺，所以，政府应该加强制度建设，强化资金筹措和服务监管的职责，维护公共医疗卫生的公益性，促进公平正义。[④] 随着经济的增长，社会的进步，我国的公平观正在发生深刻的变化，这一

---

① 国家统计局.2017 中国统计年鉴[EB\\OL].2018-4-5[2019-10-25].http://www.stats.gov.cn/tjsj/ndsj/2017/indexch.htm.

② 国家统计局.2017 中国统计年鉴[EB\\OL].2018-4-5[2019-10-25].http://www.stats.gov.cn/tjsj/ndsj/2017/indexch.htm.

③ SCHELLING T C. Choiceand consequence：perspectives of an errant economist. Cambridge，mass[M]. America：Harvard University Press. 1984.

④ 张茅.县域医疗卫生改革发展的探索与实践[J].管理世界，2011(02)：1-4＋48.

点在历届人大报告中可见一斑，尤其国家改革了税收制度，2018 年也提高了起征点，并将社会医疗保险基金缴费纳入税收统一管理，进而体现了保险人致力于社会公平的整体愿望。

2)"健康中国"战略目标提供了承诺兑现依据

党的十九大报告中习近平同志明确提出了实施"健康中国"战略，为人民提供全方位全周期健康服务的理念，旨在通过深化医改，健全医院管理制度，全面建立中国特色基本医疗卫生制度、医疗保障制度和优质高效的医疗卫生服务体系。[①] 这一战略规划体现了政府已经把单一的医疗问题上升为健康战略的命题，将医疗前端的预防控制、食品安全、文明生活方式，医疗中端的医疗服务、医院管理等有机结合，从生育政策、人口政策、老龄政策等有效匹配和结合，彰显了保险人兑现承诺的意愿。

3)以健康为中心的部门重构有助于兑现承诺

国务院发布《健康中国 2030 规划纲要》，具体目标包括：人民健康水平持续提升、主要健康危险因素有效控制、健康服务能力大幅提升、健康产业规模显著扩大、促进健康的制度体系更加完善。这一系列的目标方案高瞻远瞩、内容翔实，既具有超前性，也具有系统性和协调性，体现了党中央对于改善人民健康问题的强大决心。不仅如此，政府还在社会医疗保险行政管理手段上开展工作，更是将人力资源和社会保障部、卫生健康委员会、民政部的相关部门合并成立了国家医疗保障局，进行统一管理。国家医疗保障局将成为中央政府社会医疗保险政策制定和推行机构，大大提高了政府在社会医疗保险方面的行政效能。

4)政府公共财政支持是保险人兑现承诺的基础

随着政府重视民生问题意愿的进一步显现，政府在财力上也对医疗保险制度的建立进行了支持，无论是新农合，还是城镇居民基本医疗保险，政府在筹资阶段都进行了较多的财政补贴。在《健康中国 2030 规划纲要》中，政府要提升财政支出的比重，把个人卫生支出占卫生总费用的比重降到 25% 左右。这也体现了政府在社会医疗保险制度中承诺兑现的意愿，而更为重要的是对于城镇职工基本医疗保险制度老人的补贴还需要纳入制度化的框架中来。在公立医院改革中，既强调政府主导，又强化市场功能。可以看出强化政府主导和医疗市场化并不矛盾，政府负责基础兜底赫尔政策保障，市场负责医疗服务供应。所以，政

府不仅关注着医疗保险制度覆盖面所带来的权利平等，更加提出了要提升医疗保险质量的要求，这也在一定程度上体现了政府回归基本医疗卫生责任的意愿。

8.3.3　保险人兑现承诺的制度结构

随着我国经济的发展，财政收入的稳步增长，一方面，政府具有了补偿社会医疗保险基金支付的能力，另一方面，国务院出台政策指出："要充分发挥全民基本社会医疗保险的基础性作用、重点由扩大范围转向提升质量。"这也充分说明了政府有了提升社会医疗保险基金保障水平的意愿。但是，社会经济系统却有可能会对目标的实现效果产生影响，从而影响到目标的实现程度，所以，可以把影响承诺兑现效果的因素称之为制度结构因素。为了维持社会医疗保险制度的可持续性，政府需要做出可置信承诺，改变其违背承诺的负面影响，重构参保人对社会医疗保险制度的信任。具体来说，完成承诺行动需要从以下体制机制进行结构优化：

1）待遇给付的动态调整机制

弗里德曼指出价格机制具有市场信息的提供与激励两大功能。所以政府目标的实现还需要市场发挥重要作用。① 尽管行政定价违背了市场的核心功能，但是政府在构建制度上，提供市场无法提供的服务职能如公共卫生和基本医疗方面，这些服务具有重要作用。正如党的十八届三中全会指出，社会力量提供多元、有选择的医疗服务，政府负责监管、信息共享，并兜底全民基本医疗服务。随着物价水平上涨，医疗技术进步等，我国的医疗产品和服务的价格也迅速上涨，而社会医疗保险补偿系数的设定（封顶线、共付段、药品报销目录等）削弱了社会医疗保险基金给付力度和保障水平，需要对社会医疗保险基金待遇支付做指数化调整，从而维持"期初承诺"的支付水平。

首先，根据提升全民基本社会医疗保险质量要求，设定合理的社会医疗保险基金的补偿系数。补偿系数不仅是确定基金筹资标准的依据，而且决定了社会医疗保险基金的保障水平。此外，补偿系数又受到了逆向选择和道德风险的影响，如果逆向选择和道德风险不发生，则可以选择补偿系数为1。而如果补偿系数小于1，则应适当降低社会医疗保险基金缴费，力求做到筹资和支付对等。②

---

① FRIEDMAN M, FRIEDMAN R. Free to choose: A personal statement [M]. Boston: Houghton Mifflin Harcourt, 1990.

② 沈世勇,李全伦.论医保基金收支中的承诺兑现——基于制度可持续的视角[J].现代经济探讨,2014 (01):51-55.

其次，确定社会医疗保险基金给付的水平。社会医疗保险基金给付水平是社会基本医疗费用支出与补偿系数的乘积。[①] 确定社会医疗保险基金给付水平的关键是确定基本医疗费用支出，可以根据基本药品目录和基本服务进行调整。最后，根据经济发展水平、政府政策目标、居民主观期望等变化调整社会基本医疗费用支出，并根据外部环境的变化调整补偿系数，从而确定新的社会医疗保险基金待遇给付标准。

2）补贴政策的法律约束机制

政府为了使人们相信在面临老年或者疾病风险发生后，可以获得一定水平的社会医疗保险基金补偿，需要不断地兑现承诺。通过承诺的兑现行动，使得人们确信政府有继续履行承诺的决心。不仅如此，政府要对社会医疗保险支付水平的动态调整和与通货膨胀率挂钩的理念写进法律，这将会进一步提高人们对于政府履责的信心。我国《社会保险法》第六十五条规定："社会保险基金通过预算实现收支平衡，县级以上人民政府在社会保险基金出现支付不足时，给予补贴。"[②] 这从总体上把握了政府的责任，体现了政府履行承诺的必要性，但并没有指明履行承诺的程度和水平，所以，还需要做进一步的细化。当前政府需要做出的承诺行动包括：

第一，建立起专门的医疗保险"老人"补贴基金。我国城镇职工基本医疗保险规定退休人员不需要缴纳社会医疗保险基金，同时可以享受社会医疗保险基金补偿，意味着在职职工中所缴纳的社会医疗保险基金的一部分，被用来支付退休人员的社会医疗保险支出。《社会保险法》第二十七条规定："参加职工基本医疗保险的个人，达到法定退休年龄时累计缴费达到法定年限的，退休后不再缴纳基本医疗保险费，按照政府规定享受基本医疗保险待遇。"[③]

严格来讲，我国城镇职工基本医疗保险不是一个完全意义的短期项目而是一个长期项目，市场化的改革、制度的转轨给社会医疗保险基金偿付带来了隐性债务。这就需要政府兑现对未缴纳医疗保险费的"老人"的承诺，政府偿还隐性债务是政府提供医疗保险基金专项补贴的依据之一。

第二，政府对农村居民参加新农合补贴的依据也需要做出承诺和法律限定，给予农民对新农合的信心。政府对于新农合补贴依据来源于政府对于农民、农

---

① 沈世勇，李全伦.论医保基金收支中的承诺兑现——基于制度可持续的视角[J].现代经济探讨，2014（01）：51-55.

② 中华人民共和国社会保险法[M].北京：中国法制出版社，2011.

③ 中华人民共和国社会保险法[M].北京：中国法制出版社，2011.

村、农业的责任,有学者指出,长期的农产品价格的城乡剪刀差政策,是城市快速发展的原因,同时也是工业反哺农业的依据,这种理念也同样适合政府各项社会保障制度设计。如果把新农合中政府的补贴视为政府履行隐性债务的一种方式,那么,将新农合定位为一种医疗保险项目而不是医疗福利项目意义十分重大。新农合中的政府补贴属于政府履行承诺的行动,也是政府偿还隐性债务的行动。

3)制度融合的分离均衡机制

在当前我国两大基本医疗保险制度的设计中,存在着的主要问题是基于身份筹资,而不是基于收入筹资,所以在公平性上有一定的缺陷。当前阶段两种制度分割执行,由于缴费基数、筹资比例以及实际缴费额不同,考虑到兑现承诺的要求,需要对不同的制度承诺分别给予兑现,否则,一味地抬高或者拉低某种保险的支付水平,不仅有违承诺兑现的要求,也不利于各类主体之间公平的实现。从长期来看,需要进一步完善制度设计,改变这种基于身份的筹资模式,调整为基于收入筹资的制度框架中来。围绕人人享有健康保障的目标,在两种制度的融合中,不是体现身份差异,而是回归社会保险制度的横向公平原理。在社会医疗保险筹资中,收入较高的群体承担较多的缴费额、收入较低的群体承担较少的缴费额,在社会医疗保险基金的支付中,根据实际发生的医疗费用给予"期初承诺"保障水平的报销标准,从而实现全民公平享有健康权的制度目标。

总之,在目标导向的质量平衡中,不仅需要保证社会医疗保险基金收支的财务可持续,更要做到社会医疗保险政策的可持续,也只有同时做到财务可持续与政策可持续,才能真正实现社会医疗保险制度的可持续。所以,政府目标是社会医疗保险基金收支质量平衡中不可或缺的要素,社会医疗保险基金收支中政府对社会医疗保险制度承诺的不同兑现程度,决定了不同水平下社会医疗保险基金收支平衡层次。由此可以看出,政府社会医疗保险制度承诺兑现程度是决定社会医疗保险基金收支质量平衡的关键性指标。

8.4 深化医疗卫生服务供给侧改革

社会医疗保险基金制度变革的顺利完成,不仅取决于医疗保险市场,还取决于医疗卫生市场和药品流通市场,所以推进"三医联动",才能从根本上解决社会医疗保险基金收支平衡的问题。制度的完善需要供需两侧发力,但由于医疗领域供方的主体地位,决定了医疗卫生领域供给侧结构性改革意义重大。在医疗卫生领域,党的十八届五中全会提出要理顺药品价格,实行医疗服务、医疗保险、医药供应的三医联动,提供优质的医疗服务与药品、适度的医疗保险保障水平,满足医疗市场的需求。供给侧结构性改革并不仅仅解决供给不足的问题,更重要的是解决供需错配的问题。[①] 根据以上分析,可把供给侧结构性改革的重点归纳如表 8 - 1 所示。

表 8 - 1　医疗卫生领域供给侧结构性改革重点

内容层面	机制层面	主体层面
动力	激励约束机制	医生
结构	分层均衡机制	医院(公立、公益)
水平	投入保障机制	政府(保险人)
技术	信息甄别机制	互联网平台

医疗卫生领域的供给侧结构性改革理念具体包括如下:供给动力层面的改革,需要把医院主体转变为医生主体;供给水平层面的改革,需要从聚焦公立医院转变为聚焦公益医院;供给方式层面的改革,需要从人群分类服务转变为按照基本公共服务类型提供服务;供给平台层面的改革,需要解决信号失灵问题回归其信息甄别功能。具体来说,就是对医疗卫生领域的基本公共服务与非基本公共服务做出清晰划分,激发公益和非公益的医疗服务市场主体活力,提升医生在市场中的地位,借助于互联网技术,最终实现"三医"联动、分层均衡的精准供给体系。

8.4.1　改进动力机制:建立起以医生为核心的医疗服务网络

在医疗卫生生产中,需要建立起以医生为核心,医护人员和护理人员为支撑的医疗卫生人才供给系统。医生是最为宝贵的人力资本,面对千变万化的患者病情,进行专业化诊断和治疗。所以,医生是三医联动的关键,要将医生作为医疗领域供给侧结构性改革的重要抓手。首先,医生的专业知识是诊疗过程顺利实现的基础,赋予医生更多责任的同时,给予医生一定的用药自主权,让优秀的医生从医疗服务机构中独立出来,医疗机构只负责提供诊疗场所、设备,而医生

① 纪念改革开放 40 周年系列选题研究中心.重点领域改革节点研判:供给侧与需求侧[J].改革,2016(01):35-51.

则负责提供技术与服务，医生和医院之间是一种合约关系，医生通过租用医院场地开业，把医生多点行医作为医生职业生涯上升通道之一；其次，政府可以不直接雇用医生，但可以规范医生的评级制度，把医生提供公益性服务的时间和治疗方案的性价比纳入考评方案；最后，打通医院评级制度，无论是公立医院还是私立医院都可以同等程度地招募医生。

8.4.2 完善投入机制：界定基本与非基本医疗卫生服务

提升供给体系的效率和质量，建立医疗服务的分离均衡机制，精准定位基本医疗卫生服务，开放非基本医疗服务市场。政府不仅要在非基本医疗卫生服务中简政放权，还需要激发非基本医疗卫生服务中微观经济主体的活力。党的十八届三中全会明确提出要鼓励民营资本进入医疗卫生服务市场，允许民办医疗机构纳入社会医疗保险定点范围；社会资本可以进入基本医疗卫生服务机构，也可以进入非基本医疗卫生服务机构。依据医疗机构是否提供基本医疗卫生服务，选定社会医疗保险定点范围的医疗机构，将提供基本医疗服务的公立医疗机构和民办医疗机构纳入社会医疗保险定点范围；提供非基本医疗服务的公立医疗机构和民办医疗机构不纳入社会医疗保险定点范围。政府对基本医疗卫生领域承担管理和财政责任，对非基本医疗卫生领域承担规范与监督的责任，间接承担财政责任，动态优化基本医疗卫生服务和基本药品的标准，随着经济社会发展水平的提高，基本医疗卫生服务标准、基本用药标准和医疗保险报销标准等也应该有所提升。

8.4.3 优化分层均衡机制：按照公益性质对医院进行分类管理

政府对于医疗产业的投入不应该根据公立医院还是私立医院确立投入方向，而更应该抓住基本公共服务的底线。所以，供方亟须改变财政拨款直接"养人""养机构"的传统模式，转而形成对医疗卫生机构和服务有效率的竞争。[①] 公益类公立医院服务于基本医疗服务，盈利性公立医院服务于非基本医疗服务。对公立医院改革进行制度创新，发挥制度创新对供给升级的倍增效应。公立医院和私立医院的差异只是投资主体的差异，而服务标准、用药标准、诊疗规范、社会医疗保险支付等应该同等对待。改进医院的供给方式，应该把公立医院和私立医院的公益性服务同等对待，即只要是提供公益性服务，符合基本医疗特征，

---

① 朱恒鹏.公立医院改革核心是引进市场竞争[J].中国医疗保险，2016(08)：21-22.

政府应给予必要的税收或者财政支持，对公立医院和私立医院提供的盈利性服务和非基本医疗服务，政府则按照市场化的方式减少直接管理和干预。对专注于基本医疗，就职于公益性医院的医生，可以获得一定的津贴补偿；对专注于非基本医疗，提供高精尖医疗服务的医生，在各类医院中不享受津贴补偿，但是可以依据市场化工资水平决定其报酬。

8.4.4　构建信息甄别机制：发挥互联网信息平台的作用

互联网的存在不仅使得人们多了一个可以寻医问诊的渠道，还可通过网络的信息功能，增加信息的透明度，解决医疗卫生领域的信息不对称问题。信息不对称是导致医生诱导需求的基础，如果能够让信息透明，让患者和医生获得更多的共同知识，不仅有助于约束医生的行为，更有利于医生声誉机制的形成，从而约束医生的行为，减少诱导需求的发生。值得指出的是公开透明的信息需要一个充分竞争、规则完善的信息市场。政府应该建立起信用追踪和纠错机制，建立包括医生、医院、药商在内的医疗卫生领域信用档案，定期淘汰不守信单位，打造良好的医疗卫生服务生态。

通过以上供给侧结构性改革，最终形成有序的分级诊疗制度。分级诊疗，不是一项单独的制度，而是良好的医疗制度运行的结果。[①]　所以，应该在顶层设计规划的同时，重视基层经验；明确目标的同时，给予制度形成以充分的实现时间。医院负责整合医疗资源，打造医疗服务平台；医生根据学识与技能，直接提供专业化的诊疗建议；药商负责药品和器械的供给，根据药品质量、技术程度、疗效和性价比，建立起药商声誉机制。需要明确的是无论何种级别的诊疗机构都能够平等获得社会医疗保险支付的权利；无论是何种类型的医生都应该具备基层诊疗机构从业的经验；无论在哪种等级的诊疗机构提供基本医疗服务，都应该考虑成本收益比。

总之，为了满足社会主体日益增长的健康需要，医疗卫生领域供给侧结构性改革应以提升医生执业地位为抓手，建立起医生信誉机制，提高供给质量，做到精准供给，保障"三医联动"的顺畅运行。这就要充分利用互联网信息平台，消除或减少信息不对称，减少道德风险的发生，激发市场主体的供给动力；分层管理基本公共卫生服务项目与非基本公共卫生服务项目；分类管理公益性医院和非公益性医院，维持适度的基本医疗保障水平，理顺供给结构。将财政投入重点放

---

① 熊先军.对分级诊疗的异见[J].中国医疗保险，2015(10)：11-16.

在公益性医院和基本公共卫生服务领域，提升医疗卫生系统供给能力及供给的公平性，保持政府医疗支出与经济社会同步增长，建成更加公平、可持续的医疗保障系统。

8.5　研究总结

制度的变革需要目标导入与机制设计相配合。本部分探讨了适度水平标准变化下的收支水平制度变革：

（1）制度变革应该以人民为中心，以保障人民的健康权利为社会医疗保险制度变革的逻辑起点，从医疗保险制度需求、医疗卫生需求、健康需求三个层面，层层推进，完善制度体系。在社会医疗保险制度需求中，要充分将教育、年龄、健康状态纳入需求曲线；将保险人筹资、管理、支付等正式制度约束和文化、传统、社会价值等非正式制度约束纳入供给曲线；确定社会医疗保险制度供需均衡点或者均衡区间，并从动态角度考察制度变革对均衡路径的影响。在医疗卫生需求层面，要把疾病谱变量、收入变量、服务可及性等变量纳入制度变革中，以确定医疗卫生需求的平衡点和社会医疗保险基金支付水平。在健康需求层面，引入健康生活方式、经济变量等，并考察均衡点的演化路径。

（2）权利与义务关系是制度可持续的重点，致力于维护居民健康权利是健康中国实现的内在要求。本书提出了要扩大社会医疗保险基金缴费基数、降低社会医疗保险基金缴费率、将社会医疗保险基金基于身份缴费过渡到基于收入缴费等来维护社会医疗保险基金制度的起点公平；通过维持适度社会医疗保险基金补偿水平、规范社会医疗保险基金补偿项目、提供政府补贴清偿历史债务来履行保险人"期初承诺"保证过程公平；从政府承担管理责任、财政责任上划分政府补贴，通过合理回归政府责任实现结果公平，保障 2020 年人人享有基本医疗卫生服务、2050 年健康中国政策目标的顺利实现。

（3）将融入"健康中国"战略看作保险目标回归的切入点。探讨了依据经济水平的变化、政府财税政策目标对保险人兑现承诺能力的影响；从社会医疗保险缴费由税务征收的政策变革、"健康中国"战略目标提出、社会医疗保险机构的合并重构、政府公共财政支持等方面分析了承诺兑现的意愿；从待遇给付的动态调整机制、补贴政策的法律约束机制、制度融合的分离均衡机制等方面探讨了保险人承诺兑现的制度结构。

（4）深化新医药卫生体制改革的核心是推进"三医联动"，以此推进医疗卫生领域供给侧结构性改革。本书提出了医疗卫生领域供给侧结构性改革的重点：从内容层面包括了动力、结构、水平、技术，对应的主体分别是医生、医院、政府（保险人）、互联网信息平台。要改进动力机制，建立以医生为核心的医疗服务网络；完善投入机制，界定基本与非基本医疗卫生服务；优化分层均衡机制，按照公立医院性质对医院进行分类管理；构建信息甄别机制，发挥互联网信息平台的作用。

参考文献

[1] 乔治·阿克洛夫,迈克尔·斯彭斯,约瑟夫·斯蒂格利茨.阿克洛夫、斯彭塞和斯蒂格利茨论文精选[M].谢康,乌家培,译.北京:商务印书馆,2010.

[2] 埃莉诺·奥斯特罗姆.公共事务的治理之道[M].余逊达,译.上海:上海译文出版社,2012:49.

[3] 白重恩,李宏彬,吴斌珍.医疗保险与消费:来自新型农村合作医疗的证据[J].经济研究,2012,47(02):41-53.

[4] 陈竺,张茅.取消"以药补医"机制 深化公立医院改革[J].求是,2012(09):33-35.

[5] 陈文贵,邬力祥.新医改背景下公立医院产权多元化改制机理研究[J].求索,2017(03):101-106.

[6] 蔡昱,龚刚,张前程.以医师价值之回归革除"以药养医"——基于理论模型视角的论证[J].南开经济研究,2013(01):40-52.

[7] 蔡昱,龚刚.回归医师价值革除"以药养医"[N].中国青年报,2012-01-09(002).

[8] 仇雨临.医保与"三医"联动:纽带、杠杆和调控阀[J].探索,2017(05):65-71+2.

[9] 代涛.我国公立医院改革的进展与挑战[J].中国卫生政策研究,2013,6(08):1-7.

[10] 代志明.中国公立医院的改革成本测算研究——以取消"药品加成"改革为例[J].现代经济探讨,2013(05):38-42.

[11] 邓大松,徐芳.自利性与公益性:公立医院改革的困境与突破——基于相关文献的内容分析[J].江汉论坛,2012(09):64-70.

[12] 邓大松,杨红燕.基本医疗保险对退休老人保障效果分析[J].当代财经, 2004(02):28-31.

[13] 邓大松,张国斌.关于新型农村合作医疗制度探索中的思考——基于河南省新乡市获嘉和封丘两县的调查[J].学习与实践,2007(02):116-122.

[14] 邓大松,刘振宇.基于RBRVS的县级公立医院绩效薪酬管理体系探析——以江西省于都县人民医院为例[J].江西财经大学学报,2017(06):64-76.

[15] 丁继红,朱铭来.试论我国医疗保险制度改革与医疗费用增长的有效控制[J].南开经济研究,2004(04):96-99.

[16] 丁建定.西方国家社会保障制度史[M].北京:高等教育出版社,2010:49.

[17] 杜创.动态激励与最优医保支付方式[J].经济研究,2017,52(11):88-103.

[18] 方海,孟庆跃,约翰·里佐.我国不同医疗保险种类导致的卫生不平等[J].广东社会科学,2012(03):26-32.

[19] 哈尔·R·范里安.微观经济学:现代观点[M].费方域,朱保华等,译.上海:格致出版社,2011.

[20] 付明卫,朱恒鹏,夏雨青.英国国家卫生保健体系改革及其对中国的启示[J].国际经济评论,2016(01):70-89＋6.

[21] 葛延风.中国医改的进展及下一步努力方向[J].中国发展观察,2013(04):36-37.

[22] 高梦滔.新型农村合作医疗与农户储蓄:基于8省微观面板数据的经验研究[J].世界经济,2010,33(04):121-133.

[23] 顾海,李佳佳.江苏省城镇居民医疗保险受益公平性研究——基于收入差异视角[J].学海,2009(06):81-85.

[24] 顾海,李佳佳.城镇居民医疗保险的二次补偿机制研究——以江苏省为例[J].南京社会科学,2010(09):43-48.

[25] 顾海,王维.江苏省城镇居民医疗保险的筹资公平性研究——基于1500份调查问卷的实证分析[J].江苏行政学院学报,2009(06):55-59.

[26] 顾海.中国统筹城乡医疗保障制度模式与路径选择[J].学海,2014(01):45-51.

[27] 顾昕.全球性医疗体制改革的大趋势[J].中国社会科学,2005(06):121-128.

[28] 顾昕.走向有管理的市场化:中国医疗体制改革的战略性选择[J].经济社会体制比较,2005(06):19-30.

[29] 顾昕.公共财政转型与政府卫生筹资责任的回归[J].中国社会科学,2010

（02）：103-120＋222.

[30] 顾昕.城镇居民医保：筹资与付费两手抓[J].中国社会保障,2007(05)：10-12.

[31] 顾昕.建立新机制：去行政化与县医院的改革[J].学海,2012(01)：68-75.

[32] 顾昕.中国城乡公立医疗保险的基金结余水平研究[J].中国社会科学院研究生院学报,2010(05)：53-61.

[33] 顾和军,刘云平.与收入相关的老人健康不平等及其分解——基于中国城镇和农村的经验研究[J].南方人口,2011,26(04)：1-9.

[34] 官波,孙作明.完善医疗保险基金收支平衡之我见[J].中国卫生经济,2003(06)：30-31.

[35] 管仲军,陈昕.新常态下公立医院的发展问题与路径研究[J].中国行政管理,2016(05)：109-114.

[36] 郭有德.医疗保险中道德风险的经济学分析[J].复旦学报（社会科学版）,2011(01)：116-123.

[37] 郭林,杨斌,丁建定.政府职能与社会保障制度体系发展目标嬗变研究[J].浙江社会科学,2013(09)：78-84＋157-158.

[38] 郭华,蒋远胜.医疗保险保障水平提高是否增加医疗服务的诱导需求——以成都市城乡居民为例[J].农业技术经济,2014(01)：120-128.

[39] 郭春丽.中国药品生产流通：体制现状、存在的问题及政策取向[J].经济学家,2013(09)：24-33.

[40] 华建敏.始终坚持以人为本 努力解决民生问题[J].国家行政学院学报,2007(02)：4-9.

[41] 何文炯,杨一心,刘晓婷,等.社会医疗保险纵向平衡费率及其计算方法[J].中国人口科学,2010(03)：88-94＋112.

[42] 胡宏伟.城镇居民医疗保险对卫生服务利用的影响——政策效应与稳健性检验[J].中南财经政法大学学报,2012(05)：21-28＋60.

[43] 胡宏伟,栾文敬,杨睿,等.挤入还是挤出：社会保障对子女经济供养老人的影响——关于医疗保障与家庭经济供养行为[J].人口研究,2012,36(02)：82-96.

[44] 胡宏伟,张小燕,赵英丽.社会医疗保险对老年人卫生服务利用的影响——基于倾向得分匹配的反事实估计[J].中国人口科学,2012(02)：57-66＋111-112.

［45］胡宏伟,刘国恩.城镇居民医疗保险对国民健康的影响效应与机制［J］.南方
　　　经济,2012(10):186-199.

［46］胡善联,左延莉.中国农村新型合作医疗制度的建立:成绩和挑战［J］.卫生
　　　经济研究,2007(11):3-6.

［47］胡务.农民工城镇医疗保险与新型农村合作医疗的衔接［J］.财经科学,2006
　　　(05):93-99.

［48］黄枫,甘犁.医疗保险中的道德风险研究——基于微观数据的分析［J］.金融
　　　研究,2012(05):193-206.

［49］黄潇.与收入相关的健康不平等扩大了吗［J］.统计研究,2012,29(06):
　　　51-59.

［50］黄有光.福利经济学［M］.周建明,等,译.北京:中国友谊出版社.1991:39.

［51］贾洪波.城镇居民基本医疗保险适度缴费率分析［J］.财经科学,2009(11):
　　　92-101.

［52］贾洪波,赵德慧.人口老龄化对城镇职工医保基金收支平衡的影响——基
　　　于2004—2015年省际面板数据的证据［J］.上海经济研究,2017(10):
　　　36-44.

［53］贾康,孙洁.公立医院改革中采用PPP管理模式提高绩效水平的探讨［J］.
　　　国家行政学院学报,2010(05):70-74.

［54］加里·D.利贝卡普.产权的缔约分析［M］.陈宇东,耿勤,等,译.北京:中国
　　　社会科学出版社,2001:15.

［55］姜向群,万红霞.老年人口的医疗需求和医疗保险制度改革［J］.中国人口科
　　　学,2004(S1):137-142＋179.

［56］景天魁.底线公平与社会保障的柔性调节［J］.社会学研究,2004(06):32-40.

［57］金维刚.医保待遇及其调整应与筹资水平相适应［J］.中国医疗保险,2017
　　　(06):21-22.

［58］江萍,赵晓鸣,徐蕾,等.上海市长宁区家庭责任医生制度设计与实施方案
　　　［J］.中国卫生政策研究,2012,5(06):9-13.

［59］雅诺什·科尔奈,翁笙和.转轨中的福利选择和一致性［M］.罗淑锦,李绍
　　　光,译.北京:中信出版社,2003.

［60］科斯,诺思,威廉姆森,等.制度、契约与组织——从新制度经济学角度的透
　　　视［M］.刘刚,冯健,等,译.北京:经济科学出版社,2003:24.

［61］寇宗来.“以药养医”与“看病贵、看病难”［J］.世界经济,2010,33(01):49-68.

[62] 李常印,郝春彭,李静湖,等.基本医疗保险基金结余及动态平衡[J].中国医疗保险,2012(06):35-38.

[63] 李孜,杨洁敏.我国城市流动人口医疗保障模式比较研究——以上海、成都、北京、深圳为例[J].人口研究,2009,33(03):99-106.

[64] 李亚青,申曙光.退休人员不缴费政策与医保基金支付风险——来自广东省的证据[J].人口与经济,2011(03):70-77.

[65] 李珍.论建立基本养老保险个人账户基金市场化运营管理制度[J].中国软科学,2007(05):13-21.

[66] 李绍荣.帕累托最优与一般均衡最优之差异[J].经济科学,2002(02):75-80.

[67] 李乐乐.我国基本医疗保险支付方式改革研究——基于两个典型案例的探索性分析[J].当代经济管理,2018,40(03):75-82.

[68] 李华,俞卫.政府卫生支出对中国农村居民健康的影响[J].中国社会科学,2013(10):41-60+205.

[69] 李克强.不断深化医改 推动建立符合国情惠及全民的医药卫生体制[J].求是,2011(22):3-10.

[70] 李玲.基层医改:制度创新的社会实践[J].宏观经济管理,2013(01):27-28.

[71] 李玲,江宇.关于公立医院改革的几个问题[J].国家行政学院学报,2010(04):107-110.

[72] 李银才,张萍,付建华,等.医保基金支付风险与医疗卫生供给侧改革[J].中国卫生经济,2017,36(01):24-26.

[73] 黎民,崔璐.社会医疗保险中的道德风险与费用控制[J].人口与经济,2007(04):74-78+80.

[74] 梁鸿,赵德余.中国基本医疗保险制度改革解析[J].复旦学报(社会科学版),2007(01):123-131.

[75] 梁春贤.我国基本医疗保险制度中政府责任分析[J].管理世界,2011(06):168-169.

[76] 林毓铭.医疗保险的核心机制:医疗保险基金收支平衡分析[J].中央财经大学学报,2001(12):10-14.

[77] 林枫.参保人员老龄化对医保基金的压力与对策[J].中国卫生经济,2005(04):22-23.

[78] 林晓洁.降低社保费率 顺势而为的智慧[J].中国人力资源社会保障,2016(07):32-34.

[79] 廖藏宜.医疗保险付费对医生诊疗行为的激励约束效果——经济学解释与政策机制[J].财经问题研究,2018(03):28-37.

[80] 刘军强,刘凯,曾益.医疗费用持续增长机制——基于历史数据和田野资料的分析[J].中国社会科学,2015(08):104-125+206-207.

[81] 刘国恩,唐婷婷,雷震.医疗保险个人账户对医疗费用的影响:基于镇江医疗保险数据的面板分析[J].中国卫生经济,2009,28(02):9-12.

[82] 刘国恩.全民医疗保障与保民生促增长[J].理论前沿,2009(16):5-8+23.

[83] 刘国恩.经济增长与国家医改——关于"中国梦"的实质[J].卫生经济研究,2014(01):4-7.

[84] 刘国恩,蔡春光,李林.中国老人医疗保障与医疗服务需求的实证分析[J].经济研究,2011,46(03):95-107+118.

[85] 刘国恩.中国医疗"供给侧改"的落脚点是社会办医[EB/OL].(2021-5-17)[2021-08-12].https://m.sohu.com/n/449915912/.

[86] 刘晓婷,惠文.省级公立医院补偿机制改革对医保基金支出和个人负担的影响[J].公共行政评论,2015,8(05):30-49+186-187.

[87] 刘晓婷.社会医疗保险对老年人健康水平的影响 基于浙江省的实证研究[J].社会,2014,34(02):193-214.

[88] 刘平,李跃平,张晓萍,等.用正义分配理论分析我国城镇职工基本医疗保险的公平性[J].中国全科医学,2007(13):1086-1088.

[89] 刘小鲁.管制、市场结构与中国医药分离的改革绩效[J].世界经济,2011(12):53-75.

[90] 李华,俞卫.政府卫生支出对中国农村居民健康的影响[J].中国社会科学,2013(10):41-60+205.

[91] 刘柏惠,俞卫,寇恩惠.老年人社会照料和医疗服务使用的不均等性分析[J].中国人口科学,2012(03):86-95+112.

[92] 刘俊霞.对突破我国医药卫生体制改革瓶颈的思考[J].海南大学学报(人文社会科学版),2013,31(03):126-130.

[93] 卢驰文,王钦池.城镇职工基本医疗保险基金结余规模控制研究[J].经济纵横,2010(01):47-50.

[94] 卢洪友,连玉君,卢盛峰.中国医疗服务市场中的信息不对称程度测算[J].经济研究,2011,46(04):94-106.

[95] 罗楚亮.城镇居民健康差异与医疗支出行为[J].财经研究,2008(10):63-75.

[96] 罗健,郭文.我国医疗保险基金面临的问题及对策[J].湖南师范大学社会科学学报,2014,43(04):84-88.

[97] 吕国营.二次报销破坏了降低道德风险的机制[J].中国医疗保险,2014(02):23.

[98] 卢梭.论人类不平等的起源[M].高修娟,译.上海:上海三联书店,2011:48.

[99] 马玥,王晓鸥,王鹏,等.基于中国经济现实的供给侧改革方略[J].现代经济信息,2016(12):5.

[100] 马军生,李若山,李永伟.完善我国医疗保险基金监管体系的思考[J].中国卫生经济,2005(10):50-52.

[101] 马双,臧文斌,甘犁.新型农村合作医疗保险对农村居民食物消费的影响分析[J].经济学(季刊),2011,10(01):249-270.

[102] 马双,张劫.新型农村合作医疗保险与居民营养结构的改善[J].经济研究,2011,46(05):126-137+153.

[103] 米尔顿·弗里德曼、罗斯·弗里德曼.自由选择[M].张琦,译.北京:机械工业出版社,2013:144-145.

[104] 仇雨临.基本医疗保险应正视人口老龄化[J].中国社会保障,2005(01):27-28.

[105] 青木昌彦.经济体制的比较制度分析[M].北京:中国发展出版社,2005.

[106] 瞿婷婷,申曙光.参保机会、保障水平与医疗服务利用均等化——基于广东省A市的地区差异分析[J].财经研究,2013,39(07):96-109.

[107] 秦江梅,张艳春,张丽芳,等.社区卫生综合改革典型城市慢性病管理现状及存在问题分析[J].中国全科医学,2013,16(28):2621-2623.

[108] 申曙光,周坚.新型农村合作医疗的制度性缺陷与改进[J].中山大学学报(社会科学版),2008(03):198-203+210.

[109] 申曙光,谢林.构建和谐社会与发展社会保障事业[J].社会保障研究(北京),2005(01):7-16.

[110] 沈世勇.社会医疗保险基金收支的可持续性透析——从量的提升到质的思考[M].上海:上海交通大学出版社,2014:5.

[111] 沈世勇,李全伦.论医保基金收支中的承诺兑现——基于制度可持续的视角[J].现代经济探讨,2014(01):51-55.

[112] 沈世勇,李全伦.医保基金收支平衡制度的演化机理分析——从数量平衡到质量提升[J].财政研究,2016(04):60-70.

[113] 沈世勇,张健明,曾瑞明.论医保基金收支平衡中的价值取向——基于制度可持续的视角[J].医学与哲学(A),2017,38(05):38-42.

[114] 沈世勇,张健明.浅议我国医疗卫生领域的供给侧结构性改革[J].社会政策研究,2017(02):76-85.

[115] 宋世斌.我国社会医疗保险体系的隐性债务和基金运行状况的精算评估[J].管理世界,2010(08):169-170.

[116] 宋占军,朱铭来.大病保险制度推广对各地城居医保基金可持续性的影响[J].保险研究,2014(01):98-107.

[117] 史清华,顾海英.农户消费行为与家庭医疗保障[J].华南农业大学学报(社会科学版),2004(03):1-9.

[118] 史蒂芬·霍尔姆斯,凯斯·R.桑斯坦.权利的成本——为什么自由依赖于税[M].毕竞悦,译.北京:北京大学出版社,2004:3.

[119] 孙志刚.中国医改的创新实践与探索[J].求是,2012(18):36-38.

[120] 孙淑云.顶层设计城乡医保制度:自上而下有效实施整合[J].中国农村观察,2015(03):16-23.

[121] 谭中和.我国职工医保筹资和待遇水平现状及对有关问题的思考[J].中国医疗保险,2017(06):9-14.

[122] 王绍光,何焕荣,乐园.政策导向、汲取能力与卫生公平[J].中国社会科学,2005(06):101-120+207-208.

[123] 王唤青.实行"统账结合"控制医疗费用过快增长[J].中国卫生经济,1999(04):40-43.

[124] 王延中.完善医疗保险制度改革的几个问题[J].经济学家,2000(03):60-66.

[125] 王延中,沈志渔,杜莹芬.医疗保险制度改革中的"两江"模式[J].中国工业经济,1999(07):43-48.

[126] 王璐.我国健康保险有效需求的实证分析[J].技术经济与管理研究,2009(01):100-102.

[127] 王学梅,范艳存,李敏,等.西部贫困地区农村居民消费支出以及医疗服务需求分析[J].科学技术与工程,2010,10(15):3700-3703.

[128] 纪念改革开放40周年系列选题研究中心,王佳宁,盛朝迅.重点领域改革节点研判:供给侧与需求侧[J].改革,2016(01):35-51.

[129] 徐丽.老龄化趋势给医保基金带来的挑战及对策分析——以上海为例[J].

经济问题探索,2005(12):56-60.

[130] 肖宏伟.我国社会发展对基本医疗保险的影响研究[J].保险研究,2012 (12):101-115.

[131] 肖碧.医疗技术劳务价格扭曲的原因及难度系数定价法的构建[J].中国卫 生产业,2011,8(13):35-36.

[132] 解垩.与收入相关的健康及医疗服务利用不平等研究[J].经济研究,2009, 44(02):92-105.

[133] 西达·斯考克波,彼得·埃文斯,等.找回国家——当前研究的战略分析 [M].方力维等,译.上海:三联书店,2009:21.

[134] 熊伟,张荣芳.财政补助社会保险的法学透析:以二元分立为视角[J].法学 研究,2016,38(01):110-126.

[135] 余永定,张宇燕,等.西方经济学[M].北京:经济科学出版社,1997:163.

[136] 熊先军.对分级诊疗的异见[J].中国医疗保险,2015(10):11-14.

[137] 杨清红,刘俊霞.医疗保障与老年人医疗服务需求的实证分析[J].上海经 济研究,2013,25(10):64-74.

[138] 姚瑶,刘斌,刘国恩,等.医疗保险、户籍制度与医疗服务利用——基于 CHARLS数据的实证分析[J].保险研究,2014(06):105-116.

[139] 于长永.新型农村合作医疗制度建设绩效评价[J].统计研究,2012,29 (04):92-97.

[140] 余澐,张天晔,刘红炜,等.上海市社区家庭医生制服务模式的可行性探讨 [J].中国初级卫生保健,2011,25(10):7-11.

[141] 俞卫,许岩.改革的系统性决定成败—药品加成政策对公立医院的影响 [J].财政研究,2015(04):40-44.

[142] 袁涛,仇雨临.从形式公平到实质公平:居民医保城乡统筹驱动路径反思 [J].社会保障研究,2016(01):55-60.

[143] 岳经纶,王春晓.堵还是疏:公立医院逐利机制之破除——基于广东省县 级公立医院实施药品零差率效果分析[J].武汉大学学报(哲学社会科学 版),2016,69(02):29-38.

[144] 赵曼.我国医疗保险制度的困境及其改革[J].中南财经大学学报,1991 (06):36-40.

[145] 赵曼.中国医疗保险制度改革回顾与展望[J].湖北社会科学,2009(07): 60-63.

[146] 赵曼,吕国营.关于中国医疗保障制度改革的基本建议[J].中国行政管理,2007(07):17-20.

[147] 赵正堂,吴江平.以精算平衡原则推进财政支持下的医疗保险制度改革[J].财政研究,2016(10):58-62.

[148] 郑晓瑛.医疗体制改革与社会医疗保险基金合理利用原则的研究[J].人口与经济,2000(01):11-17＋26.

[149] 郑功成.让医保制度在深化改革中走向成熟、定型[J].中国医疗保险,2014(07):9-11.

[150] 郑功成.中国民生的两大主题:社会保障与促进就业[J].理论探讨,2004(05):47-49.

[151] 朱文华.医保基金预测预警和监控机制的思考[J].中国社会保障,2004(04):42-43.

[152] 朱恒鹏.医疗体制弊端与药品定价扭曲[J].中国社会科学,2007(04):89-103＋206.

[153] 朱恒鹏.管制的内生性及其后果:以医药价格管制为例[J].世界经济,2011,34(07):64-90.

[154] 朱恒鹏.公立医院改革核心是引进市场竞争[J].中国医疗保险,2016(08):21-22.

[155] 朱恒鹏,彭晓博.医疗价格形成机制和医疗保险支付方式的历史演变——国际比较及对中国的启示[J].国际经济评论,2018(01):24-38＋4.

[156] 朱俊利.多重道德风险下公立医院大型医用设备过度投资形成动因分析[J].中国卫生政策研究,2016,9(09):25-30.

[157] 郑大喜.医疗服务价格调整与医疗费用控制的关系研究[J].医学与哲学,2005(09):18-21.

[158] 朱文华.医保基金预测预警和监控机制的思考[J].中国社会保障,2004(04):42-43.

[159] 张培刚.微观经济学的产生和发展[M].长沙:湖南人民出版社,1997:109.

[160] 张茅.县域医疗卫生改革发展的探索与实践[J].管理世界,2011(02):1-4＋48.

[161] 张馨.论民生财政[J].财政研究,2009(01):7-10.

[162] 张心洁,周绿林,曾益.生育政策调整对城乡居民医疗保险财政负担的影响研究[J].财政研究,2017(10):76-91.

[163] 曾益新.怎样遏制过度医疗?[J].求是,2014(05):51-52.

[164] 邹红,喻开志,李奥蕾.养老保险和医疗保险对城镇家庭消费的影响研究 [J].统计研究,2013,30(11):60-67.

[165] ALLIN S, MASSERIA C, MOSSIALOS E. Equity in health care use among older people in the united kingdom: an analysis of panel data[J]. Applied economics, 2011,43:2229- 2239.

[166] AMARTYA SEN. Development as freedom [M]. New York: Alfred A. Knopf, 1999.

[167] AMARTYA S. Inequality Reexamined [M]. Cambridge: Harvard University Press,1992.

[168] ANDERSON R M, GERARD F, JEREMY HURST, PETER SOTIR HUSSEY, et al. Health spending and outcomes: treads in OECD countries[J].Health affairs, 2000, 19(3):150-157.

[169] ANDERSON R M.Revisiting the behavioral model and access to medical care: does it matter? [J]. Journal of health and social behavior, 1995, 36(1):1-10.

[170] ALLEYNE,GEORGE AO. CASAS, JUAN ANTONIO.Equity: why bother[J].Bulletin of the world health organization,2000,44(4).

[171] ALEXANDER,S.S. Human values and economist's values[M].New York: New York University Press, 1967.

[172] AMARTYA S, Development as freedom [M]. New York: Alfred a. Knopf, 1999.

[173] ARROW K J. Essays in the theory of risk-bearing [M]. Amsterdam: North Holland, 1974.

[174] ATELLA V, ROSATI F C, ROSSI M C. Precautionary saving and health risk: evidence from Italian households using a time series of cross sections [J]. Journal of health economics, 2005, 27:56-62.

[175] BROWN P H, DE BRAUW A, DU Y. Understanding variation in the design of China's new co-operative medical system [J]. The China quarterly, 2009, 198: 304-329.

[176] BUCHMUELLER T C, LEVINSON Z M, LEVY H G, et al. Effect of the affordable care act on racial and ethnic disparities in health insurance coverage[J]. American journal of public health, 2016, 106 (8):

1416-1421.

[177] CARROLL C D. Buffer-stock saving and the life cycle/permanent income hypothesis [J]. The quarterly journal of economics, 1997, 112 (1):1- 55.

[178] CARDON J H, HENDEL I. Asymmetric information in health insurance: evidence from the National Medical Expenditure Survey [J]. RAND Journal of economics, 2001: 408-427.

[179] CAWLEY, JOHN, SIMON, et al. Health insurance coverage and the affordable care act[R].Journal of policy analysis and management, 2005.

[180] CHANDRA A, GRUBER J, MCKNIGHT R. Patient cost-sharing and hospitalization offsets in the elderly[J]. American economic review, 2010, 100(1): 193-213.

[181] CHRISTIANSON J B, LEATHERMAN S, SUTHERLAND K. Lessons from evaluations of purchaser pay-for-performance programs [J]. Medical care research and review, 2008, 65: 5S-35S.

[182] CHOU S Y, LIU J T, HAMMITT J K. National health insurance and precautionary saving: evidence from Taiwan [J]. Journal of public economics, 2003, 87(9-10): 1873-1894.

[183] COASE R H. The problem of social cost [J]. Journal of law and economics, 1960, 3:1-44.

[184] COMANOR W S, FRECH H E, MILLER R D.Is the united states an outlier in health care and health outcomes? a preliminary analysis[J]. International journal of health care finance and economics,2006,6(1): 3-23.

[185] COHODES S R, GROSSMAN D S, KLEINER S A, et al. The effect of child health insurance access on schooling: evidence from public insurance expansions [J]. Journal of human resources, 2016, 51(3): 727-759.

[186] Culyer A J, Newhouse J P. Handbook of Health Economics [M]. Amsterdam: North Holland, 2000.

[187] CULYER A J, VAN DOORSLAER E, WAGSTAFF A. Access, utilisation and equity: A further comment [J]. Journal of health

economics，1992，11(2)：207-210.

[188] CUTLER D M. The incidence of adverse medical outcomes under prospective payment [J]. Econometrica，1995，63(1)：29-50.

[189] CUTLER D M. Walking the tightrope on Medicare reform [J]. Journal of economic perspectives，2000，14(2)：45-56.

[190] CUTLER D M. Equality，efficiency，and market fundamentals：the dynamics of international medical-care reform [J]. Journal of economic literature，2002，40(3)：881-906.

[191] GRANLUND D. The effect of health care expenditure on sickness absence [J]. The European journal of health economics，2010，11(6)：555-568.

[192] DANIELS N.Just health care [M].Cambridge：Cambridge University Press，1985.

[193] DEATON A. Understanding consumption [M]. Oxford：Clarendon Press，1992.

[194] DEMSETZ，H.Towards a theory of property rights [J]. American economic review，1967，57：1-24.

[195] DEROSE K P，GRESENZ C R，RINGEL J S. Understanding disparities in health care access—and reducing them—through a focus on public health[J]. Health affairs，2011，30(10)：1844-1851.

[196] DOORSLAER E，KOOLMAN X，JONES A M. Explaining income-related inequalities in doctor utilisation in Europe [J].Health economics，2004，13(7)：629-647.

[197] DOHERTY N A，SCHLESINGER H. Rational insurance purchasing：Consideration of contract non-performance [M]. Berlin：Springer，1991.

[198] DRANOVE D，JIN G Z. Quality disclosure and certification：Theory and practice [J]. Journal of economic literature，2010，48(4)：935-63.

[199] EVANS T M，WHITEHEAD F，DIDERICHSEN F，et al. Challenging inequities in health：from ethics to action [M]. Oxford：Oxford University Press，2001.

[200] FELDMAN R，DOWD B. Is there a competitive market for hospital services? [J]. Journal of health economics，1986，5(3)：277-292.

[201] FELDSTEIN M S. The welfare loss of excess health insurance [J]. Journal of political economy, 1973, 81(2, Part 1): 251-280.

[202] FIELD B C. The optimal commons [J]. American journal of agricultural economics, 1985, 67(2): 364-367.

[203] FOLLAND S, GOODMAN A C, STANO M. The Economics of Health and Health Care: Pearson New International Edition [M]. London: Routledge, 2016.

[204] FRIEDMAN M, FRIEDMAN R. Free to choose: A personal statement [M]. Boston: Houghton Mifflin Harcourt, 1990.

[205] FUCHS VR. Who shall live? Health, economics, and social choice [M]. Singapore: World Scientific, 2011.

[206] GERTLER P J. On the road to social health insurance: the Asian experience [J]. World development, 1998, 26(4): 717-732.

[207] GROSSMAN M. On the health capital and the demand for health [J]. The journal of political economy, 1972, 80(2):223-255.

[208] GROSSMAN M. On the Concept of Health Capital and the Demand for Health [M]. New York: Columbia University Press, 2017.

[209] GU X. Towards central planning or regulated marketization? China debates on the direction of new healthcare reforms [M]. Singapore: World Scientific, 2010.

[210] HIMMELSTEIN D, WARREN E, THORNE D. Market watch: illness and injury as contributors to bankruptcy [J]. Health affairs, 2006, 25 (2):84-88.

[211] HOLLAND J H, HOLYOAK K J, NISBETT R E, et al. Induction: Processes of inference, learning, and discovery [M]. Cambridge: MIT Press, 1989.

[212] ILLICH I. Medical nemesis [M]. New York: Bantam Books, 1976.

[213] JACK W, LEWIS M. Health investments and economic growth: Macroeconomic evidence and microeconomic foundations [M]. Washington, DC: World Bank, 2009.

[214] JOSEPH P, NEWHOUSE. Free for all? Lessons from the rand health insurance experiment [M].Cambridge: Harvard University Press, 1993.

［215］KREPS D M. Game theory an economics modelling ［M］. Oxford：Oxford University Press，1990.

［216］KRUGMAN P，WELLS R. The health care crisis and what to do about it ［J］. The New York review of books，2006，53(5).

［217］KEHRER B H，ANDERSEN R，GLASER W A. A Behavioral Model of Families' Use of Health Services ［J］. The Journal of human resources，1972，7(1)：125.

［218］KOÇ Ç. The effects of uncertainty on the demand for health insurance ［J］. Journal of risk and insurance，2004，71(1)：41-61.

［219］LEI X，LIN W. The new cooperative medical scheme in rural china：does more coverage mean more service and better health? ［J］. Health economics，2009(18)：25-46.

［220］LIU Y. Reforming china's urban health insurance system ［J］. Health policy，2002，60(2).

［221］MCGURE T. Physician response to fee changes with multiple payers ［J］. Journal of health economics，2001(10)：385-410.

［222］MINERS L. The family's demand for health：a rural investigation. Phd dissertation ［M］. Chapel Hill：University of North Carolina，1979.

［223］NATH S K. A reappraisal of welfare economics ［M］. London：Routledge & Kegan Paul. 1969：31-2，52.

［224］NEWHOUSE J P，ANDERSON G，ROOS L L. Hospital spending in the United States and Canada：a comparison ［J］. Health affairs，1988(7)：6-16.

［225］NICHOLS D R，WEMPE W. Regressive tax rates and the unethical taxation of salaried income ［J］. Journal of business ethics，2009，91(4)：553-566.

［226］NICHOLS D R，PLUMMER E，WEMPE W F. Equitable Taxation and the Provision of Health Insurance Subsidies ［J］. Business and society review，2011，116(4)：435-466.

［227］NORTH D C. Institutions，institutional change and economic performance ［M］. Cambridge：Cambridge University Press，1990.

［228］PAULY M V. The economics of moral hazard：comment ［J］. American economics review，1968(58)：531-536.

[229] PICONE G，URIBE M，WILSON R M.The effect of uncertainty on the demand for medical care，health capital and wealth[J].Journal of health economics,1998, 17(2)：171-185.

[230] PUTNAM R. Social capital：measurement and consequences [J]. Canadian journal of policy research，2000.2(1)：41-51.

[231] REINHARDT U E.Resource allocation in health care：the allocation of lifestyles to providers [J].The milbank quarterly, 1987：153-176.

[232] RHODES P.Health care system[M].New York：Mit Press,1992.

[233] ROBERT P.Health care politics，policy and distributive justice[M].New York：State University of New York Press,1992：18-19.

[234] SALTMAN R B，BUSSE R，FIGUERAS J. Social health insurance system in western europe[M]. Buckingham：Open University Press, 2004：47-50.

[235] SCHEIL-ADLUNG X，BONNET F.Beyond legal coverage：assessing the performance of social health protection [J]. International social security review，2011，64(3)：21-38.

[236] SCHELLING T C.Choice and consequence：perspectives of an errant economist [M]. Cambridge：Harvard University Press，1984.

[237] SPILLMAN B C，LUBITZ J.The effect of longevity on spending for acute and long-term care[J].New england journal of medicine,2000,342 (19)：1409-1415.

[238] SOMMERS B D，GUNJA M Z，FINEGOLD K，et al.Changes in self-reported insurance coverage，access to care，and health under the affordable care act[J]. Jama, 2015, 314(4)：366-374.

[239] TANZI V，SCHUKNECHT L.Reconsidering the fiscal role of government：the international perspective[J].The american economic review,1997,87 (2)：164-168.

[240] TAYLOR M.The possibility of cooperation [M].Cambridge：Cambridge University Press, 1987.

[241] TAUBMAN S L，ALLEN H L，WRIGHT B J，et al.Medicaid increases Emergency-department use：evidence from Oregon's health insurance

experiment [J]. Science, 2014, 343(6168): 263-268.

[242] UMBECK J. Might makes right: a theory of the foundation and initial distribution of property rights [J]. Economic inquiry, 1981, 9:38-59.

[243] WAGSTAFF A, LINDELOW M, JUN G, LING X, et al. Extending health insurance to the rural population: an impact evaluation of China's new cooperative medical scheme [J]. Journal of health economics, 2009, 28(1):1-19.

[244] World Health Organization. The world health report 2008: primary health care now more than ever[R]. Geneva: WHO, 2008.

[245] World Health Organization. The world health report 2000: health systems improving performance[R]. Geneva: WHO, 2000.

[246] World Health Organization. The world health report 2000-health systems: improving performance[R]. Geneva: WHO, 2010.

[247] Washington. Department of health and human services[R]. Washington: office of the assistant secretary for planning and evaluation, 2016.

[248] WOLFE B L. Health status and medical expenditures: is there a link? [J]. Social science & medicine, 1986, 22(10): 993-999.

[249] PAN X, DIB H H, ZHU M, ZHANG Y, et al. Absence of appropriate hospitalization cost control for patients with medical insurance: a comparative analysis study [J]. Health economics, 2009, 18 (10): 1146-1162.

[250] XU K. Designing health financing systems to reduce catastrophic health expenditure[R]. Geneva: WHO, 2005.

[251] YOU X, KOBAYASHI Y. The new cooperative medical scheme in china [J]. Health policy, 2009, 91:1-9.

[252] ZELDES S P. Optimal consumption with stochastic income: deviations from certainty equivalence [J]. Quarterly journal of economics, 1989, 104(2):275-298.

[253] ZHOU B, YANG L, SUN Q, GU H, et al. Social health insurance and drug spending among cancer inpatients in China [J]. Health affairs, 2008, 27(4): 1020-1027.

索 引

后　记

　　历时八年的研究终于接近尾声、整理出版。在本书写作过程中,得到过很多人的帮助与指导。五年前,当本书的前半部分《医保基金收支平衡的适度水平标准研究》作为博士论文完成答辩时,就缺少了一份致谢。不是因为没有要感谢的人,而是因为完成博士论文的艰辛,让自己丧失了致谢的勇气和力量。在别人眼里我是一个积极、乐观、向上的人,即使如此,面对来自写作的压力、评审人的意见,也曾迷失自我,一度萌生过放弃的念头。首先要特别感谢十余位素未谋面的评审人,是他们的质疑,让我不断地优化结构、打磨此书;也是他们的肯定,让我坚定信念完成此书。此书既是国家社会科学的最终成果,也是博士论文完成的最终成果。在本书的写作中,从理念的形成、框架的搭建、资料的搜寻、方法的使用、文字的校对等方面,得到过很多老师、同学乃至学生的帮助。

　　感谢赵曼教授。赵老师既是我硕士阶段的恩师,学术思想的引路人,也是博士阶段的报考导师。赵老师学问卓越,堪称学界泰斗,她弟子杰出、人才众多,有着丰富的人才培养经验,正是有了她的教诲和帮助,我才获得了大型项目申报的经验。博一期间正是湖北省协创中心申报之时,在赵老师的帮助下得以获得写作申报书的指导,增加了申报书的写作经验。赵老师更是将她国家自然科学基金资助项目成果《社会医疗保险中的道德风险》一书赠予我,给我启发良多,并让我从医患双方关系为起点,思考国家、社会、个体之间的关系。也正是有了赵老师的支持,我坚定了探索医保基金收支质的平衡性的信心。

　　感谢李全伦教授。李全伦(李波)教授是我的博士导师,有幸成为他的博士大弟子,学习和推进导师提出的四维产权理论曾是我博一上学期的重要任务。由于2013年得到国家社会科学基金评审与专家们的青睐,得以立项,而不得改变学习计划,把工作重点放在项目完成上。在我犹豫之际,李全伦教授鼓励我完成国家项目,为了支持我的研究,他甚至让出了自己的教授工作室长达一年。并手把手地传授我完成国家项目的经验,正是有了他的支持和帮助,才使得博士阶段的研究得以顺利进行。

感谢吕国营教授。吕教授是我博弈论的启蒙老师,也是我十分敬佩的导师之一,正是有了吕国营教授的推荐,我得以阅读谢林的《冲突的策略》,并为文中"可置信承诺"理论的应用,找到了理论渊源。

感谢王长城教授。王长城教授是我的硕士生导师,从王老师和师母霍老师身上我总能学到很多做人、做事的道理。医保基金研究的起源更是来自王老师的湖北政协项目——《湖北省社会保险基金收支平衡性研究》,是王老师给我开启了医保基金研究之门,硕士期间他带领我们奔赴湖北荆门、沙洋、黄石、鄂州等地医保局进行社会调研,更让我收集了充分的基层素材,获得了深切的实践体验。

感谢赵曼教授、李全伦教授、吕国营教授、华中科技大学的蒋天文教授,是他们帮助我、鼓励我并陪伴我,度过了博士论文送审阶段最艰难的时光;感谢胡思洋博士、韩丽博士、苏民奎博士、韦芸博士、蔡永刚博士、宋元武博士、陈标博士、帅起先博士、蔡伟博士、代志明师兄、于长永师兄、周红云师姐,能够与他们在博士阶段相遇是我的荣幸,让我有了更加难忘的博士经历。

特别感谢我的带教导师——上海工程技术大学张健明教授,他总是充满自信地活跃在教学、科研一线,用行动感染了一位又一位年轻老师,用智慧培育了一位又一位年轻教授、副教授;从他的身上我总能获得启发和收获。他一次次帮我提炼思想、凝练方向,讨论课题结构、打磨结题报告。是在和他的交流和讨论中形成了医保基金收支质量平衡原理。当我面临送审困境,也是他给我谋篇布局,教会我如何沉着应对、如何解决问题。他像一盏明灯,指引着我朝着正确的学术方向前行。感谢项目组成员张健明、李全伦、张强、李陈、程玉莲、张莎、胡思洋、赵海涛。感谢完稿校对的研究生,她们是谢亲卿、段梦琪、胡婵,承蒙她们抬爱,选择我作为她们的硕士研究生导师,在论文的校对中,她们默默地支持我,帮助我校对全文。感谢长期陪伴的家人,每当疲惫与松懈之时,想起与她们欢度的时光,总能让我振作精神、重拾信心。

感谢上海交通大学出版社对本书的认同,并支持出版。特别感谢上海交通大学出版社提文静女士在本书编辑修改中提出的宝贵建议。

　　最后，感谢您阅读本书，也希望您享受阅读的过程。医药卫生体制管理与医保基金研究已经相当深厚，作为研究的圈外后辈，受限于能力与精力，在这本书中尚有诸多问题值得进一步探索；加上笔者才疏学浅，不妥之处在所难免，恳请学界师友不吝赐教，以资提高。

沈世勇

松江大学城

2021-7-11